青少年万有书系
历史地理系列

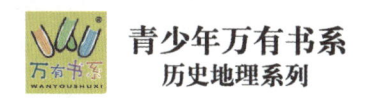

Shijie Lishi

青少年万有书系编写组 编写

世界历史

[金卷]

北方联合出版传媒（集团）股份有限公司
辽宁少年儿童出版社
沈阳

编委会名单（按姓氏笔画排序）

冯子龙　许科甲　胡运江
钟　阳　梁　严　谢竞远
薄文才

图书在版编目（CIP）数据

世界历史.金卷/青少年万有书系编写组编写.—沈阳:辽宁少年儿童出版社,2014.1（2022.8 重印）

（青少年万有书系.历史地理系列）

ISBN 978-7-5315-6035-7

Ⅰ.①世… Ⅱ.①青… Ⅲ.①世界史—青年读物 ②世界史—少年读物 Ⅳ.①K109

中国版本图书馆CIP数据核字(2013)第003554号

出版发行	北方联合出版传媒（集团）股份有限公司
	辽宁少年儿童出版社
出 版 人	胡运江
地　　址	沈阳市和平区十一纬路25号
邮　　编	110003
发行部电话	024-23284265　23284261
总编室电话	024-23284269
E-mail	lnsecbs@163.com
http	//www.lnse.com
承　印　厂	三河市嵩川印刷有限公司

责任编辑　朱艳菊
责任校对　谭颜葳
封面设计　红十月工作室
版式设计　揽胜视觉
责任印制　吕国刚

幅面尺寸	170 mm×240 mm
印　　张	12　　字数　330千字
出版时间	2014年1月第1版
印刷时间	2022年8月第4次印刷
标准书号	ISBN 978-7-5315-6035-7
定　　价	45.00元

版权所有　侵权必究

全案策划　唐码书业(北京)有限公司
WWW.TANGMARK.COM

图片提供　台湾故宫博物院　时代图片库 等
www.merck.com　www.netlibrary.com
digital.library.okstate.edu　www.lib.usf.edu　www.lib.ncsu.edu

版权声明

经多方努力,本书个别图片权利人至今无法取得联系。请相关权利人见书后及时与我们联系,以便按国家规定标准支付稿酬。

联系人：刘　颖　联系电话：010-82676767

ZONGXU 总 序

青少年最大的特点是多梦和好奇。多梦，让他们心怀天下，志存高远；好奇，让他们思维敏捷，触觉锐利。而今我们却不无忧虑地看到，低俗文化在消解着青少年纯美的梦想，应试教育正磨钝着青少年敏锐的思维。守护青少年的梦想，就是守护我们的未来。葆有青少年的好奇，就是葆有我们的事业。

正是基于这一认识，我社策划编写了《青少年万有书系》丛书，试图在这方面做一些有益的尝试。在策划编写过程中，我们从青少年的特点出发，力求突出趣味性、知识性、神秘性、前沿性、故事性，以最大限度调动青少年读者的好奇心、探索性和想象力。

考虑到青少年读者的不同兴趣，我们将丛书分为"发现之旅系列""探索之旅系列""优秀青少年课外知识速递系列""历史地理系列"等。

"发现之旅系列"包括《改变世界的发明与发现》《叹为观止的世界文明奇迹》《精彩绝伦的世界自然奇观》和《永无止境的科学探索》。读者可以通过阅读该系列内容探究世界的发明创造与奇迹奇观。比如神奇的纳米技术将如何改变世界？是否真的存在"时空隧道"？地球上那些瑰丽奇特的岩洞和峡谷是如何形成的？在该系列内容里，将会为读者一一解答。

"探索之旅系列"包括《揭秘恐龙世界》《走进动物王国》《打开奥秘之门》。它们将带你走进神奇的动物王国一探究竟。你将亲临恐龙世界，洞悉动物的奇趣习性，打开地球生命的奥秘之门。

"优秀青少年课外知识速递系列"涵盖自然环境、科学科技、人类社会、文化艺术四个方面的内容。此系列较翔实地列举了关于这四大领域里的种种发现和疑问。通过阅读此系列内容，广大青少年一定会获悉关于自然以及人类历史发展留下的各种谜团的真相。

"历史地理系列"则着重于为青少年朋友描绘气势恢宏的世界历史和地理画卷。其中《世界历史》分金卷和银卷，以重大历史事件为脉络，并附近千幅珍贵图片为广大青少年读者还原历史真颜。《世界国家地理》和《中国国家地理》图文并茂地让读者领略各地风情。该系列内容包含重大人类历史发展进程的介绍和自然人文风貌的丰富呈现，绝对是青少年读者朋友不可错过的知识给养。

现代社会学认为，未来社会需要的是更具想象力、更具创造力的人才。作为编者，我们衷心希望这套精心策划、用心编写的丛书能对青少年起到这样的作用。这套丛书的定位是青少年读者，但这并不是说它们仅属于青少年读者。我们也希望它成为青少年的父母以及其他读者群共同的读物，父女同读，母子共赏，收获知识，收获思想，收获情趣，也收获亲情和温馨。

谁的青春不迷茫？愿《青少年万有书系》能够为青少年在青春成长的路上指点迷津，带去智慧的火花，带来知识的宝藏。

Contents
目录 >>

SHIJIE LISHI JINJUAN

PART 1
原始社会篇 ... 1

人类的起源 ... 2
  人类的家园——地球 ... 2
  "攀树的猿群" ... 2
  "正在形成中的人" ... 2
人类的形成 ... 3
  劳动创造了人 ... 3
  洞穴里的人类 ... 3
  现代人类之祖 ... 3
狩猎和采集时代 ... 4
  旧石器的兴起 ... 4
  采集和狩猎 ... 4
  血缘家族 ... 4
  氏族制度的形成 ... 4
定居和农业时代 ... 5
  新石器的革命 ... 5
  最早的农业 ... 5
  最早的畜牧业 ... 5
  母系氏族公社 ... 6
  父系氏族公社 ... 6
文明社会的诞生 ... 7
  金属工具的出现 ... 7
  社会大分工 ... 7
  财产的私有化 ... 7
  私有制的确立 ... 8
  军事民主制 ... 8
  奴隶主和奴隶 ... 8
  国家的诞生 ... 8
原始社会的文化 ... 9
  原始宗教 ... 9
  语言的产生 ... 9
  文字的雏形 ... 9
  原始绘画 ... 10
  原始雕刻 ... 10
  原始音乐和舞蹈 ... 10
  科学的萌芽 ... 10

PART 2 古代世界篇 11

古埃及文明 ... 12
埃及这片土地 ... 12
孤立的沙漠之国 ... 12
埃及的"生命之河" ... 12
"尼罗河的赠礼" ... 13
文明的萌芽 ... 13
城邦争霸 ... 13
上埃及与下埃及 ... 13
美尼斯统一埃及 ... 13
古王国时期 ... 14
富裕的王国 ... 14
国家机器的完善 ... 14
法老的权威 ... 14
金字塔的诞生 ... 15
古王国的瓦解 ... 15
群雄争霸的时代 ... 15
起义的烽火 ... 15
中王国时期 ... 16
埃及的再度统一 ... 16
消灭饥荒 ... 16
精湛的手工技艺 ... 16
繁荣的商业 ... 16

拯救王权的斗争 ... 17
贫富分化 ... 17
强有力的涅杰斯 ... 17
希克索斯人入侵 ... 18
新王国时期 ... 18
驱逐希克索斯人 ... 18
强大的征服者 ... 18
盛世的辉煌 ... 18
王权与神权之争 ... 19
埃赫那吞改革 ... 19
帝国的落幕 ... 19
后期埃及 ... 20
亚述入侵 ... 20
埃及复兴时代 ... 20
波斯的统治 ... 20
反波斯斗争 ... 20
亚历山大进军埃及 ... 21
托勒密王朝 ... 21
后期埃及的经济 ... 21
古埃及的终结 ... 21
古埃及文化 ... 22
埃及象形文字 ... 22
丰富多彩的文学 ... 22
发达的数学与历法 ... 22
医学的成就 ... 23
辉煌的建筑 ... 23

艺术的宝库……………………23	波斯帝国的兴起……………32
独特的宗教……………………24	冈比西斯……………………32
古代西亚文明 ▓▓▓▓ **25**	高墨塔暴动…………………32
两河流域……………**25**	大流士一世改革……………32
古代西亚………………………25	波斯的扩张…………………33
干燥炎热之地…………………25	不平衡的帝国………………33
美索不达米亚…………………26	帝国的衰亡…………………33
文明的起源……………………26	**其他西亚古国**……………**33**
苏美尔人国家…………………26	埃勃拉古国…………………33
城邦争霸………………………27	赫梯的兴衰…………………34
阿卡德王国……………………27	腓尼基的殖民活动…………34
古巴比伦王国…………………27	古代希伯来…………………34
古巴比伦的兴起…………**27**	犹太人国家…………………35
汉谟拉比的统治………………27	**古代西亚的文化**…………**35**
繁荣的经济……………………28	楔形文字……………………35
《汉谟拉比法典》……………28	字母文字之祖………………35
会说话的财产…………………28	上古西亚文学………………35
土地的分配……………………28	《吉尔伽美什》……………35
王国的衰亡……………………29	天文与历法…………………36
亚述王国…………………**29**	数学的萌芽…………………36
王国的兴衰……………………29	宏伟的建筑…………………37
征服与奴役……………………29	雕塑的进步…………………37
狮穴的陷落……………………30	宗教的发展…………………37
亚述文化………………………30	犹太教的形成………………37
新巴比伦王国……………**30**	**古印度文明** ▓▓▓▓ **38**
尼布甲尼撒二世………………30	**文明的舞台**………………**38**
"巴比伦之囚"…………………30	巨大的"倒三角"……………38
空中花园………………………31	文明的创造者………………38
祭司的反叛……………………31	印度河与恒河………………39
波斯帝国…………………**31**	**哈拉巴文化**………………**39**
波斯之前的伊朗古国…………31	两座古城……………………39

璀璨的文明 39	
文明的衰亡 40	
吠陀时代 40	
雅利安人东进 40	
瓦尔那制度 40	
印度国家的形成 40	
四部《吠陀》 40	
列国时代 41	
诸国争霸 41	
摩揭陀兴起 41	
沙门新思潮 41	
孔雀帝国 42	
帝国的建立 42	
阿育王的统治 42	
"圣法" 43	
发达的工商业 43	
奴隶制的变化 43	
种姓制的发展 43	
帝国的衰亡 43	
后孔雀帝国时代 44	
古印度文化 44	
印章文字 44	
绚烂的文学 44	
自然科学 45	
建筑和艺术 45	
古印度宗教 45	
婆罗门教 46	
佛教的诞生 46	
耆那教 46	
古希腊文明 47	
希腊半岛 47	

多山的岛国 47
古希腊人 47
克里特文明 48
米诺斯的繁荣 48
米诺斯迷宫 48
文明的消亡 48
迈锡尼文明 49
迈锡尼的崛起 49
繁荣的文明 49
特洛伊战争 49
再现迈锡尼文明 49
线形文字 50
荷马时代 50
盲诗人荷马 50
《荷马史诗》 50
"黑暗时代" 51
希腊城邦的形成 51
赫西俄德时期 51
海外殖民运动 51
早期僭主政治 51
斯巴达和雅典的兴起 52
来库古改革 52
斯巴达国家的形成 52
伯罗奔尼撒同盟 52
雅典的贵族统治 53
梭伦改革 53

僭主统治的建立 53	数学与天文学 63
克里斯提尼改革 54	医学与生物学 63
希波战争 54	**古罗马文明** 64
马拉松战役 54	文明的萌芽 64
温泉关战役 54	亚平宁半岛 64
萨拉米斯战役 55	古代地中海 65
希波停战协定 55	埃特鲁里亚文明 65
希波战争的影响 55	**王政时代** 65
希腊城邦的兴衰 55	罗马城起源的传说 65
奴隶制经济的繁荣 56	王政时代的罗马 66
雅典海上霸权 56	塞尔维乌斯改革 66
"伯里克利时代" 56	**早期罗马共和国** 66
伯罗奔尼撒战争 57	平民对贵族的斗争 66
新一轮的城邦争霸 57	保民官的设立 67
忒拜的霸权 57	《十二铜表法》 67
马其顿-亚历山大帝国 58	征服意大利 67
马其顿的兴起 58	**罗马的征服战争** 67
征服希腊各邦 58	布匿战争 67
亚历山大东征 58	在西班牙的扩张 68
帝国的分裂 59	称霸地中海地区 68
希腊化时代 59	罗马的战利品 68
安提柯王朝的兴亡 59	**罗马共和国的衰亡** 69
塞琉古王国 59	西西里奴隶起义 69
托勒密王朝 60	格拉古兄弟改革 69
古希腊文化 60	"同盟者"战争 70
群星闪耀的哲学 60	苏拉独裁 70
宗教与神话 61	斯巴达克起义 70
古希腊文学 61	前三头同盟 70
古希腊史学 62	恺撒独裁 71
悲剧和喜剧 62	后三头同盟 71
建筑和美术 62	罗马共和国的覆灭 71

屋大维的元首政治……………71
屋大维的内政……………………71
军事改革………………………72
对外扩张政策…………………72
罗马帝国的繁荣 …………… 72
帝国早期的繁荣………………72
王权的加强……………………73
行省地位的提高………………73
三世纪危机……………………73
奴隶制经济的衰落……………73
王位的争夺……………………74
《卡拉卡拉敕令》……………74
"三十僭主"时期……………74
人民反抗斗争…………………74
罗马帝国的衰亡 …………… 74
戴克里先的专制统治…………74
君士坦丁的统治………………75
帝国的分裂……………………75
西罗马帝国的灭亡……………75
古罗马文化 ………………… 75
"黄金时代"的文学…………76
哲学思想的争鸣………………76
历史研究的硕果………………76
伟大的罗马法…………………77
农学与地理学…………………77
天文、物理与医学……………77

建筑艺术的巅峰………………78
古罗马神话传说………………78
古代其他文明 79
美洲的古文明 ……………… 79
美洲文明的起源………………79
奥尔梅克文明…………………79
古印加文明……………………80
查文文化………………………80
帕拉卡斯文化…………………80
特奥蒂瓦坎文明………………80
阿登纳文化……………………81
迦太基王国…………………81
迦太基的兴起…………………81
寡头政治………………………81
贸易之都………………………81
迦太基灭亡……………………82
安息王国………………………82
帝国的建立……………………82
帝国政治与经济………………82
安息的衰亡……………………83
安息时期的伊朗文化…………83
萨珊波斯（前期）……………83
萨珊王朝的建立………………83
繁荣的经济……………………83
摩尼教的兴起…………………84
萨珊王朝的对外战争…………84
贵霜帝国………………………84
贵霜王朝的兴起………………84
极盛时代………………………85
大乘佛教的产生与发展………85
帝国的衰亡……………………85

古代朝鲜	85
朝鲜半岛	85
韩人国家的形成	85
高句丽南迁	86
古代朝鲜文化	86

古代日本	86
日本列岛	87
邪马台国	87
大和国统一日本	87
古代日本文化	87

白村江之战	88

PART 3 中古世界篇 89

中古时代的西欧	90

日耳曼民族大迁徙	90
古日耳曼人社会	90
民族大迁徙	90
西哥特王国的兴亡	91
汪达尔人的迁徙和建国	91
东哥特王国的建立与灭亡	91

封建制的萌芽	92

法兰克王国	92
法兰克王国的建立	92
采邑制度与封建化	92
"懒王"时期	93
查理·马特的改革	93
丕平与加洛林王朝	93
"罗马人的皇帝"	93
西欧封建制的形成	94
查理曼帝国的瓦解	94

十字军东侵	94
东侵前的西欧社会	94
塞尔柱土耳其的兴起	95
前三次东侵	95
第四次东侵与拉丁帝国	95
十字军的失败	96
十字军东侵的影响	96

英法百年战争及王权的强化	96
"诺曼征服"	96
百年战争的爆发	96
克勒西战役	97
"奥尔良少女"贞德	97
百年战争的结束	97
红白玫瑰战争	98
法王专制的实现	98
议会制的形成	98

德意志与意大利	99
神圣罗马帝国	99
卡诺沙事件	99
德意志的侵略扩张	99
德意志的政治分裂	100

《金玺诏书》..................100
四分五裂的意大利..................100
威尼斯共和国..................100

西班牙的统一..................101
西哥特时期的西班牙..................101
阿拉伯人的统治..................101
收复失地运动..................101
西班牙的统一..................102

中世纪西欧的封建制度......102
西欧封建制的确立..................102
封建庄园经济..................102
封建主与农奴..................102
领主与附庸..................103

中世纪的西欧城市..........103
城市的兴起..................103
争取自治权的斗争..................103
"行会革命"..................104
城市同盟..................104

中世纪的基督教会..........104
教会势力的兴起..................104
精神统治的加强..................104
教权的衰落..................105
"异端"运动..................105

中世纪西欧的农民起义......105
人民运动的背景..................106
巴黎起义..................106
1381年英国农民起义..................106
"乡下佬"起义..................106

中世纪欧洲文化..........106
基督教蒙昧主义..................107
经院哲学..................107

中世纪的文学..................107
大学的兴起..................108
中世纪的音乐..................108
教堂建筑艺术..................109

中古时代的东欧和东南欧 110

拜占庭帝国..................110
查士丁尼的统治..................110
破坏圣像运动..................110
巴西尔的政绩..................111
拜占庭的衰亡..................111
"东正教"的诞生..................111
拜占庭文化..................112

俄罗斯..................112
俄罗斯的统一..................112
基辅罗斯的建立..................112
金帐汗国的统治..................113
莫斯科公国的兴起..................113
沙皇专制制度的建立..................113
农奴制的加强..................113
沙皇俄国的早期扩张..................114

东南欧其他国家..........114
捷克..................114
波兰..................115
保加利亚..................115
罗马尼亚..................116
塞尔维亚..................116
匈牙利..................116
阿尔巴尼亚..................116

中古时代的亚洲 117

伊朗..................117
封建制度的建立..................117

萨珊帝国灭亡	117
反抗外族的斗争	118
萨非王朝的建立	118
阿拔斯一世改革	118
萨非王朝的衰落	118
伊朗文学和史学	119
伊朗艺术	119

阿拉伯帝国 ... 119
"沙漠之子"	119
伊斯兰教的创立	119
麦地那国家	120
倭马亚王朝	120
阿巴斯王朝	120
帝国的衰亡	121
阿拉伯–伊斯兰文化	121

蒙古帝国 ... 122
成吉思汗统一蒙古	122
成吉思汗西征	122
拔都西征	122
旭烈兀西征	123
蒙古四大汗国	123
帝国的分裂	123
中国文化的西传	123

奥斯曼帝国 ... 124
奥斯曼土耳其的兴起	124
征服东南欧	124
攻陷君士坦丁堡	125
人民起义	125
奥斯曼帝国的形成	125
奥斯曼征服的影响	126
奥斯曼文化	126

印度 ... 126
笈多王朝的统治	126
戒日王朝的兴亡	126
北印度封建制的形成	127
印度教的兴起	127
种姓制度	127
德里苏丹国	127
莫卧儿帝国的兴起	128
阿克巴改革	128
中古印度文化	128

朝鲜 ... 128
三国争雄与新罗统一	128
新罗王朝的衰亡	129
高丽王朝的统治	129
蒙古入侵与高丽灭亡	129
朝鲜封建制的发展	129
抗倭卫国战争	130
臣服清政府	130
中古朝鲜文化	130

日本 ... 131
大化改新	131
奈良平安时期	131
"摄关政治"	131
幕府统治的开始	132
丰臣秀吉统一日本	132
德川幕府的专制统治	132
"锁国"政策	132
中古日本文化	132

东南亚诸国 ... 133
柬埔寨	133
越南	134

缅甸 134

泰国 134

印度尼西亚 135

老挝 135

菲律宾 135

中古非洲和美洲 136

埃及 136

法蒂玛王朝时期 136

阿尤布王朝的统治 137

马木路克王朝 137

中古埃及文化 137

马格里布 137

早期历史 137

阿拉伯人的统治 137

阿尔摩哈德王朝的统一 138

反侵略的"圣战" 138

其他非洲诸国 138

苏丹诸国 138

埃塞俄比亚 138

索马里 139

东非"桑给帝国" 139

加纳王国 139

马里帝国 139

桑海帝国 140

刚果王国 140

马达加斯加 140

玛雅文明 140

玛雅的社会经济 141

玛雅城邦 141

玛雅文化 141

阿兹特克帝国 142

阿兹特克人 142

都城特诺奇蒂特兰 142

精美的手工艺 142

热血献祭 143

科尔特斯的征服 143

印加帝国 143

帝国的建立 143

印加人的宗教 144

都城库斯科 144

云中的马丘比丘 144

印加的末日 144

新航路的开辟与殖民侵略 145

开辟新航路的背景 145

16世纪初的经济繁荣 145

商业资本的活跃 146

手工工场的出现 146

航海与造船技术的完善 146

通往印度的新航路 146

葡萄牙的"海上远征队" 146

迪亚士与好望角 147

达·伽马的航行 147

哥伦布航抵新大陆 147

远航的准备 148

发现"新大陆" 148

另外三次远航 148

影响 148

麦哲伦的环球航行 149

航行的起因 149

环球航行 149

麦哲伦航行的影响 150

葡萄牙、西班牙的殖民侵略 .. 150

葡萄牙入侵东南亚.....................150
西班牙侵占西印度群岛................150
西班牙侵占中南美洲..................150

荷、英、法的殖民侵略 151
荷兰的侵略活动......................151
英国入侵北美和印度..................151
法国的殖民侵略......................151
荷、英、法的殖民争夺................151

文艺复兴 152

意大利文艺复兴 152
但丁与《神曲》......................152
彼特拉克与《歌集》..................152
薄伽丘与《十日谈》..................153
一代大师达·芬奇....................153
"画圣"拉斐尔......................153
雕塑巨匠米开朗琪罗..................154
马基雅弗利与《君主论》..............154
意大利文艺复兴的影响................154

德国文艺复兴 154
人文大师勒克林......................154
"桂冠诗人"胡登....................155
大画家丢勒.........................155
小汉斯·荷尔拜因...................155

法国文艺复兴 155
"七星诗社".........................156
拉伯雷与《巨人传》..................156
波丹与《论国家》....................156

英国文艺复兴 156
约翰·柯列特的人文主义..............157
莫尔的"乌托邦"....................157
莎士比亚的戏剧......................157

西班牙文艺复兴 157
修道士拉斯·卡萨斯..................157

塞万提斯与《堂吉诃德》..............158
"西班牙戏剧之父"..................158

尼德兰文艺复兴 158
"人文主义的泰斗"..................158
农民画家勃鲁盖尔....................159

人文科学的新发展 159
培根与新哲学........................159
"近代科学的始祖"..................160
斯宾诺莎的哲学......................160
"罗马法"热潮......................160

近代自然科学的兴起 161
哥白尼与天文学革命..................161
科学斗士布鲁诺......................161
开普勒.............................161
物理学的发展........................162
数学的成就.........................162
生理学和医学........................162
生物学的进步........................163

宗教改革运动 164

腐败的天主教会 164

宗教裁判所	164
"异端"分子的挑战	164
教会民族化的开始	164
对教会的不满	165

宗教改革前夕的德国 165
相对落后的经济	165
资本主义萌芽	165
政治分裂	166
社会矛盾重重	166

马丁·路德的宗教改革 166
马丁·路德的青年时代	166
宗教改革的开始	167
《九十五条论纲》	167
三大论著	167
给教皇的三封信	167
鼓吹"合法地前进"	168
"带铁锤的闵采尔"	168
路德派新教的确立	168

德国农民战争 169
士瓦本农民揭竿而起	169
法兰克尼亚的农民战争	169
其他地区的农民战争	169

欧洲宗教改革的扩大 169
加尔文教的创立	170
北欧诸国的宗教改革	170
反宗教改革活动	170

英国 171
都铎王朝的专制统治	171
资本的原始积累	171
圈地运动	172
"血腥立法"	172
罗伯特·凯特起义	172
海外掠夺	172
和西班牙的斗争	173
"无敌舰队"的覆灭	173
资产阶级革命的开始	173

法国 173
资本主义的缓慢发展	174
君主专制的形成	174
与意大利的战争	174
宗教改革	174
胡格诺战争	175
"克洛堪"起义	175
《南特敕令》	175

Part 1

原始社会篇

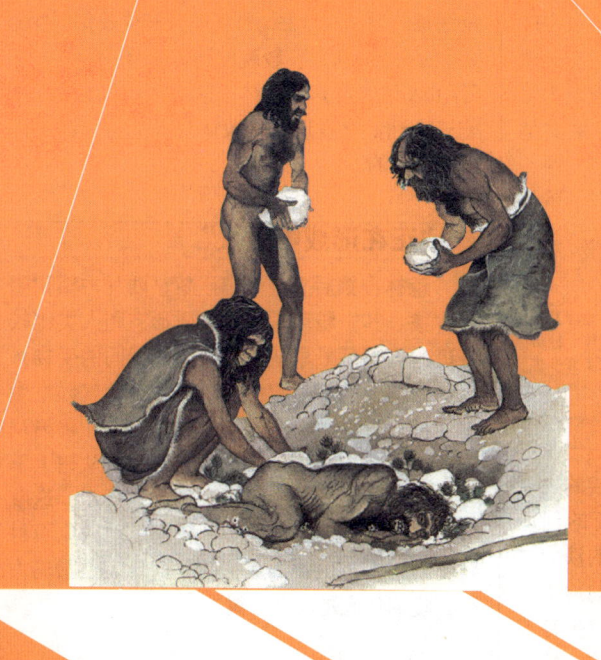

◆ 宇宙诞生
科学家们确信,宇宙是由大约200亿至150亿年前发生的一次大爆炸形成的。

人类的起源

各民族的古老文化中都有解释自身起源的故事,并且无一例外地将人类的起源归功于神的创造。在欧洲和中东,人们对《圣经》里关于上帝"创世",并创造人类祖先亚当和夏娃的神话深信不疑。17世纪时厄谢尔大主教甚至耗费大量精力求证了上帝创世的精确时间——公元前4004年10月23日中午。这一论点现在无疑成了笑柄。1859年,英国生物学家达尔文发表了著名的《物种起源》,提出"进化论"的观点,为人类的起源问题做出了一个科学的解释。

※ 人类的家园——地球

地球是太阳系中的行星之一,按距太阳由近及远的次序排列为第三。它是太阳系类地行星中最大的一颗,也是目前现代科学确证唯一存在生命的行星。地球内部由地壳、地幔和地核三部分组成。在世界各民族的古老神话中,地球经常被描绘为神或上帝的创造物。而实际上,地球自身经历了漫长的演变过程。科学证明,地球上已知的最古老的地壳年龄大约为46亿年。也就是说,人类赖以生存的地球至少已经有46亿岁了。约35亿年前,地球上便已出现生命。人类的出现,则是几百万年前的事情。

地球
在浩瀚的宇宙中遥望地球,地球其实是一个披着蓝白外衣的椭圆形球体。经历了46亿年的漫长历程,地球孕育了许多生命,也包括我们人类。

现代类人猿
类人猿属灵长目,是猩猩科和长臂猿科动物的总称,也叫作"猿类"。现代类人猿与人类最为相近的体质特征是:具有复杂的大脑和宽阔的胸廓,具有盲肠、阑尾以及扁平的胸骨。其中,黑猩猩与人类99%的基因是相同的。

※ "攀树的猿群"

人类和现代的类人猿有着共同的祖先,即古代类人猿。古代类人猿成群地生活在热带或亚热带的森林中,恩格斯把它们叫作"攀树的猿群"。生存年代最早的古猿可能是发现于埃及法雍的原上猿(3500万年前)和埃及猿(2800万~2600万年前),较晚的则有森林古猿(2300万~1000万年前)。森林古猿的化石在欧、亚、非三大洲都有发现。一般认为人类是由森林古猿进化来的。

※ "正在形成中的人"

森林古猿后来分化出巨猿、西瓦古猿和腊玛古猿。其中腊玛古猿的体质形态和人类比较接近,可能是最早从猿到人过渡期间的生物。在地质学上的第三纪中期,地球上的气候发生了变化,森林减少,出现了林间空地和稀树草原。一部分古猿为了寻找食物,经常从树上下到地面活动,逐渐学会了两脚直立行走,这就完成了从猿到人的第一步。根据目前的化石材料,"正在形成中的人"的早期代表是腊玛古猿,晚期代表是南方古猿。

◆ 地球诞生
地球诞生时是一个气液混合涡流体。

原始社会篇

人类的形成

人类是怎样形成的？对于这一问题，古人类学家一直在努力寻找答案。1876年，恩格斯提出了"劳动创造了人本身"的科学理论，并且指出，劳动是人和动物最本质的区别。

智人头骨
晚期智人又称"新人"，他们是生活在5万年至1万年前的古人类。最早的新人化石（颅骨4个，属于3个男性、1个女性，生活于距今3万年至2万年前）是1868年在法国克罗马农的一个山洞中发现的。

※ 劳动创造了人

人区别于动物的最根本特征是劳动，人的一切特征都是在劳动的基础上产生的。人以外的动物没有劳动，它们都只是消极地从自然界摄取现成的生活资料来维持生命。人类不满足于自然界提供的现成的东西，他们通过劳动，把自然物制成工具，把外部自然力变成人类征服自然的新手段，并利用它来改造自然物，使自然物变形或变质，服务于人类。

恩格斯肖像
恩格斯重视总结自然科学的新成就，从1873年开始对自然辩证法进行研究，写了许多札记。其中《劳动在从猿到人转变过程中的作用》一文，科学地回答了人类起源的问题。

※ 洞穴里的人类

1856年，考古人员在德国杜塞尔多夫城附近的尼安德特河谷的一个洞穴中发现了古人类化石，经考古学研究，这些古人类生活于距今约25万年至4万年前的更新世中期至晚期。这就是早期智人的代表——著名的"尼安德特人"。尼安德特人的体质形态已和现代人接近，脑容量达1300毫升至1750毫升，但仍保留了一些较原始的特点，如眉脊发达、前额低斜、鼻部扁宽、颌部前突、颏部不明显等。一般认为，早期智人是由直立人进化来的。这个时期的人类与现代人更接近，他们不仅会保存天然火种，还学会了人工取火。

※ 现代人类之祖

晚期智人被公认为现代人类的祖先，因此也称"现代智人"。从解剖结构上看，现代智人应包括现代人类。但从古人类学的角度说，晚期智人是指距今四五万年前至一万年前的化石人类。晚期智人的眉脊减弱，颅高增大，颌部退缩，下颏明显，其体质特征与现代人类已没有多大差别。他们的化石不仅分布于欧、亚、非三大洲，而且在大洋洲也有发现。晚期智人除了具有某些原始特性之外，基本上和现代人相似。

尼安德特人埋葬同伴
尼安德特人是12万年至3万年前冰河时期原本居住在欧洲及西亚的人种，性格相对温和。这些习惯群居的古人类，面对同伴的死亡时怀着极为深刻的悲伤。

◆ 冥古宙
最早的一个地质年代。尚未有生命出现。

狩猎和采集时代

在原始社会，早期人类主要生活在自然资源丰富的草原和森林的边缘地带。由于生产力低下，人们单纯地依靠自然界的赐予，采集植物的根、茎、叶、果实，并猎取动物作为食物。他们之间有着简单的分工，男性狩猎，女性的任务则是采集。

※ 旧石器的兴起

旧石器时代是以使用打制石器为标志的人类物质文化发展阶段，在地质上属更新世，距今约250万至1万年，一般分为早期、中期和晚期三个阶段。早期大致相当于人类体质进化的能人和直立人的阶段，主要使用砾石打制的砍砸器，也有一些形状不规整的石片，制作方法十分简单；中期相当于早期智人阶段，使用的石器形状较以前规整，并开始使用骨器；晚期相当于晚期智人阶段，制作的石器更加精致，开始使用压削的方法来制造石器，许多石器呈柳叶形或桂叶形，出现了刮削器和雕刻器。

打制石器
旧石器时代的人们利用石块打制石核或石片，加工成一定形状的石器。这些石器可以分为砍砸器、刮削器、尖状器等几类，是石器时代的主要工具与兵器。

※ 采集和狩猎

采集和狩猎是人类最早的一种经济生活方式，盛行于旧石器时代。由于这种生活方式不能满足人类对食物的需求，早期人类处在饥饿困苦的境地，不能够大量繁殖，许多人十几岁就夭折了。采集和狩猎的生活方式在后来逐渐发展成原始农业和畜牧业。

※ 血缘家族

旧石器时代早中期的社会组织是血缘家族。在家族中，婚姻按班辈划分，所有的兄弟姊妹都可互为夫妻，而不同班辈之间的婚姻关系则被排斥。一个血缘家族就是一个公社，家族内部人与人之间的关系是平等的，人们集体生产、共同消费，没有剥削现象。

※ 氏族制度的形成

氏族是以血缘关系结合起来的、自然形成的人类共同体，是继原始群之后的社会组织与经济组织的基本单位。氏族制度先后经历了母

原始狩猎壁画
原始社会人类为了获取食物，不得不想方设法猎取野兽。这幅古老的壁画记录了原始人类狩猎的真实场景。

系氏族和父系氏族两个阶段。氏族内部管理实行原始民主制，对婚姻有严格的规定。成员们彼此之间的关系是平等的，有互相帮助和保护的义务。

◆ 太古宙
生物进化的初级阶段，只有为数不多的原核生物。

原始社会篇

定居和农业时代

距今约1.1万年前，人类由狩猎和采集时代过渡到了定居和农业时代，历史上称为"农业革命"。这个时期也是旧石器时代向新石器时代过渡的时期，磨光石器为以后的农耕准备了劳动工具；陶器既可用来盛物，也可用来浇水，也是发展农业的重要条件。一般认为农业文明的首发之地可能是在西亚。

※ 新石器的革命

考古学家把陶器和农业出现作为进入新石器时代的标志。新石器时代是母系氏族公社的全盛时期，人类开始定居，从事原始农业生产，并把一些野生动物驯化成家畜，有了比较稳定的食物来源。人类还改进渔猎手段，从事制陶、纺织、木作等手工生产。新石器时代前期，氏族集团日益扩大，并营建了规模很大的聚落。人们的宗教信仰日益发展。新石器时代晚期，以原始农业为主的社会经济开始繁荣起来，农业聚落逐渐发展并走向分化，人口快速增长。同时，犁耕技术出现，手工业分工和技术均有发展，人们已掌握冶铜技术。社会结构也随之发生显著变化，贫富分化加剧，宗教和政治结合在一起，掌握宗教权力和军事权力的首领开始发动掠夺战争。这个时期，有些氏族部落开始向文明时代迈进。

骨耜
出土于浙江余姚河姆渡遗址，长18厘米，用动物肩胛骨制成，可用来开沟或松土，是耜耕农业的重要实物证明。

※ 最早的农业

早期人类在长期的采集劳动实践中熟悉了一些植物的生长规律，并摸索到栽培的方法，从而产生了原始农业。西南亚的人最早开始种植小麦和大麦，中国人最早开始种植谷子和稻子，中美洲及秘鲁则是玉米、马铃薯和倭瓜的故乡。原始农业的出现，使人类开始能够过上比较安定的生活。

※ 最早的畜牧业

原始畜牧业是从狩猎中发展起来的。早期人类在长期狩猎的劳动实践中，逐渐把一些动物驯化成家畜，并且让其在驯养条件下生殖繁衍，从而出现了原始畜牧业。原始畜牧业的出现，不仅丰富了人类的肉食，而且提供了大量的乳类、油脂、皮毛、骨等产品。此外，畜牧业为农业创造了利用畜力的可能，为农业的进一步发展创造了新的条件。

原始陶瓶
陶器诞生最直接的原因是火的使用。大约在170万年至70万年前，中国元谋人就开始使用火。被焙烧的土地或黏土会变得坚硬，这给了原始先民灵感，使他们由此发明了陶器。

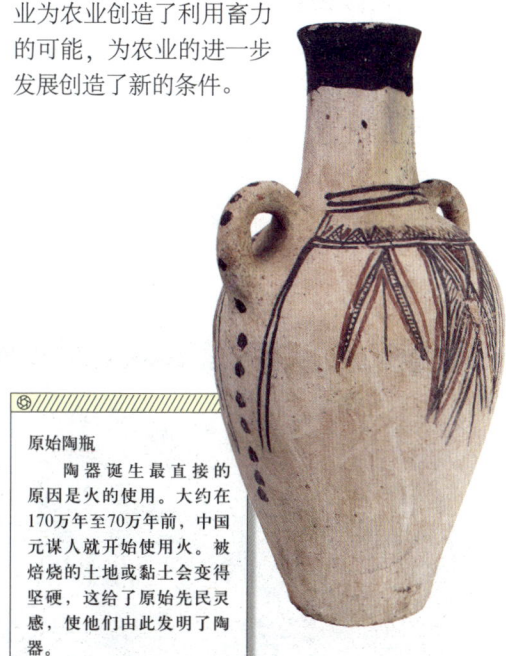

※ 母系氏族公社

大约六七千年前，母系氏族社会进入了繁荣时期。其标志有：（1）世系按母系血统划分，新出生的氏族成员不管其性别，都属于母亲所在的氏族，而不属于父亲所在的氏族；（2）在原始的生产分工中，男子从事渔猎活动，妇女从事采集活动，而采集活动比渔猎活动的收获稳定，能较可靠地供氏族成员糊口度日，故妇女在生产中起重要作用；（3）实行从母居住；（4）妇女是氏族的管理者。

各个母系氏族公社皆有自己的名称、墓地。在社会生活中，公社内成员信仰共同的神灵或图腾。在婚姻关系上，严禁族内通婚，实行族外通婚。在氏族公社里，除了氏族公社成员个人日常使用的工具外，土地、房屋、牲畜等都归氏族公社集体所有。氏族成员共同劳动，平均分配生活资料，没有贵贱贫富之分，过着平等的生活。

※ 父系氏族公社

父系氏族制的产生是和农业及饲养业的发展分不开的。社会生产力的发展日渐加速，生产效率不断提高，社会财富日渐增多，农业和饲养业已成为人们的主要生活来源，男子不再以狩猎、捕鱼为主业，而是代替妇女从事农业和饲养业。随着男子在农业、畜牧业和手工业等主要生产部门中逐渐占据主导地位，妇女在经济上退居次要地位，她们的职能已转向主要从事家务劳动和生儿育女。于是，母系氏族制瓦解，父系氏族制产生。

父系氏族公社时期为考古学上的新石器时代晚期和铜石并用时代，是由氏族公社向阶级社会过渡的阶段。父系氏族公社的主要特征是：男子居于支配地位，妻子从夫而居，辈分从父系计算，财产由父系继承。这时的婚姻形态也由对偶婚向一夫一妻制过渡。父系氏族公社内部以男子为中心分裂成若干个大家庭，各大家庭内部又分裂成若干个一夫一妻的小家庭。至此，以血缘为纽带的氏族公社瓦解，以地缘为纽带的农村公社形成，以小家庭为单位的私有制产生。随着贫富的不断分化，阶级也逐渐形成。

泸沽湖

中国云南泸沽湖畔居住的摩梭人是纳西族支系，至今仍保留着母系大家庭和男不娶、女不嫁的阿夏婚姻形态。这已成为当代研究人类社会形态和母系社会婚姻习俗的活见证。

◆ 古生代
古两栖类、古爬行类动物相继出现。

原始社会篇

文明社会的诞生

文明的出现，一般以城市的出现、文字的产生、国家制度的建立为标志。其中最重要的前提条件是城市的出现，因此可以说城市是文明的发源地。氏族公社在生产进步、社会分工发展的过程中走向瓦解，人类开始进入用文字记载历史、用国家机器统治和管理社会的文明时代。

※ 金属工具的出现

新石器时代末期，人类已经懂得使用金属。最早使用的金属是金、铜等以纯粹形式存在于自然界的物质。人类在冶炼铜的实践中逐渐学会了冶炼铜和锡的合金——青铜。此后相当长的时间里，青铜成为制造各种工具、器皿和武器的重要材料。所以，真正的金属时代是从冶炼和使用青铜器开始的。在人类社会由蒙昧跨入文明的过程中，金属工具的出现起了决定性作用。金属工具的广泛使用引发了社会分工，从而使社会生产力有了很大的提高。

中国夏代铜爵
出土于河南省偃师市二里头遗址，是我国历史上最早的青铜酒器之一。

※ 社会大分工

原始社会后期，随着生产力的发展，畜牧业开始由专门的游牧部落来从事。这部分人从农业中分离出来，形成了"第一次社会大分工"，有力地推动了商品交换的发展，也为私有制的产生提供了物质基础。

原始社会末期，农业和畜牧业的发展，也促进了手工业的发展。各种手工技艺越来越复杂，促使手工业也脱离了农业，这就是"第二次社会大分工"。这次大分工促进了劳动生产率的提高和生产规模的扩大，导致了直接以交换为目的的商品生产的出现，并使商品交换范围进一步扩大，从而加速了私有制的产生和原始社会的瓦解。

第二次社会大分工后，随着商品生产的不断扩大，原始货币开始出现。随之出现了专门从事经营活动的商人阶层。恩格斯将商人的出现称为"第三次社会大分工"。商人阶层的出现，缩短了商品买卖的时间，扩大了商品的销路，又一次推动了商品生产和交换的发展。

※ 财产的私有化

在父系氏族公社时期，随着社会生产力的发展，一个人生产的劳动产品，除维持自身最低生活需要之外，开始有了一定的剩余，这是产生私有制的物质基础，也是占有他人劳动产品、进行经济剥削的前提。一些氏族部落首领和少数家长，为了占有更多的产品，开始利用担任公职的方便条件，在对内分配产品、对外进行交换的过程中，把一些集体的财产据为己有。

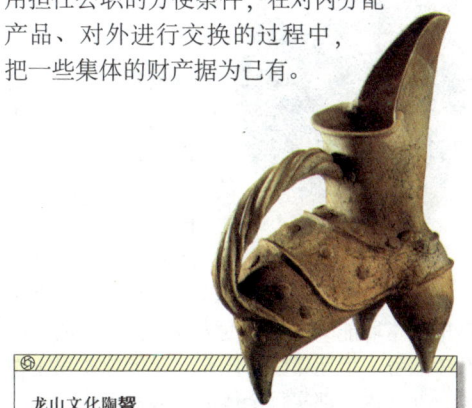

龙山文化陶鬶
龙山文化泛指中国黄河中下游地区新石器时代晚期的一类文化遗存，距今4350年至3950年。此时社会形态已经完成了向父系社会的转变，出现了私有财产。鬶是原始先民用来烧水的器皿，也是龙山文化最具特色的器物种类之一。

◆ 中生代
爬行动物空前繁盛，也称"爬行动物时代"或"恐龙时代"。

※ 私有制的确立

随着生产的不断发展，每个家庭成为独立的生产单位，"同族共产制"逐渐遭到破坏，财产私有制逐渐产生。一开始是工具、牲畜、产品的私有，后来最基本的生产资料——土地也转为私有，这标志着私有制的确立。私有制是社会生产力发展到一定历史阶段的产物。对于原始公有制来讲，这是一个伟大的历史进步，不仅促进了生产发展，还促进了父权制的确立。氏族制度的瓦解，为文明的到来开拓了道路，但加速了阶级的形成，也为后来的剥削制度奠定了最早的基础。

※ 军事民主制

彩陶人首瓶
中国仰韶文化遗存。瓶两头细，中间粗，平底。用来做口的女人头五官端正，双目深邃，鼻子宽阔，嘴微微张开，双耳后面长发披拂，前额有一排齐眉的短发。

原始社会后期，社会生产有了剩余，劫夺财富与掳掠人口使其成为自己的奴隶已成为部落间经常性的行为。恩格斯说："出于经常性的掠夺的需要，战争以及进行战争的组织现在已成为氏族生活的正常职能。"该制度为经常性掠夺的军事战争服务，但还保留了氏族部落的原始民主性质，在氏族内部实行全体男性公民表决，称为"军事民主制"。军事民主制是从氏族部落的管理机构走向国家阶级压迫机构的过渡形式，在国家的产生过程中起到了重大的作用。

※ 奴隶主和奴隶

随着私有制的出现，阶级也产生了。为了生产出更多的剩余产品，同时减轻自己的劳动，人们要求吸收新的劳动力，因而不再杀掉战争中擒获的战俘，而是驱使他们投入到生产劳动中去，将其变为供自己役使的私有奴隶。随着劳动生产率的增长、人的劳动力价值的提高，奴隶劳动在生产中的地位有所上升，主人对奴隶的剥削和奴役也日益加重，奴隶逐渐没有了人身自由和社会地位。奴隶主和奴隶构成了人类社会最早的阶级对立。奴隶主握有对奴隶生杀予夺的权力，可以随意奴役、买卖和杀害奴隶。奴隶没有独立的人格，没有任何人身自由和权利。

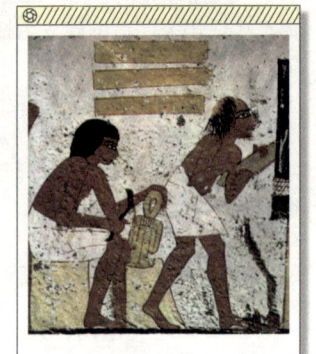

工作中的奴隶
古埃及陵墓壁画，表现的是两个掌握了木匠技术的奴隶，一个在锯木头，一个在雕刻神像。

※ 国家的诞生

父系氏族公社末期，由于部落战争的频繁，氏族内部贫富分化日益加剧。氏族贵族的剥削和奴役，使一些破产的氏族成员脱离氏族到别处谋生，同时，氏族也不断吸收其他部落的奴隶和依附民。以血缘关系为基础的氏族公社逐渐为以地域关系为基础的农村公社所取代。

随着奴隶与奴隶主之间、氏族内部贵族与平民之间矛盾和斗争的升级以及部落战争的日趋激烈，作为阶级统治和扩大战争的工具——国家应运而生。历史上最早的国家，是奴隶主统治奴隶的国家。氏族制度被奴隶制国家所取代，原始民主制被原始君主制所取代。

◆ 古近纪
哺乳动物迅速辐射演化。

原始社会篇

原始社会的文化

早期文化都是在农业民族中产生的。文字的发明，促成了脑力劳动和体力劳动的人类第二次分工。在这一时期，人们对自然充满敬畏之情，崇拜自然神、图腾、灵魂以及祖先，因而产生了原始宗教，并衍生出原始艺术。原始艺术可能萌芽于旧石器时代中期，但大量作品出现于旧石器时代晚期。原始人在岩壁等地方绘画，在石头、兽骨上雕刻图像，并借助制陶、编织等手工业的发展，创造了造型艺术以及音乐和舞蹈。史前文化为古代文明奠定了基础。

※ 原始宗教

在原始社会时期，人类无论对自身还是对自然界的认识都很有限，人类相信存在着超自然、超人力、支配着自然界和人类的命运的神秘境界和力量，并对其充满敬畏和崇拜，这可能是最早的宗教。现有的考古材料显示，宗教的萌芽大约出现于旧石器时代中期，表现为植物崇拜、动物崇拜、天体崇拜等自然崇拜，以及与原始氏族社会存在结构密切相关的生殖崇拜、图腾崇拜和祖先崇拜等，这一时期也因此被称为"原始崇拜"时期。"原始崇拜"的发展一般都经历了从具体崇拜活动到形成抽象神灵观念的演变过程。这种史前宗教的存在，通过发掘、研究石器时代以来各种原始文化遗址，如原始村落、洞穴岩画、墓葬遗物、祭坛雕像等仍依稀可考。

骨哨
出土于中国浙江省余姚市河姆渡文化遗址。骨哨的出土，至少证明了原始氏族已经有了欣赏音乐的能力，也证明了乐器最初的发源来自于生产劳动。

※ 语言的产生

语言是人类特有的用来表情达意、交流思想的工具，是一种特殊的社会现象。那么语言是在什么时期产生的，又是怎样产生的呢？恩格斯认为，劳动创造了人类，也创造了人类语言。首先，原始人类的发音器官和抽象思维在劳动过程中逐步发达起来，从而为开口说话创造了必需的生理条件。其次，原始人的劳动大多是群体协作，这就需要某种信息，如手势或声音，把一群人的动作统一协调起来。其中的声音信息，哪怕很简单、很粗糙，也都是人类最初的语言。

结绳记事
结绳记事是文字发明之前人们所使用的一种记事方法，在绳子上打不同的结，用以记事。

※ 文字的雏形

文字是人类社会发展到一定历史时期的产物，大约产生于原始社会末期、奴隶社会早期。结绳记事、贝壳珠串、实物书信、"大事年表"以及诸如此类的方法，虽然只能记录最简单的事情、表达最简单的概念，并且往往不能准确地表达，却是文字的雏形。真正的文字是从记事图画演变而来的。

【百科链接】

原始语言的特征：
总体看来，原始语言具有具体性的特点，其中有着相当丰富的表示具体事物的称谓，然而缺乏反映综合概念的词汇。原始语言的另一特征是每句话所包含的词的数量很少。随着人们社会实践活动的扩大和思维的发展，连贯言辞的各种形式的句法才发展起来。

9

◆ 新近纪
哺乳动物和被子植物高速发展，人类出现。

记事图画中的图形逐渐定型，继而从整幅图画中分离出来，并且按照一定的顺序书写，真正的文字就产生了。

※ 原始绘画

西班牙阿尔塔米拉洞窟壁画《受伤的野牛》
作者充分利用了岩石表面的凹凸，以表现动物的肌肉和骨骼的起伏。这幅举世闻名的《受伤的野牛》就是这样制作出来的。

原始绘画多发现于洞穴的岩壁上，题材以动物为主，所画动物神态栩栩如生，反映出原始人对动物的形态和习性十分熟悉。原始绘画的风格也经历了由简到繁的过程，从较早的单色画发展为具有明暗色调的单色画和彩画。撒哈拉沙漠中部的岩画，是非洲最古老的绘画，所绘题材多为象和水牛。中国新石器时代仰韶文化的彩陶已显示出高度的造型和绘画艺术水平。

※ 原始雕刻

雕刻是一种古老的艺术形式。雕刻作品常常出现在岩壁、石头、骨头和兽角上，有线雕、浮雕和圆雕等不同类型，题材也以动物为主。法国拉·费拉西遗址和勒斯·厄伊泽埃地区的一些遗址内刻在石板上的图案和符号，属欧洲旧石器时代晚期奥瑞纳文化时期，时代约为距今3万年前，是已知最早的此类艺术作品。有些洞穴发现石雕人像，大部分是孕妇像，这反映出女子在当时社会中的特殊地位。

※ 原始音乐和舞蹈

音乐、舞蹈同原始人的集体生产活动密切相关。最初的歌唱只是同一呼声或言辞的重复，后来才有了旋律。器乐比声乐出现得晚。舞蹈在原始人的生活中有着重要作用，往往以艺术的形式再现那时代的生活和生产场景。他们狩猎、出征前常常用跳舞来鼓舞士气。原始舞蹈常具有浓厚的巫术意味。

※ 科学的萌芽

在长期的劳动实践中，原始人积累起一定的经验，发展了推理能力，产生了抽象概念，对自然界的某些因果联系有了初步了解。文明时代的科学正是从这里萌发的。为了生产和生活的需要，原始人类掌握了一定的地理、气象、天文历法知识及一些医疗知识。三四万年前，克罗马农人已能用燧石工具进行外科手术，甚至能施行环锯术，即在头骨上穿孔。

虽然原始人的抽象思维能力很低，但他们仍然在建筑、造船、医术、计算以及其他方面进行了初次探索。

威兰多夫的"维纳斯"
高11.5厘米，宽5厘米，出土于奥地利的威兰多夫。这是一尊距今3万多年前的作品，是迄今为止世界上发现的最早的雕像之一。这尊雕像的头部几乎全被卷曲的头发所占据，没有对面部特征的刻画，但身体的女性特征极为夸张。

10

Part 2

古代世界篇

◆ 古埃及文明的诞生
公元前4500年左右，尼罗河下游地区开始出现奴隶制城邦。

古埃及文明

古埃及是举世闻名的四大文明古国之一，素有"世界名胜古迹博物馆"之称。在尼罗河谷、地中海沿岸以及西部沙漠等地都发现了大量的埃及古代文明遗迹。神秘莫测的金字塔和大斯芬克斯像，巨大的壁画和扑朔迷离的象形文字等等，都是古埃及文明的象征。位于开罗近郊吉萨高地上的胡夫、哈夫拉和门卡乌拉三座金字塔距今约有4700年历史，堪称人类建筑史上的奇迹。卢克索位于开罗以南700多千米处的尼罗河畔，是埃及文化古迹的集中地。埃及历史名城亚历山大位于尼罗河三角洲西北部，享有"地中海明珠"的美誉。

※ 埃及这片土地

埃及是世界文明的发祥地之一。古埃及人民在这片土地上创造了灿烂的文化，在包括象形文字、天文、历算、医学、建筑、雕刻、文艺等领域都有巨大的成就。其古王国第四王朝时期的大金字塔，被誉为"古代世界奇观"之一。

埃及的沙漠
埃及是个沙漠王国，在全国100万平方千米的土地中，沙漠占了96%，7000万人口全部分布在尼罗河流域和一些零星的沙漠绿洲上。

■ 孤立的沙漠之国

埃及位于非洲东北部尼罗河下游，东临阿拉伯沙漠和红海，西界利比亚沙漠，南邻努比亚（今苏丹），北濒地中海。自远古时代起，埃及的文化中心在地理上就分为狭窄的河谷地区和较为开阔平坦的尼罗河三角洲地区两部分。从地理条件上看，埃及文明区域的东西两面均为沙漠，南边有几个大险滩，同外界交往甚难，只能通过东北端的西奈半岛与西亚往来。所以，古代埃及具有较强的孤立性。

埃及的尼罗河谷地区几乎长年不下雨，气候十分炎热干燥，生产和生活用水全靠尼罗河供给，只有北部三角洲地区受地中海季候风影响降雨较为丰沛。

■ 埃及的"生命之河"

尼罗河发源于非洲赤道一带的维多利亚湖西部的群山间，全长约6670千米，被称为埃及的"生命之河"。上游的白尼罗河同发源于埃塞俄比亚境内的青尼罗河在苏丹的喀土穆汇合，然后向北蜿蜒流经埃及注入地中海。纵贯埃及全境的尼罗河把河谷地区变成了沙漠中的绿洲，与古埃及人民的物质和文化生活均有着密切的关系。尼罗河两岸的狭长河谷和入海处的三角洲，是埃及最富饶的地区。虽然这一地区仅占国土面积的4%，但却聚居着全国99%的人口。

尼罗河风光
尼罗河是世界上流程最长的河流，发源于东非高原上的布隆迪高地。尼罗河下游谷地和三角洲是古埃及文明的发源地，至今仍是埃及人的生命线。

◆ 乌鲁克文化
西亚的铜石并用时代文化。

古代世界篇

■ "尼罗河的赠礼"

尼罗河每年7月至11月定期泛滥，往往给两岸居民的生命财产造成损失，但也带来了很大的好处。河水浸灌了两岸干旱的土地，含有大量矿物质和腐殖质的泥沙顺流而下，在两岸逐渐沉积下来，变成肥沃的黑色土壤，为农业生产创造了有利的条件。正因为如此，尽管古埃及农业工具粗陋，技术相当落后，勤劳的埃及农民仍然能够获得良好的收成。毫不夸张地说，没有尼罗河就没有埃及文明。公元前5世纪的希腊历史学家希罗多德曾说，埃及人获得的膏腴之地乃是"尼罗河的赠礼"。

■ 文明的萌芽

古埃及人来自何方，属何种族？这个问题长期以来引起人们激烈的争论。一般认为，古代埃及的居民是由北非的土著居民和来自西亚的塞姆人融汇而成的，在融汇后便世代居住在尼罗河流域。从公元前4500年开始，尼罗河流域诞生了许多小城邦，它们在长期的战争中相互兼并，最终在公元前3100年前后形成了统一的奴隶制国家。

■ 城邦争霸

埃及最早形成的国家叫"斯帕特"（古希腊人称之为"诺姆"），其象形文字符号是一个被灌溉渠道分成若干块的土地。这种小国家在当时的埃及有数十个之多，面积小且人口不多，大多由部落联盟转化而来。这些国家经常为了争夺土地、财富、奴隶和对尼罗河水的控制权而不断进行兼并战争，统一的奴隶制国家正是在

这个过程中逐渐形成的。后来，逐渐形成了上埃及和下埃及两个国家。

■ 上埃及与下埃及

孟斐斯以南的尼罗河谷地叫作"上埃及"，孟斐斯至地中海沿岸的三角洲地带叫作"下埃及"。上埃及是一条狭长谷地，宽度一般在15千米至25千米之间，东西两侧山峦起伏。下埃及河川密布，扩展成扇形，多沼泽，古时不易通行，只有三角洲东面穿过苏伊士地峡，经由西奈半岛可达西亚的巴勒斯坦、叙利亚等地，是古代亚、非两洲的一条重要的通道。上埃及以神鹰为保护神，下埃及以神蛇为保护神。

■ 美尼斯统一埃及

美尼斯是上埃及国王，他在位期间不断地对外发动战争。大约在公元前3100年，他征服了下埃及，使整个埃及初步

美尼斯雕像
美尼斯（公元前3100年前后）是第一位统一埃及的君主，是人们能追溯到的最早的古代军事统帅。不过，不论是美尼斯本人还是他的臣民，都对他没使用过"法老"这一称号。

统一成一个国家，开创了古埃及的第一王朝。他运用灵活的政治手腕统治整个埃及，并在尼罗河三角洲南端（今开罗附近）修建了新都白城（即后来的孟斐斯城）作为埃及的首都。至此，以蛇为保护神、以蜜蜂为国徽的下埃及和以鹰为保护神、以白色百合花为国徽的上埃及，终于在美尼斯的领导下统一了。

菲莱岛神庙
菲莱岛位于阿斯旺以南15千米处，岛上有被称为"古埃及国王宝座上的明珠"的埃及古神庙群，以辉煌而奇特的建筑、宏伟而生动的石雕及石壁浮雕上的神话故事而闻名。

13

● 美尼斯统一埃及
美尼斯，埃及第一王朝的开国国王，统一了埃及，传说在狩猎时被鳄鱼吞食。

※ 古王国时期

古王国时期的埃及，多元素文化经过漫长时间的融合达到了历史上的第一个巅峰。古王国时期跨越了四个王朝（第三至第六王朝），到第七王朝时王国开始分裂，文化也呈现衰败状态，很快就进入了被历史学家们称为"第一中间期"的时代。

■ 富裕的王国

埃及的统一，有助于灌溉农业的经营和管理。在古王国时期的铭文中，常有法老兴修水利的记载。畜牧业在古王国时也有相应的发展。另外，古王国的手工业，如石材、木材、金属（主要是铜）、皮革、纸草等的加工工艺，都达到了相当高的水平。随着农业和手工业的发展，商业也日益发展起来。除了利用尼罗河的航运沟通上下埃及的国内贸易，古王国时期的埃及与邻近各地区的贸易也比较活跃。

■ 国家机器的完善

埃及在古王国时期实行的是中央集权的君主专制制度，国王掌握一切大权。国王之下设有"维西尔"（即宰相），掌管行政、司法、经济、神庙等事务，如第五王朝的维斯普塔赫，他是维西尔，又是最高法官和王室建筑师。维西尔之下有各种大臣，管理各方面的事务。这一时期的埃及已有常备军驻守边界，战时还临时征召军队，权贵们也保留着私人武装。当时的法庭有两类：世俗法庭在中央由维西尔担任最高法官，审理一些重要案件；神庙法庭多半审理民事纠纷案件。在地方上，原来的斯帕特（埃及最早的国家）变成了地方行政单位。在中央政权和地方斯帕特之间，设有上埃及官邸和下埃及官邸，分别管理上、下埃及事务，督促斯帕特长官征税，并履行各种应尽的义务。

■ 法老的权威

埃及的君主专制形成于早王朝末期，古王国时得到巩固和强化。埃及土地的最高所有权在名义上属于专制君主，即所谓的"普天之下，莫非王土"。法老集军、政、财、神诸权

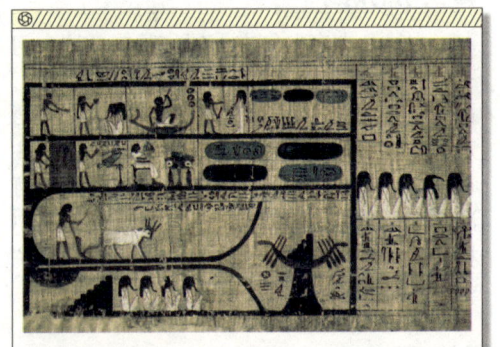

古埃及纸草书卷
古埃及人利用蔓生在尼罗河两岸的纸莎草来造纸。纸莎草芯经纬编织，脱水压制后即为莎草纸。古埃及许多象形文字的法律文件、颂词、铭文等都被保留在了莎草纸上。

放置木乃伊的人形棺
古代埃及人用防腐的香料殓藏尸体，尸体年久干瘪，即形成木乃伊。古埃及人笃信人死后灵魂不会消亡，仍依附在尸体或雕像上，所以，法老王等死后，均被制成木乃伊。图为放置木乃伊的人形棺。

于一身，他视全国的土地为私产，可以随意地把土地赏赐给官吏、神庙及他所宠信的人。一年一度或两年一度对全国土地、人口、牲畜、财产的清查，是这种专制统治的重要表现，也是法老实现统治的一种重要措施。一切高级官员，包括维西尔均由法老任命，各州州长由法老随意调动——这些官吏完全听命于法老。上、下埃及官邸的设立，目的是加强对日益强大的地方势力的控制。古王国时期，王权神化的现象更加明显，法老自命为太阳神之子，宣扬君权神授，以稳固王位。

14

◆ 米诺斯文明
爱琴海地区古代文明，主要集中在克里特岛。

古代世界篇

■ 金字塔的诞生

金字塔是古代埃及国王的陵墓，因其外观似汉字的"金"字而得名。金字塔是从早王朝时期的一种贵族所建的"马斯塔巴（意为凳子）式"的坟墓演化而来的。第三王朝时，法老左塞尔命著名建筑设计师伊蒙霍特普为他设计坟墓。于是，一座在马斯塔巴上面逐级缩小的梯形金字塔出现了。第四王朝时，金字塔的修建日益兴盛。第四王朝后，金字塔的修建渐趋逊色。金字塔被誉为古代世界七大奇迹之一，是古代埃及人民智慧的结晶。

■ 古王国的瓦解

法老的专制统治和奢靡生活，使社会矛盾激化。到第四王朝末期，古王国的中央集权专制统治权力开始削弱。各州的州长和大寺庙的僧侣利用人民的不满扩大自己的势力，脱离中央政府的控制。法老权力的衰微，具体表现为再也无力从事大规模金字塔的营建。古王国的统一局面逐渐趋于分裂。约公元前2181年，埃及历史进入"第一中间期"。

■ 群雄争霸的时代

在第一中间期里，各地贵族拥兵自重，战争频繁，政治局面极为混乱。此时位于埃及中部的赫拉克列奥波里逐渐兴起，建立了第九、第十两个王朝，统一了北部三角洲和中部埃及。为巩固王朝的实力与地位，赫拉克列奥波里王朝积极进行内部建设，发展农业生产。第十王朝国王阿赫托伊在给儿子美利卡拉的教训中，阐述了对贵族、平民、军队等各方面的政策，及对入侵埃及的贝都因人、对正在南方兴起的底比斯的国际政策。阿赫托伊企图实现全埃及的统一，但底比斯的兴起打破了他的美梦。最后，由底比斯建立的第十一王朝完成了重新统一埃及的重任。

古埃及书吏像

在古埃及，书吏是一种很受欢迎的职业，是平民进入上层社会的唯一途径。平民无不希望进入书吏学校以享受到与贵族同样的教育，并借此进入贵族的生活圈子。

■ 起义的烽火

"第一中间期"延续了约一个半世纪。这期间苛酷的政策、频繁的战争、混乱的经济，使人民处于水深火热之中，阶级矛盾十分尖锐，最终引发了平民和奴隶大起义。整个埃及，从乡村到城市都燃起暴动的熊熊火焰。衣衫褴褛的奴隶、贫苦的农民和手工业者，闯入

古埃及阶梯金字塔

这是法老左塞尔的阶梯金字塔，分为六层，是埃及金字塔建筑的前驱。它是建造者为了显示法老的权威，在方形平台式石砌陵墓"马斯塔巴"的单层平台上叠加上了数层而成的。

15

◆ 苏美尔早王朝
苏美尔（今伊拉克南部）奴隶制城邦的繁盛时代。

权贵们和富人的住宅，没收了他们从穷人身上榨取的财富。这些武装起义者一度占据首都并夺取政权，后来被统治者镇压下去。

※ 中王国时期

中王国时期，社会经济方面的显著特征是私有奴隶制经济的发展。这在阶级关系上的反映就是涅杰斯（下层自由民）的兴起和在政治舞台上的活跃。"涅杰斯"，即与氏族贵族对立的平民阶层，多为私有者。在政治上，王权依靠涅杰斯战胜了地方贵族的势力；在对外关系上，埃及开始越过尼罗河谷，去寻找新的土地，进行扩张；在文化上，这一时期被称为"埃及文明的古典时期"，诞生了许多著名的文学作品。

■ 埃及的再度统一

在第十一王朝时，底比斯国王蒙图霍特普二世重新统一了埃及，并拉开了中王朝统治的序幕。这段时期的国王们逐渐培养起了人民对中央集权的忠诚，极大地削弱了地方官僚的权力。成千上万公顷的土地得到灌溉，贸易得到鼓励，文化也出现了繁荣的景象。在诸神当中，冥界之神奥西利斯受到富人和穷人的崇拜。对太阳神"拉"的信仰，当时依然流行。

■ 消灭饥荒

中王国时期，水利灌溉系统得到恢复和发展，尤其是从赫拉克列奥波里王朝时就已开始治理的法雍地区，在中王国时期修建了大规模的排灌渠道，使大片沼泽变成了良田，耕地面积得以扩大。农具，主要是犁的改良，也对农业生产的发展起到了积极的作用。中王国时期，饥荒明显减少，这是农业得到进一步发展的结果，也是古埃及人民辛勤劳动的结果。

■ 精湛的手工技艺

在手工业方面，青铜器的使用更为广泛。在纺织业中，已经出现了卧式织布机，这在中王国时期的墓中壁画上有所反映。当时还出现了一个新兴的手工业部门，即玻璃制造业，有些玻璃制品存留至今。对西奈铜矿的开采也进一步加强，甚至在以往停止开采的酷暑季节也督促矿工前往开采，这反映出对铜的需求的增长。农业和手工业的发展，促进了国内贸易的发展。

■ 繁荣的商业

中王国时期的埃及是当时地中海世界经济最发达的地区之一。埃及同叙利亚和巴勒斯坦地区的交往十分活跃，并同巴比伦尼亚和东南方的蓬特（今索马里）建立了商业联系。而在努比亚，埃及人在第二瀑布附近建立了要塞，阻止尼格罗人及其牲畜越过边境。为统治和开发努比亚地区，发展商业贸易，第十二王朝的国王在这一地区开凿了不止一条运河——它们战时用于运兵，平时用于通商。

胡夫金字塔
胡夫金字塔位于埃及首都开罗西南约10千米的吉萨高地，是埃及现存规模最大的金字塔，大约由230万块石块砌成，是埃及第四王朝第二位法老胡夫为自己修建的陵墓。

◆ 埃及第三王朝
出现了以阶梯金字塔建筑群为代表的石头建筑。

古代世界篇

■ 拯救王权的斗争

古王国末期，以诺马尔赫州长为代表的地方贵族的实力大增。在第一中间期里，地方贵族势力更加膨胀，不但职务自行世袭，更建立私人军队，为扩大地盘而与邻邦争战不休，形若小国国君。中王国法老们为加强王权，与地方势力进行了长期的斗争。第十一王朝法老开始在底比斯为阿蒙神（太阳神）建造宏大的庙宇。阿蒙本为地方神，现在被提高到国神的地位——这是国王借助宗教来压制各地割据势力的一种尝试。到阿明尼赫特三世时（约公元前1842~前1797年），地方割据势力大大削弱，

图坦卡蒙的黄金面具
图坦卡蒙是新王国时期第十八王朝的第十二位法老。这个出土于其墓室的面具，完成于公元前1350年前后，高54厘米，宽约40厘米，由金箔制成，嵌有宝石和彩色玻璃。

中央集权进一步强化。第十二王朝共有八个法老，统治历时两百余年，被称为"中王国的鼎盛时期"。

■ 贫富分化

中王国时期，尽管社会经济有很大发展，但其成果基本上都为统治阶级的各个阶层占有。在新兴的卡呼恩城，西部是贫民区，房屋矮小拥挤；东部是富人居住区，人数很少，但房屋面积超过贫民区的50倍，有的富人一个人占有70间房屋和长长的走廊。在富人区和贫民区之间有一道坚固的围墙，形象地反映了贫富之间的严重分化与对立。

■ 强有力的涅杰斯

中王国时期，阶级关系有两点明显的变化：一是统治阶级成分的变化。该时期以地方为代表的奴隶主仍占统治地位，是对抗王权的重要力量，但涅杰斯（下层自由民）开始兴起并走上政治舞台，形成一股强有力的政治力量。二是奴隶人数大量增加。奴隶的主要来源之一仍是战俘，另外还有债务奴隶以及由平民罚为奴隶的人。

华丽的墓室
图坦卡蒙的整座墓由前室、墓室、耳室及库室组成。墓室的墙面上绘有精美的叙事壁画。图坦卡蒙的木乃伊被密封在重重的棺椁之中，外面的四层是涂金的木椁。最里面的是黄金打制成的棺材。

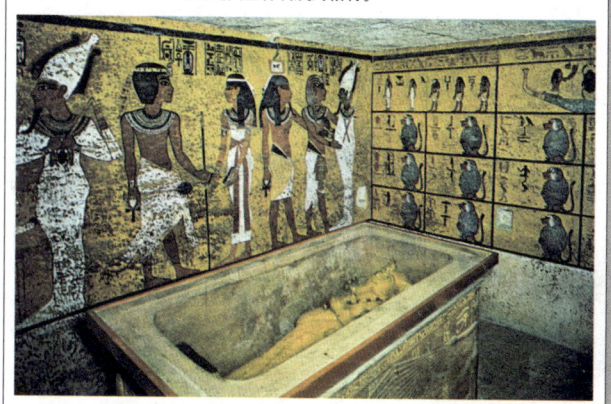

珍贵的随葬器物
图坦卡蒙墓中的每件器物都以金银珠宝装饰而成，其制作的精细和美观程度，使其堪称古埃及艺术的代表。

17

埃及第四王朝
埃及法老开始修建大规模陵寝——金字塔。

■ 希克索斯人入侵

希克索斯人是分布在叙利亚、巴勒斯坦一带的游牧部落。约在公元前18世纪后半叶，他们乘第十二王朝瓦解、埃及陷于分裂混乱的时机，越过西奈半岛占领了富饶的三角洲地区。随后他们又将势力扩展到上埃及，并控制下埃及，在三角洲东部建立了统治中心阿瓦里斯。他们焚烧埃及人的城市，毁坏神庙，虐杀居民，向上下埃及敛取贡赋，对埃及人采取奴役统治政策。希克索斯人统治埃及一百多年，大约相当于第十五王朝和第十六王朝，这是埃及历史上第一次被外族长期统治。

■ 新王国时期

新王国始于公元前16世纪。这一时期埃及对外扩张，但国力却为战事所消耗，文化的进步也因此迟滞。此时，埃及的国都已由孟斐斯移至尼罗河上游的底比斯。这一时期最著名的国王是图特摩斯三世。他组编了一支强有力的军队，把埃及的版图向东扩张到亚洲的幼发拉底河，向南扩张到红海的南部沿岸。

■ 驱逐希克索斯人

希克索斯人在埃及的统治激起埃及各阶层的反抗。底比斯第十七王朝法老卡莫苏当政时期，依靠广大人民的支持，展开了反希克索斯人的斗争。雅赫摩斯一世继承卡莫苏的事业，据说还联合了爱琴海上的克里特人，南北夹攻，收复了阿瓦里斯，彻底打败了希克索斯人，并将侵略者赶出了埃及国土。雅赫摩斯一世创立第十八王朝，以底比斯为都城。从此埃及历史进入了新王国时期。

■ 强大的征服者

埃及人将希克索斯人驱逐出去后，统治者立即发动对外侵略和掠夺的战争，历时约一百年。第十八王朝最伟大的征服者图特摩斯三世在军事扩张政策的指导下把埃及从一个囿于尼罗河谷及其三角洲的地域王国变成了一个地跨西亚、北非的奴隶制帝国。图特摩斯三世创立的这一强大帝国大约持续了两个世纪，它也是古代世界第一个地跨亚非两洲的大帝国。

【百科链接】
奴隶制的繁荣：
新王国时期的战争促进了埃及奴隶制的繁荣。这时占有奴隶最多的仍是王室、神庙和少数官僚贵族奴隶主。奴隶不仅被驱使着做家务，而且还从事着农业生产和手工业劳动。

■ 盛世的辉煌

新王国初期，长期大规模的征服战争给埃及带回了大批劳力和无穷的财富，极大地促进了埃及社会经济的发展。冶炼金属采用脚踏风箱以提高炉温，使铜器的制作工艺得以发展，开始使用铸造法。重要手工业部门建筑业从业人口数量庞大，技术也达到了很高的水平。以亚麻和羊毛为原料的纺织业也很发达，立式织布机取代了卧式织布机。玻璃制造业达到很高的水平，玻璃制品品种不再单一。农业中出现了一种新的提水装置——"沙杜夫"，为高地的开发创造了条件。商品与货币关系也有所发展，银的重量被用作价格尺度，

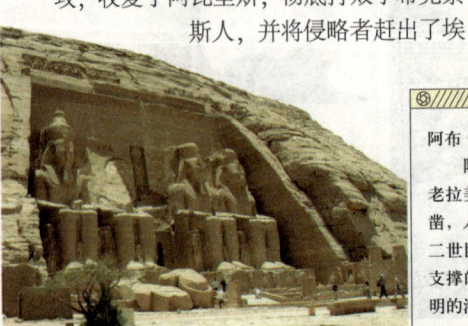

阿布·辛贝勒神庙
阿布·辛贝勒神庙修建于新王国法老拉美西斯二世时期。整个建筑在山中开凿，入口处矗立着4座高达21米的拉美西斯二世巨像。神庙内有许多雕成人形、用作支撑的石柱，墙壁和天顶上还饰有色彩鲜明的浮雕图案。

18

◆ 阿万第二王朝建立

公元前26世纪初，埃兰的阿万第一王朝击败乌尔，称霸两河流域。公元前2550年，阿万第二王朝建立。

借贷关系得到发展，真正的商人出现了。但总的说来，农业技术改进不大；马和车辆都还未在交通运输中起到作用；铸币尚未出现，商品与货币关系的发展还很有限；商人虽已出现，但人数很少。

■ 王权与神权之争

第十八王朝初年的法老们把战场上取得的胜利归功于神，特别是当时国家的主神阿蒙神的保佑。

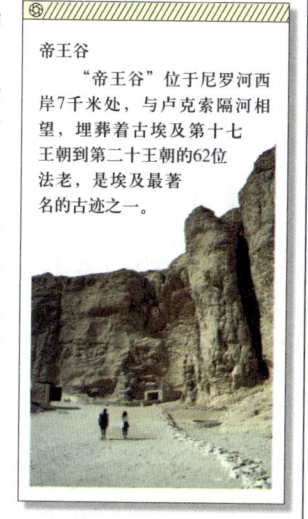

随着在精神领域实力的增长，神庙祭司集团政治野心膨胀，不再甘心做王权的附庸。神庙祭司集团势力对王权的威胁，使法老不仅对阿蒙神庙的祭司产生了疑虑，甚至对信仰阿蒙神的动机也产生了疑虑。早在图特摩斯四世时期，一个古老的太阳神阿吞神塑像便被抬出来并受到崇拜。阿蒙神庙祭司集团也不甘示弱，他们企图插手王位继承，不让阿蒙霍特普四世继承王位，而要扶植自己的傀儡上台。这使阿蒙霍特普四世对阿蒙祭司忍无可忍，断然采取措施，同阿蒙神庙祭司势力进行斗争，这就是著名的"埃赫那吞改革"。

帝王谷

"帝王谷"位于尼罗河西岸7千米处，与卢克索隔河相望，埋葬着古埃及第十七王朝到第二十王朝的62位法老，是埃及最著名的古迹之一。

■ 埃赫那吞改革

埃赫那吞改革是埃及新王国第十八王朝国王阿蒙霍特普四世（约公元前1379~前1362年在位）所进行的一次社会改革。他禁止崇拜传统的阿蒙神和其他地方神，立阿吞神为全国崇拜的唯一太阳神，在全国各地以及所征服的叙利亚、努比亚大建阿吞神庙。为了消除阿蒙在人们思想上的影响，他下令从一切纪念物上抹掉阿蒙的名字，自己改名为"埃赫那吞"，赐予王后以"涅菲尔涅菲拉吞"之名。后来，埃赫那吞废弃旧都底比斯，迁都尼罗河东岸的阿马纳，取名为"埃赫那吞（意为阿吞光辉照耀之地）"。他提拔新人，改革政府吏制，并在新都大力兴建阿吞神庙宇，塑造阿吞神像以及他与王后的塑像。埃赫那吞以新的神教代替传统的旧宗教，削弱了旧的僧侣集团的势力，加强了君主专制。

■ 帝国的落幕

在麦尔涅普塔赫统治时期，埃及开始面临内外交困的局面。利比亚人部落由西方侵入，"海上民族"从爱琴海和小亚细亚席卷而来，埃及不断受到侵扰。国内矛盾日益激化，于第十九王朝末期爆发了由叙利亚人伊尔苏领导的奴隶起义，从而结束了第十九王朝的统治。公元前1085年，阿蒙神庙祭司赫利霍尔篡夺了王位，标志着第二十王朝的终结，也标志着新王国时期的结束。埃及进入后王朝时期。

法老的太阳船（复制品）

出土于胡夫陵寝中的木制太阳船，长45米，是法老殉葬的船只，也是传说中承载法老灵魂与太阳神一起周游宇宙的交通工具。图为科学家们根据实物复制出的太阳船模型。

◆ 亚述王国
古代西亚奴隶制国家。因主神、首都和宗教圣城阿淑尔而得名。

※ 后期埃及

后王朝时期，铁器被广泛使用，手工业相当发达，商品货币关系获得很大发展。法老尼科曾开凿尼罗河至红海间的运河，并雇用腓尼基水手绕航非洲。商品货币关系的发展，促进了阶级的分化，土地兼并和债务奴役日趋严重。

■ 亚述入侵

为了征服埃及，约公元前671年，亚述王阿萨哈东率军越过西奈半岛侵入埃及，攻克下埃及旧都孟斐斯，上埃及各地王公亦表示臣服。约公元前663年，阿萨哈东又挥师南下，一度攻陷底比斯。埃及人为摆脱亚述人的统治而不断进行斗争。约公元前651年，埃及法老普萨美提克一世终于打败了亚述统治者。

亚述士兵浮雕
亚述人骁勇善战，战争是他们生活中永恒的主题。他们东征西讨，获得了大片疆土，但也使得无数生灵被涂炭。在历史记载中，亚述士兵被描述为凶猛残暴、杀人如麻的形象，他们所过之处，尸横遍野，血流成河。

■ 埃及复兴时代

亚述帝国崩溃之时，埃及重获独立，法老普萨美提克一世将埃及的首都迁到塞易斯，建立了塞易斯王朝，即埃及第二十六王朝。当时的塞易斯是埃及与希腊之间的贸易中心，古老的埃及在这里重新强大起来。公元前609年，第二十六王朝法老尼科二世即位。他雄心勃勃，力图恢复埃及帝国以往的辉煌，这一时期被称为"埃及的复兴时代"。塞易斯王朝延续到公元前525年，被波斯灭亡。

■ 波斯的统治

第二十六王朝的末期，波斯王居鲁士之子冈比西斯出兵埃及，于公元前525年在埃及建立起第二十七王朝，或称"波斯王朝"。冈比西斯在埃及实行高压政策，破坏田园，苛征重赋，虐待僧侣，诋毁埃及的民族信仰，使埃及人民蒙受种种苦难。埃及人民反抗波斯统治的斗争从未间断。公元前522年，冈比西斯暴卒，大流士一世上台。他在埃及采取较温和的政策，尊重埃及人民的宗教信仰，重建神庙，鼓励发展经济，并依靠埃及原有的法律来治理埃及。同时，大流士一世下令完成了由尼科时期开始开凿的连接尼罗河与红海的运河工程。但不容置疑的是，埃及仍是波斯帝国残酷掠夺的对象。

■ 反波斯斗争

波斯侵略者的野蛮统治和残酷掠夺，激起埃及人民一次又一次的反抗。在希波战争马拉松之役，波斯打了败仗。埃及人民乘此机会，于公元前486年在三角洲一带掀起暴动。公元前465年，波斯国王薛西斯被刺，国内动荡不安。埃及人民在利比亚人伊那洛斯和埃及人阿米尔泰乌斯的领导下，于公元前460年举行大规模起义，杀死波斯总督。虽然这次起义后来遭到镇压，但是，埃及人民反抗波斯侵略的烈火一直没有停息。公元前404年，埃及从波斯的奴役下解放出来，获得独立。

大流士一世壁画
波斯皇帝，自称"王中之王、诸国之王"，被后人尊称为"铁血大帝"，曾让人刻下著名的《贝希斯敦铭文》为自己歌功颂德。

◆ 木乃伊
埃及人发明防腐香料，他们把这些防腐香料涂抹在尸体上，可以将尸体保存很长时间。

古代世界篇

■ 亚历山大进军埃及

被后人尊为"战神"的亚历山大大帝，公元前334年的春天开始了他声势浩大的远征。波斯是当时最庞大的帝国，成为亚历山大的第一个征服目标。亚历山大的军队一举击败了波斯军，并占领了腓尼基和叙利亚。远征的第三年，即公元前332年，亚历山大的大军向埃及进发。

埃及人民自公元前343年再一次被波斯帝国奴役后，深为其残暴统治所苦，视亚历山大为他们的救星。亚历山大几乎不费一兵一卒，便占领了埃及，而且在地中海沿岸建立了以自己的名字命名的亚历山大城。该城市日后成为了中东贸易和文化交流的中心。

亚历山大大帝头像
亚历山大大帝是古希腊马其顿国王，也是世界古代史上著名的军事家和政治家。他促进了东西方的文化交流和经济发展，对人类社会的进步产生了重大的影响。

■ 托勒密王朝

亚历山大死后，公元前323年，其部将托勒密在埃及称王，即"托勒密一世"，开启了埃及历史上的托勒密王朝统治时代。他继承了埃及和波斯帝国君主专制的统治形式，垄断一切主要经济部门，规定粮油盐等产品的专卖权，全部土地收归国有并重新分配。当时希腊奴隶主贵族对埃及实行残酷的经济剥削和政治压迫，最终激起埃及人民的强烈反抗。托勒密王朝受到人民起义的打击，再加上统治集团内部频繁的争权夺利，很快便衰落了下去。

■ 后期埃及的经济

后期埃及的手工业、商业仍然繁荣。自公元前1000年左右，铁器在埃及普遍使用，青铜锻造工艺和技巧也有明显进步，商业活动进一步扩大。埃及的纺织品、陶瓷以及金银装饰品等，大量输往西亚各地和爱琴海一带。希腊和腓尼基商人争着到埃及做生意。为了发展海外贸易，公元前600年左右，法老尼科曾下令在尼罗河与红海之间开凿一条运河（未竣工），据说还建造了大船，环绕非洲航行。由于商品交换的需要，埃及从第二十二王朝开始用银条充作一般等价物，并加以"铸造""精炼"之类的印记，是为铸币的萌芽。国内外商业的兴盛，促进了高利贷的发展。同时，农民失去土地、穷人沦为债务奴隶的数量也大大增加。

【百科链接】

古埃及工商业的特点：
古埃及是奴隶制专制国家。专制特点在工商业中也有所体现，其工商经济不是由平民和手工业劳动者以及职业商人组成，而是法老下属的官营工商业和阿蒙神庙控制下的僧侣工商业占优势。这是古埃及工商经济的一个主要特点。

■ 古埃及的终结

公元前30年，罗马统治者屋大维打败了托勒密王朝的统治者克利奥帕特拉，结束了托勒密王朝的统治。从此埃及处于罗马的统治之下。深受罗马统治者压迫的埃及人民不断抗争。

克利奥帕特拉女王画像
"埃及艳后"克利奥帕特拉是古埃及托勒密王朝的末代女王。她传奇般的绝世美貌，以及她与恺撒、安东尼等英雄人物的情缘，备受世人关注，曾经激发过历代诗人、作家、画家们的想象力。

21

◆ 古巴比伦王国
古代两河流域最主要、最发达的国家，四大文明古国之一。

抗争的方式从最初的弃地潜逃发展到后来的公开武装起义。公元前2世纪后半叶，尼罗河三角洲一带爆发了布科里人起义，由此开始，起义断断续续地持续到了5世纪末的拜占庭帝国统治时期。7世纪，阿拉伯帝国开始兴起。阿拉伯人不断地向外扩张，在占领拜占庭帝国东部各行省之后，于640年征服了埃及。此后，埃及成为阿拉伯帝国的一部分。

※ 古埃及文化

古埃及王国是世界上奴隶制历史最悠久的国家之一，文化和科学技术水平在当时处于世界最高水平。古埃及人民创造了璀璨的古代艺术，为人类文化宝库增添了杰出的珍品。

■ 埃及象形文字

古代埃及人创造了自己独特的文字——象形文字。象形文字起源于约公元前5000年，是从图画文字发展而来的，有30个单音字、80个双音字和50个三音字，还有直接表示意义的图形字符。真正的表形文字不多，多数是借数个表形文字的读音来表示其概念。这些字符一般都由三部分组成，即表意符号、表音符号和部首符号（或叫限定符号）。古代埃及象形文字在几千年的使用过程中也几经变化：在第一中间期里演化出一种祭司体；后期埃及时又演化出一种世俗体；到希腊、罗马人统治时期发展为科普特文字等。

波斯士兵浮雕
波斯波利斯古城遗址中的波斯士兵浮雕。

■ 丰富多彩的文学

古代埃及人虽然没有创作出大部头的文学著作，但他们留下的诗歌、小说、神话、格言、祈祷文、诫训、传记、战记等作品充分地反映出了古埃及各个历史时期社会生活的方方面面。关于奥西里斯、奥西里斯同其弟塞特的斗争、奥西里斯之子荷鲁斯同塞特之间斗争的神话，《大臣乌尼传》等传记铭文，《占领尤巴城》等战记，《两兄弟的故事》等小说，都给人以深刻的印象。

■ 发达的数学与历法

古埃及人使用十进制计数法，能计算矩形、三角形、梯形和圆形的面积，以及正圆柱体、平截头正方锥体的体积。他们所用的圆周率为3.1605。在代数方面，古埃及人能解一元一次方程和一些较简单的一元二次方程。这些知识后来成为古希腊人研究数学的基础。公元前2787年，古埃及人创立了人类历史上最早的太阳历。这个历法每年只有1/4天的误差，是今天世界通用公历的原始基础。

莎草纸上的图画
莎草纸是古埃及人广泛采用的书写材料。大约在公元前3000年，古埃及人就开始用莎草纸书写文件和绘制图画。

◆ 汉谟拉比
古巴比伦王国国王，颁布了著名的《汉谟拉比法典》。

古代世界篇

■ 医学的成就

古代埃及的若干医学文献被现代人发现，其中最古老的是《史密特医学纸草》，其内容主要涉及关于外科方面的医术。古埃及人注意探索病因。在中王国时期，埃及人便提出，各种疾病的主要诱因是心脏和血管发生变化。古代埃及人的外科医术比较发达，这可能与他们解剖尸体、制作木乃伊有关。

■ 辉煌的建筑

古埃及在人类历史上最为显著的建筑成就是用石头建造了至今犹存的巨大金字塔和神庙。古埃及的建筑以其雄伟浑厚为世人瞩目。除大金字塔外，底比斯的卡尔纳克神庙和卢克索神庙，也是古代埃及人的杰作。这两座神庙都以其众多巨大的圆柱著称于世，其中卡尔纳克神庙有12根大圆柱，每根高21米，柱子上有70吨重的横梁，做开花状的柱顶可站立100人。此外还有122根高13.7米、圆周长8.5米的圆柱。这两大神庙的圆柱和墙壁上满是雕刻的象形文字铭文，著名的《图特摩斯三世年代记》、关于卡迭什战役的情景和铭文就刻在这些柱子和墙壁上。除神庙和金字塔外，要塞建筑也非常著名，如中王国时期在尼罗河第二瀑布修建的要塞。

■ 艺术的宝库

古埃及留下了丰富的艺术作品，包括雕像和绘画。雕像有浮雕和圆雕等。浮雕多在坟墓和神庙的墙上，其他物品如权标头、调色板等表面上也常见，它们反映了古埃及社会生活的各个方面（生产、生活、宗教信仰、战争等），为研究古埃及历史提供了丰富而生动的资料。圆雕作品也很多，大者如哈夫拉金字塔前的狮身人面像、阿布·辛贝勒神庙前的巨大雕像、门隆巨像等。小者如著名的埃赫那吞的王后涅菲尔涅菲拉吞像等。这些雕像最早雕刻于前王朝时期，历时几千年。现代欧美各国的各大博物馆中都收藏有古埃及的雕刻作品。古埃及的绘画作品，如中王国时期的《纸草丛中的猫》、新王国时期的《三个女音乐家》等都是杰作。古埃及的艺术作品是人类文化宝库中的一个重要的组成部分。

古埃及象形文字
古埃及象形文字是世界上最古老的文字系统之一，是直接描摹物体形象的文字符号，由原始的图画符号演变而来，自公元前5000年起逐渐形成，一直使用到公元2世纪。

卢克索神庙
卢克索神庙从公元前15世纪的阿曼侯泰三世时开始建造，直到公元前4世纪的亚历山大大帝时期才完成。

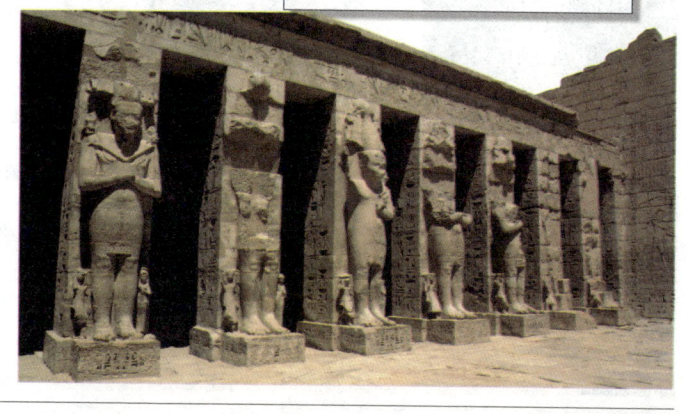

23

◆ 迈锡尼文明
希腊地区青铜时代文明。继承米诺斯文明，是爱琴文明的后期阶段。

■ 独特的宗教

宗教是古埃及文化最重要的组成部分，贯穿了整个古埃及历史。古埃及的宗教中心有四个：赫利奥波利斯、孟斐斯、赫尔摩波利斯和底比斯。

古埃及人相信，世界原是一片混沌，经创世神的创造和整顿，才开始成形。古埃及人坚信，万事万物都循环往复，世界永恒不变。古埃及人的时间观偏重未来，因为无尽的世界正等着他们去享受。

古埃及人和神之间的关系可以概括为：诸神告诫人们该做什么，不该做什么；世上出现罪恶，是因为人们违背了神祇的意愿；造孽的人终将遭到报应，行善的人必会获得奖赏。古埃及人认为，神祇的引导是经由舌和心实现的。因为，心是做出决定、制订计划的器官，舌是将决定和计划公之于众的器官。这两个器官对人的行为起决定性的作用。神祇是这两个器官的向导，因而是人生的舵手。

古埃及人认为，人生在世，主要依靠两大要素：一是人体，二是灵魂。灵魂"巴"是长着人头、人手的鸟。人死后，"巴"可以自由飞离尸体，但尸体仍是"巴"依存的基础。为此，人们要为亡者举行一系列复杂的仪式，使他的各个器官重新发挥作用，使亡者复活。古王国时的金字塔和中王国、新王国时期在山坡挖掘的墓室，都是亡灵永久生活的地方。古埃及人认为，现世是短暂的，来世才是永恒的。

古埃及太阳神"拉"
"拉"是古代埃及主要的神话人物之一。他不但是光明和天堂的象征，最早还是一位生育万物的大神。太阳和月亮是"拉"的双眼，他的泪水生成大地上的人类。

卡尔纳克神庙
作为古埃及宏伟建筑群的典型代表，卡尔纳克神庙有十余个令人惊叹的高大塔门，塔门之间为塔院和厅室。第一道塔门外的两侧，竖立着两排巨大的狮身羊头石像，是神庙威武的守护者。

◆ 古巴比伦灭亡
赫梯攻陷巴比伦城，灭古巴比伦。

古代世界篇

古代西亚文明

西亚是人类最早进入文明社会的地区之一。古代西亚各族人民在长期的社会实践中创造了光辉灿烂的文化，对世界文化的发展产生了重要的影响。其文化成就之一是楔形文字的发明。早在苏美尔时代，便有神话传说、史诗、寓言等作品产生，并被用楔形文字记录下来，对后来整个西亚地区文学艺术的发展产生了巨大的影响。其中，最著名的是苏美尔史诗《吉尔伽美什》，它是迄今所知的世界上最早的史诗。另外，两河流域的人们在观察月亮运行规律的基础上编制了太阴历，在数学、建筑和雕刻等方面也有突出的成就。

※ 两河流域

"两河"是指亚洲西南部的幼发拉底河和底格里斯河，干流主要流经今伊拉克共和国。两河流域的中下游地区是冲积平原，地势平坦，水流缓慢，土壤肥沃，古希腊人称之为"美索不达米亚"，意为"两河之间"。

美索不达米亚的古代遗迹

美索不达米亚地区为人类最古老的文化摇篮之一，以灌溉农业为其文化发展的主要基础。公元前4000年，这一地区已有较发达的文化，其建筑颇具规模，形成了独特的美索不达米亚风格，从这些残存的遗迹中即可一窥原有建筑的辉煌。

■ 古代西亚

西亚包括伊朗高原、两河流域、小亚细亚、叙利亚、巴勒斯坦和阿拉伯半岛，被里海、黑海、地中海、阿拉伯海和波斯湾所包围，这些海构成了西亚与其他地区的天然界限。西方人习惯把这一地区称为"古代东方"或"古代近东"。在长达几千年的时间里，这里一直是世界文明的中心。

■ 干燥炎热之地

西亚地区多属热带和亚热带沙漠气候，气候干燥，降水很少，蒸发强烈。年降水量多在250毫米以下，降水较多地区一般也不超过500毫米，仅北部山地和地中海沿岸地带降水较丰富。阿拉伯半岛等地更是世界著名的干燥气候区。受降水和地形条件的制约，该区内流区域及无流区域面积广大，河网稀疏。除幼发拉底河与底格里斯河外，多为短小的河流，大部分发源于高原边缘的山地，靠冰川融水补给，水量较小，季节变化显著。

【百科链接】

伊甸园的传说：
美索不达米亚是《圣经》中伊甸园的所在地。伊甸园是上帝安排给人类始祖亚当与夏娃居住的乐园。据《旧约·创世记》称，该园内遍栽果树、花草，一条大河流贯其间，滋润万物，各种禽兽鱼虾往来穿梭。亚当与夏娃在园中无忧无虑地生活。后来二人因受蛇的引诱而违抗上帝的命令，吃了知善恶树上的果子，眼明心亮，有了智慧，有了羞耻感。上帝怕二人再吃生命树上的果子而长生不死，遂把二人逐出了伊甸园。

25

◆ 图特摩斯三世上台
埃及法老，建立起地跨西亚、北非的埃及帝国，后被学者称为"埃及的拿破仑"。

■ 美索不达米亚

"两河流域"指亚洲西南部底格里斯和幼发拉底两条大河的中下游地区，地理范围大致相当于今天的伊拉克共和国，又常被称为"美索不达米亚"。在古代，两河流域分为南北两部分，大体以今天的希特—萨马腊一线为界，北部称"亚述"，南部称"巴比伦尼亚"。巴比伦尼亚又分为南、北两部分，尼普尔（今努法尔）以北称"阿卡德"，以南称"苏美尔"。两河流域南北自然条件不同，北部为丘陵地带，盛产矿砂、石料和木材；南部平原多低洼沼泽，天然资源有黏土、芦苇和椰枣等。两河流域是古代人类文明的摇篮，孕育了举世闻名的两河流域文明。

■ 文明的起源

约公元前4300年，两河流域南部的苏美尔人进入铜石并用时代，开始向文明社会过渡。苏美尔人创造了辉煌的文明，如楔形文字、世界历史上第一部成文法典《乌尔—纳姆法典》等等。

■ 苏美尔人国家

从苏美尔城邦的出现到公元前2340年统一的阿卡德王国的兴起之间，在巴比伦尼亚地区先后出现了许多城市国家（城邦），其中主要有埃利都、拉尔萨、拉格什、乌尔、苏路巴克、乌鲁克、温玛、尼普尔和基什等。苏美尔城邦都是以一个城市为中心结合周围的村镇形成的，规模不大，人口也不多。每一城市都有若干神庙，其中城邦主神神庙地位最高。城邦首脑平时为最高行政长官和最高祭司，战时则是军事统帅。国家管理机构带有军事民主制的残余，保留有长老会和民众会这两个民主机构。

伊甸园中的亚当和夏娃
根据《旧约·创世记》记载，上帝耶和华照自己的形象塑造了人类的祖先，男的称亚当，女的称夏娃，并安置他们住在伊甸园中。伊甸园在《圣经》的原文中含有"乐园"的意思。

乌尔城出土的军旗
乌尔是苏美尔人建立的城邦，始建于公元前30世纪上半叶。这幅"军旗"其实是在刷有沥青的木板上用贝壳、闪绿石、粉红色石灰石镶嵌成的战争和庆祝胜利的场面。画面共分三层，根据情节逐步展开，色彩鲜明，具有较强的装饰性。

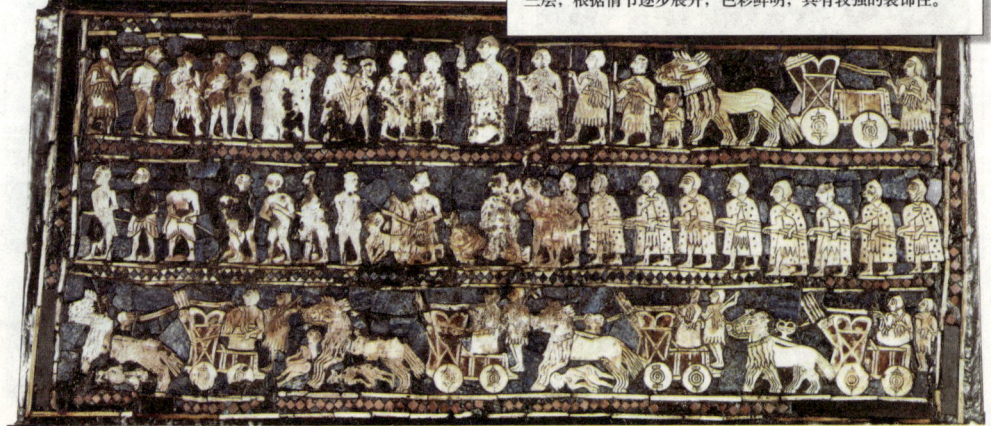

◆《锡诺赫的故事》问世
古埃及小说《锡诺赫的故事》是已知最古老的小说。

古代世界篇

城邦争霸

为了夺取奴隶、土地和水源，苏美尔城邦之间不断发生战争。早王朝后期，战争愈演愈烈。基什、乌鲁克等城邦先后称霸。基什王麦西里姆为霸主时（约公元前27世纪末），曾调停拉格什与温玛之间的边界冲突。后来，拉格什强大起来，控制了波斯湾以外的地区及乌尔。至早王朝末期，南部两河流域形成了两大军事同盟。南方同盟（拉格什除外）以乌尔和乌鲁克为霸主，北方同盟以基什为霸主。两大军事同盟的形成标志着独立的小邦开始向地域性的统一王国过渡，反映出了南部两河流域的统一是历史发展的趋势。

阿卡德王国

阿卡德王国是古代西亚两河流域南部塞姆语系的阿卡德人统治的奴隶制国家，统治区域位于北美索不达米亚、亚述西南和苏美尔以南，存在于巴比伦的前期。

乌尔城邦闪长岩雕像
这是一尊由黑色闪长岩雕刻而成的男性坐像，形象具有典型的闪米特人的特点，是乌尔第三王朝时期的遗物，现存于巴黎卢浮宫。

约公元前2371年，由阿卡德人首领萨尔贡建立，定都阿卡德（即后来的巴比伦城）。阿卡德王国的历史是苏美尔历史的一部分，这一时期被称作"苏美尔－阿卡德"时代。

古巴比伦王国

古巴比伦王国位于古代两河流域，由阿摩利人建立，公元前16世纪初为赫梯人所灭。在这一时期，大奴隶制经济形式瓦解，青铜工具普遍使用，生产力有较大发展。在此基础上，各城邦均制定法典。神庙地位下降。

※古巴比伦的兴起

公元前21世纪下半叶，埃兰人灭掉乌尔第三王朝后，阿摩利人由西北乘虚而入，在苏美尔建立了伊新和拉尔沙两个国家，其创立者均为阿摩利人的氏族酋长。伊新和拉尔沙对峙长达200余年。公元前19世纪初，阿摩利人的阿姆纳努姆部落在巴比伦摆脱伊新的控制，其首领苏木阿布建立了巴比伦王国，又称"古巴比伦第一王朝"。

乌鲁克大胡子男人石雕
苏美尔时期的乌鲁克大胡子男人石雕。

汉谟拉比的统治

古巴比伦王汉谟拉比在统一两河流域过程中建立起了强大的中央集权的奴隶主专政国家，总揽全国的立法、司法、行政、军事和宗教大权，设置了庞大的官僚机构，极力宣扬王权神授。汉谟拉比的专制统治还表现在对经济的控制上：国家对地方征收各种赋税，并将水利系统置于统一的管理之下。

【百科链接】

乌尔帝国：
乌尔·纳姆在约公元前2113年建立了乌尔第三王朝，又称为"乌尔帝国"。他在位期间称霸美索不达米亚南部诸城邦，并颁布《乌尔·纳姆法典》，该法典是目前所知最早的法典。乌尔·纳姆曾击败乌图·赫加尔，灭乌鲁克。约公元前2006年，埃兰人、古提人和苏巴里人联手消灭了乌尔。

◆ 拉美西斯二世
古埃及统治时间最长的法老。

■ 繁荣的经济

汉谟拉比时代，南部两河流域的生产力有了很大的发展。青铜工具已得到广泛使用，附有播种漏斗的改良犁已出现在田野上，灌溉系统也有了扩大和完善，并出现了用以灌溉地势高的田地的、较完善的扬水装置。手工业和商业也有所发展，手工业门类已有二三十种之多。商业贸易上，对外输出谷物、油类、枣子、织物、皮革以及陶罐等，交换回来奴隶、金、银、铜、石头、盐、木料、香料、染料以及供国王和贵族享用的各种奢侈品，有时也经营金属、染料等转口贸易。由于国内外商业的发展，银和铜成为一般交换的媒介物，但铸币尚未出现。

■《汉谟拉比法典》

汉谟拉比在位时，根据国内新的社会经济关系，在原有奴隶制法典的基础上，结合阿摩利人的氏族部落习惯法，制定了一部新的成文法典——《汉谟拉比法典》。这是目前所知的人类历史上第一部完整的成文法典。《法典》分序文、正文、结语三个部分。序文和结语部分竭力宣扬王权神授，以及"发扬正义于世"的立法宗旨等。正文包括诉讼手续、盗窃处理、军人份地、租佃雇佣关系、商业高利贷关系、债务、婚姻、遗产继承、奴隶买卖和处罚等内容。《法典》旨在保护奴隶主贵族、僧侣、大商人和高利贷者的私有财产，调整自由民内部的关系，并加强对广大奴隶及其他劳动人民的剥削和统治。

■ 会说话的财产

古巴比伦时期，买卖奴隶的现象很普遍。王室拥有大量奴隶，一般富裕的阿维鲁（全权自由民）和穆什钦努（非全权自由民）也都有奴隶。奴隶的来源除战俘外，也有从外地买来的奴隶。奴隶同牲畜一样被视为主人的财产，但在某些情况下，也可通过婚姻、收养、交纳赎金等方式获得解放。《法典》规定：拐带、帮助奴隶逃跑或窝藏奴隶者，都要处以死刑；奴隶打自由民的嘴巴或不承认自己的主人，要处以割耳之刑。这种严刑峻法，目的在于遏制奴隶的反抗，维护奴隶主阶级的利益。

【百科链接】

古巴比伦的等级制度：
古巴比伦社会内部的等级制度，将整个社会分为三个等级：阿维鲁，为全权自由民，上层是统治阶级，下层多是纳税、服兵役和徭役的自耕农和士兵；穆什钦努，为依附于王室土地的无权自由民；瓦尔都（男奴）和阿姆图（女奴），为奴隶阶级。

■ 土地的分配

古巴比伦时期土地私有制已相当发达，王室将大部分土地以份地形式交给对王室负有不同义务者经营。这些人主要有三类：一是纳贡人，他们依附王室，领取土地进行耕种并交纳租税；二是负担兵役的士兵（列杜、柏以鲁），他们从国王那里领取份地作为服兵役的报酬。以上两种人从王室所领取的土地，按法典规定"不得出卖"；三是"神妻"（女巫的一种）、达木卡（神庙经济代理人）或负有其他义务的人（手工业者、公务人员等）。

《汉谟拉比法典》石雕
《汉谟拉比法典》序言申明：
"安努与恩利尔（即天神）为人类福祉计，命令我——荣耀而畏神的君主汉谟拉比，发扬正义于世，灭除不法邪恶之人，使强者不凌弱，使我犹如沙马什（即太阳、正义之神），照临黔首，光耀大地。"

28

◆ 荷马时代
迈锡尼文明衰落之后古希腊氏族制度解体的历史阶段。

他们领取的份地也是作为服役的报酬。这种土地按法典规定可以出卖，但买者须承担相应的义务。这些人很多是富人或奴隶主。以上这几种人"自行买得"的土地可以自行处理。

■ 王国的衰亡

古巴比伦位于两河流域商路的枢纽地区，境内水源丰富，土地肥沃。凭借着这些优势，古巴比伦的政治和经济力量不断增强。第六代国王汉谟拉比在位时，先后征服伊新、乌鲁克、拉尔萨等国，并占据亚述南部，建立了从波斯湾至地中海沿岸的奴隶制中央集权帝国，自称"世界四方之王"。但汉谟拉比的统治并不巩固，其继承者萨姆苏伊卢纳在位时，先后遭埃兰和加喜特人的侵袭，国内也发生反债务奴役斗争，诸多因素最终导致了巴比伦第一王朝的衰微。公元前1595年，赫梯统治者穆尔西里斯一世将其灭亡。

巴比伦通天塔
也称"巴别塔"。根据《圣经·旧约》记载，古时人类都说一种语言，他们联合起来兴建能通往天堂的高塔。为了阻止狂妄的人类，上帝分化了人类的语言，使人类相互之间不能沟通，造塔计划因此失败。

※ 亚述王国

亚述人在美索不达米亚历史上的活动时间约有一千余年，大致可分为早期亚述、中期亚述和亚述帝国三个时期。亚述帝国是亚述王国历史上最强盛的时期，首都尼尼微成为当时的世界性大都市。

■ 王国的兴衰

亚述扩张史上声名最显赫的君主有四位：提格拉·比利萨（公元前745~前727年在位），通过扩张奠定了亚述在西亚的霸主地位，是亚述帝国的真正创立者；萨尔贡二世（公元前722~前705年在位），使亚述帝国进入了鼎盛时期；辛那赫里布（公元前704~前681年在位），在位时力图扩大前者的战果；伊萨尔哈东（公元前680~前669年在位），建立了一个地跨西亚、北非的大帝国，几乎征服了每一个他所见到的国家。后来，在巴尼拔统治时期，亚述与埃兰－新巴比伦同盟进行了漫长的战争。巴尼拔统治后期，游牧部落西徐亚人入侵，被征服地区纷纷独立，亚述帝国开始迅速走向衰亡。

亚述国王亚述巴尼拔塑像
亚述的立体雕像现存不多，这尊塑像便是其中的一个。巴尼拔没有戴王冠，而是身披饰有流苏的披巾，却同样显示出了统治者的威严形象。

■ 征服与奴役

提格拉·比利萨三世执政期间，为了适应帝国经济发展的需要，稳定被征服地区的社会秩序而开始采取一种新的政策统治和奴役被征服地区人民。他将被征服地的居民，除少数被认为没有多大危险而编入亚述军队或留居原地外，其余绝大部分都强制迁走，以一个或几个家族为单位，分散安插到其他被征服的地区，然后将空出来的地方分配给亚述人屯垦，或者将另外一些被征服地区的居民迁来耕作。亚述的奴隶制经济因此得以稳定，商业贸易（包括奴隶贸易）开始繁盛起来。

亚述黄金项链
1989年出土于伊拉克尼姆鲁德的一个石棺中。项链上悬挂着28个垂饰，接合处由两个相互缠绕的动物头部构成搭扣，整条项链非常沉重。

◆ 荷马时代
因反映这一时代历史情况的文献《荷马史诗》而得名,相传《荷马史诗》为古希腊盲诗人荷马所作。

■ 狮穴的陷落

亚述帝国是一个军事帝国,亚述君主和军队以征服为荣,所到之处杀人如麻,亚述首都尼尼微被犹太先知比作"血腥的狮穴"。亚述巴尼拔死后,他的儿子亚述尼米德林继位。这时,米底王齐阿克萨及其盟友埃兰人分别自东、南两个方向向帝国进攻。亚述人派遣迦勒底人那波帕拉萨尔至巴比伦阻止埃兰人,但那波帕拉萨尔乘机与米底秘密结盟,于公元前626年占领巴比伦,并建立了新巴比伦王国。公元前612年,新巴比伦王国和米底联军攻陷了亚述的首都——狮穴尼尼微。

■ 亚述文化

亚述文化博采西亚各国(主要是古巴比伦)之长,且具有自己的特点。在尼姆鲁德、尼尼微、豪尔萨巴德等地均发现了亚述时期宏伟的宫殿、神庙和其他建筑的遗迹。建筑物饰有大量浮雕,有很高的艺术价值。亚述巴尼拔所建的尼尼微皇宫图书馆藏有大量泥版文书,内容包括宗教神话、艺术、天文、医学等方面,是研究亚述历史的重要资料。

※ 新巴比伦王国

公元前630年,迦勒底人的领袖那波帕拉萨尔乘亚述帝国内乱之机,发动了反抗亚述统治的起义,并于公元前626年建立了新巴比伦王国,后与伊朗高原西北部的米底结成联盟,共同进攻亚述帝国,于公元前612年消灭了亚述帝国。

■ 尼布甲尼撒二世

新巴比伦王国最著名的国王是尼布甲尼撒二世(约公元前645~前562年)。他是古代西亚奴隶主阶级的代表,是很有才干的军事家、政治家。在其统治时期,新巴比伦王国的政治相对稳定,经济繁荣。他巩固了新巴比伦王国的统一局面,为两河流域社会经济的发展创造了有利条件。当时的奴隶制度出现了很大的变化,奴隶可以经商、租种主人或他人的土地,并能与自由民订立契约,但所得的利益大多归于主人。神庙则占有大量土地,并有权经营商业和手工业。新巴比伦的工商业呈现出繁荣的景象,都城内聚集了来自亚非各地的商人,人口多达十余万,成为整个西亚贸易和文化的中心。

【百科链接】

亚述学:
9世纪初,德国学者格罗铁芬开始解读楔形文字,并取得了一些成就。19世纪中叶,楔形文字终被解读,由此催生出了亚述学。亚述学是研究两河流域及其附近地区使用楔形文字的各民族的语言、文字、历史和政治的学科。亚述学的诞生,解开了西亚历史上的许多谜团。

■ "巴比伦之囚"

埃及法老普萨姆提克于公元前590年进占巴勒斯坦,这使得尼布甲尼撒二世于公元前587年进军巴勒斯坦,包围耶路撒冷。18个月后,由于饥荒和内部分裂,耶路撒冷终于

尼尼微古城复原图
公元前612年,尼尼微城被新巴比伦和米底联军攻陷,遭到彻底的洗劫后,又被大火焚毁。就这样,名都尼尼微连同曾经辉煌一时的亚述帝国一起消失了。如今我们只能依靠史书的记载去想象这座古城的壮丽。

陷落。尼布甲尼撒二世将耶路撒冷全城洗劫一空，拆毁城墙、神庙、王宫和民居，并下令将犹太国王齐德启亚带到巴比伦去示众，将耶路撒冷全城的居民俘往巴比伦尼亚，史称"巴比伦之囚"。

■ 空中花园

为了取悦来自米底的王妃，尼布甲尼撒二世令工匠按照米底山区的景色，在他的宫殿里建造了一座层层叠叠的阶梯形花园。这座花园里栽满了奇花异草，开辟了幽静的山间小道，甚至还引入了潺潺流水。花园的中央还有一座城楼，高高矗立在空中。巧夺天工的园林终于博得了王妃的欢心。由于花园比宫墙还要高，给人以悬挂在空中的感觉，因此被称为"空中花园"，又叫"悬苑"，被誉为"世界七大奇迹之一"。

巴比伦城的彩釉砖动物浮雕（复制品）
根据史料和考古资料，历史学家大致复原了尼布甲尼撒时期的古巴比伦城的布局。为女神伊丝塔尔修建的神庙的西南方是主要宫殿区，即尼布甲尼撒二世的南宫。宫殿由五座院落组成，中心第三号院落里饰有彩釉砖拼成的动物图形。图为复制品。

■ 祭司的反叛

新巴比伦王国最后一个国王伯沙撒与马尔杜克神庙的祭司发生了冲突。伯沙撒试图另立新神，引起了祭司的强烈反对。结果在公元前539年，巴比伦城内的祭司在波斯王居鲁士二世入侵时打开城门，放波斯军队入城。波斯人俘虏了伯沙撒国王，新巴比伦王国灭亡。

※ 波斯帝国

波斯帝国领土辽阔，民族众多。在全盛时期，帝国以相当严密的中央集权的政治机构和强大的军事力量，建立起了历史上第一个地跨亚非欧三洲的大帝国，创造了高度发达的文明，在艺术、建筑等方面都留下了宝贵的遗产。古波斯人先进的生产技术、灌溉农业的传播，对中亚和伊朗高原的经济文化的发展起到了推进作用，但波斯帝国的侵略也使两河流域和埃及等地的经济发展受到了阻碍。

■ 波斯之前的伊朗古国

伊朗高原也是较早进入文明时代的地区之一。早在公元前3000年，伊朗高原西南部就兴起过埃兰王国，同两河流域有着密切的交往，公元前1000年初曾与亚述帝国争夺两河流域南部，一度被亚述征服。公元前672年，米底人摆脱亚述人的统治，建立米底王国，统治了伊朗高原的广大地区，强盛一时。公元前6世纪中叶，米底王国被波斯所灭。

中世纪绘画《尼布甲尼撒毁灭耶路撒冷城》
尼布甲尼撒曾两次攻陷耶路撒冷，灭亡犹太王国，把大批犹太人当奴隶押往巴比伦。这就是《圣经》上所说的"巴比伦之囚"。

马尔杜克神庙纪念石碑
马尔杜克是美索不达米亚宗教中巴比伦的主神和巴比伦尼亚的国神，传说中他最开始是作为雷暴之神出现的，在制服了造成原始混乱局面的怪物提阿玛特之后成为众神之首。

◆ 迦太基王国建立
古代非洲北部以迦太基城（遗址在今突尼斯湾）为中心的国家，后发展成庞大帝国。

■ 波斯帝国的兴起

波斯帝国是以波斯人为中心的庞大帝国，由于帝国为阿契美尼斯家族所统治，故又称"阿契美尼德王朝"。波斯人于公元前一千多年左右自中亚迁到伊朗西南部的法尔斯地区，曾一度臣服于西北部的米底。公元前550年，波斯王居鲁士灭米底，进而向外扩张，建立了波斯帝国。

■ 冈比西斯

冈比西斯是波斯阿契美尼德王朝国王（公元前529~前522年在位）居鲁士之子。居鲁士在世时，冈比西斯约于公元前537年任巴比伦总

古波斯彩砖墙画
古波斯人勇猛好战，画中人物也多为士兵、武士等形象。

督，是居鲁士在巴比伦的全权代理人。公元前529年，居鲁士在远征中亚期间被游牧部落马萨革泰人杀死，冈比西斯继承波斯帝国的皇位，积极对外扩张。公元前525年，冈比西斯率波斯军队入侵埃及，建立埃及第二十七王朝（即波斯第一帝国）。他以"埃及皇帝，诸国皇帝"为称号。公元前524年，冈比西斯入侵古实（即努比亚）受挫，同年埃及发生反对波斯统治的暴乱。冈比西斯镇压暴乱后又策划征服古实，然而这一计划被波斯本土发生的高墨塔暴动打断。冈比西斯遂挥师回国，在途中神秘死去。

■ 高墨塔暴动

波斯帝国刚建立不久，阶级矛盾、民族矛盾乃至统治阶级内部国王与贵族的矛盾都十分尖锐。公元前524年3月，冈比西斯对利比亚和古实的征服遭受重挫，引发了波斯王宫总管高墨塔领导的暴动。暴动者打着冈比西斯的弟弟巴尔狄亚的旗号起兵，领导人高墨塔自立为王。冈比西斯死后，公元前522年9月，阿契美尼德家族的旁支大流士同其他六个波斯贵族合谋杀死了高墨塔及暴动的其他领导者，镇压了各地的起义。大流士成为波斯帝国的新皇帝，即大流士一世。

■ 大流士一世改革

大流士一世经过一系列的征伐，使波斯帝国成为了世界上第一个地跨亚、非、欧三大洲的大帝国。从公元前518年起，大流士一世对波斯原有的统治机构和古老的军事组织等进行了一系列改革，以适应统治一个庞大帝国的需要。他加强王权，确立了君主专制的统治形式；奉琐罗亚斯德教（即拜火教）为国教；设立特务组织，将全国划分为五大军区和20

古波斯弓箭手
现存于法国巴黎卢浮宫博物馆的一幅古波斯弓箭手的彩色墙砖画。

个行省；着手改善与被统治阶级之间的关系；统一铸币制度；在全国建设驿道，通运河，修建水库等。改革巩固了波斯帝国的统治，但并未消除帝国内的阶级矛盾和民族矛盾，以及帝国内政治、经济、文化发展的不平衡。

◆ 第一届奥林匹亚赛会召开
奥运会的前身,在希腊奥林匹亚举行。

古代世界篇

■ 波斯的扩张

大流士一世继续奉行居鲁士、冈比西斯对外进行军事扩张的政策。在北非,他巩固在西里尼和巴尔卡的统治;在东方,他镇压了中亚的花剌子模、索格第安那和巴克特利亚等地的起义,并在公元前518年夺取了印度河流域西北部地区。公元前514年至前513年,大流士远征黑海北岸,虽遭失败,但在归途中却占领了赫勒斯滂海峡(今达达尼尔海峡)和色雷斯部分地区。后来,他又向爱琴海扩张,并控制了一些岛屿。从此,波斯成为地跨亚、非、欧三洲的规模空前的大帝国。

■ 不平衡的帝国

波斯帝国包罗了辽阔的地区和众多的民族。帝国内的一些地区,如埃及、两河流域、印度河流域、小亚细亚、叙利亚和巴勒斯坦等地的奴隶制经济已发展了数千年,而有些地区则相对落后,刚刚进入文明社会,处于奴隶制社会初期甚至原始社会晚期。甚至连波斯和米底,也都还处在奴隶制文明的初期阶段。波斯帝国的社会结构处于极度不平衡的状态。

■ 帝国的衰亡

大流士一世统治时期是波斯帝国的鼎盛时期,但他挑起的希波战争却以失败告终,成为了波斯帝国由盛而衰的转折点。公元前334年,希腊马其顿王国的亚历山大大帝为称霸世界,打着"为希腊复仇"的旗号,率军远征波斯帝国,经过格拉尼库斯河战役、伊苏斯战役和高加米拉战役,最终摧毁了波斯帝国的军事实力。公元前330年,波斯帝国为亚历山大所灭。

※ 其他西亚古国

古巴比伦王国衰落后,小亚细亚的赫梯、地中海东岸腓尼基的各商业城邦以及巴勒斯坦的以色列和犹太王国,相继进入自己的繁盛时期,在历史上产生了相当大的影响。

■ 埃勃拉古国

埃勃拉古国地处叙利亚,约存在于公元前3000年末至公元前2000年初,是一个高度发达的奴隶制国家。其国王是有无限权力的专制君主,独揽全国的政治、经济、军事、司法和宗

伊苏斯之战
公元前334年春,亚历山大渡过赫勒斯滂海峡(即达达尼尔海峡),开始了长达10年之久的东征,并最终战胜了波斯等强劲的对手,建立了一个横跨欧亚非三大洲的庞大帝国。图中描绘的是亚历山大率马其顿军与波斯军作战的场面。

教大权,王室奴隶制经济得到空前的发展。正当埃勃拉王国蓬勃发展的时候,两河流域的另一个奴隶制国家阿卡德王国也强盛起来。公元前2291年,阿卡德国王那拉姆·辛率领军队焚毁了埃勃拉城。其后埃勃拉人在废墟上重建家园,使古城一度恢复了昔日的繁华。但好景不长,大约在公元前2000年,

"格里芬"雕像
位于波斯首都波斯波利斯遗址。"格里芬"是神话中一种鹰头狮身有翅的怪兽。据记载,狮鹫的身体比8只狮子还要大,高度比100只老鹰还要高;有很长的耳朵;豹子嘴;脚上有爪,大如牛角。

33

◆ 罗马建城
建于意大利台伯河岸的七个山丘上，亦称"七丘之城"。

游牧民族阿摩利人再度将这座城市掳掠一空。埃勃拉城因连遭浩劫，日渐衰落。公元前15世纪中叶，埃勃拉又遭到赫梯王国的掠夺，埃勃拉城也被赫梯人摧毁。

■ 赫梯的兴衰

赫梯国是西亚古代奴隶制国家，由赫梯古王国发展、扩张而形成，都城为哈图沙什城。公元前15世纪末至公元前13世纪初，赫梯国进入鼎盛时期，是雄踞西亚的一大帝国。但是，赫梯国是在征服过程中形成的军事联合体，没有稳固的经济基础，境内各部落之间的语言和生活方式也不相同，边疆和外藩地区的统治者掌握有行政、司法、军事大权，离心力很大。因此，国家的盛衰往往受到某个国王的军事上的成败的影响。与埃及爆发战争以后不久，赫梯国就开始衰落，进而分裂。公元前8世纪，各赫梯小国都被亚述所灭。

贝希斯敦铭文
1835年，法国人罗林森在今伊朗西部发现了著名的《贝希斯敦铭文》。这是一块记功石刻，主要记述了波斯帝国国王大流士一世的一些功绩，以古波斯文、埃兰文、巴比伦文三种文字镌刻在贝希斯敦悬崖上。

■ 腓尼基的殖民活动

腓尼基地处地中海东岸，北靠小亚细亚，南接巴勒斯坦，东依叙利亚，西临地中海。腓尼基的商业特别发达，尤以中介贸易最为红火。腓尼基人从小亚细亚、两河流域等地运来手工艺品和农产品，转到地中海各地贩卖。马克思曾称他们为"出色的商业民族"。腓尼基人公元前2000年就已在东部地中海殖民，在小亚细亚、塞浦路斯、爱琴海诸岛、黑海沿岸都建立了殖民据点。这些居民点或殖民地都是为其提供重要货物的地方。

■ 古代希伯来

希伯来人自称是以色列人。他们在公元前11世纪建立了王国，第一代国王是扫罗，第二代是大卫王，第三代国王所罗门王在位的时候王国国力鼎盛，呈现出前所未有的繁荣景象。所罗门王死后，王国分裂成以色列和犹太两个国家。

希伯来人原以游牧为生，入巴勒斯坦后定居，学会了从事农业生产。国家形成后，手工业和商业贸易都有较大发展，奴隶制也有一定程度的发展。希伯来人的高利贷业很发达，许多人靠此过着富足的生活。但贫穷破产的人更多，他们只有靠打短工维持生计。严重的阶级分化，是引起内部尖锐的阶级矛盾的重要原因。

赫梯金质神像
赫梯的宗教照搬了美索不达米亚的多神崇拜。赫梯文明的历史成就主要在于，它充当了两河流域同西亚西部地区文化交流的中介。

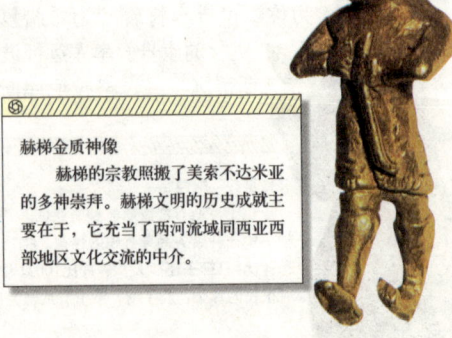

34

◆ 基伦暴动
古雅典基伦利用平民与贵族之间的矛盾发动的政变。

古代世界篇

■ 犹太人国家

犹太人国家于公元前2000年末兴起于巴勒斯坦地区。公元前13世纪末，"海上民族"横扫东部地中海地区，其中的一支腓力斯丁人进入巴勒斯坦地区，犹太人同他们进行了激烈的斗争。在斗争中，犹太人感受到建立强有力的国家机构的必要性。这时，私有制逐渐出现，阶级分化也已开始。到公元前11世纪，犹太人国家正式形成。

■ 古代西亚的文化

古代西亚是人类文明的重要发源地，在世界文化发展历史上占有重要地位。其中最大的成就之一是苏美尔楔形文字的发明，这种文字极大地促进了文明的发展。古代西亚人民还创造出许多优美的文学作品，以史诗《吉尔伽美什》最为出色。除此之外，古代西亚文化在建筑、造型艺术、物理学、化学、地理学、生物学以及医学等方面也都取得了很大的成就。

希伯来文字
　　一幅古老的羊皮卷手稿，上面用希伯来文字记录了有关于犹太教的故事。

■ 楔形文字

楔形文字是苏美尔人发明的。公元前4000年后期的乌鲁克时代，在苏美尔地区出现了图画文字，后来演变成楔形文字，由表意符号、表音符号和限定符号三部分组成。作为音节的楔形符号数目虽不到600个，但每个符号最少也有一两种字义，平均代表四五个音节，加之语法规则复杂，学习起来困难很大。公元前75年，楔形文字最终退出历史舞台，逐渐被人遗忘。

■ 字母文字之祖

古代西亚人民还较早地发明了字母文字，即"腓尼基字母"，对当时及后世产生了深远的影响。在腓尼基字母文字的影响下，东方出现了阿拉美亚文字，而阿拉美亚文字又对古波斯字母、安息字母、阿拉伯字母、希伯来字母产生过重大影响。在西方，希腊字母也是在腓尼基字母文字的基础上产生的，而希腊字母又是拉丁字母以及欧洲其他腓尼基字母文字（包括英文字母在内）的基础。

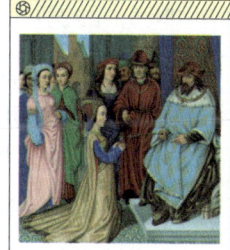

示巴女王觐见所罗门王
　　所罗门王是公元前10世纪时以色列的国王、大卫王的儿子、犹太人智慧之王。阿拉伯半岛南端的示巴古国的女王倾慕所罗门王的智慧，曾带着臣仆、香料、宝石和黄金到耶路撒冷觐见所罗门王。

■ 上古西亚文学

上古的西亚人民在文化的黎明期创造出许多优美的文学作品，其中以史诗《吉尔伽美什》最为出色。这部史诗以独特的形式反映了人们力求了解大自然规律、生死秘密的愿望。在古代西亚的文学作品中，也有一些反映阶级矛盾、寓意深刻的优秀作品。

■ 《吉尔伽美什》

《吉尔伽美什》中的主人公吉尔伽美什是苏美尔人所建的乌鲁克城的一个国王，他和他的密友巨人恩奇都

石刻《十诫》
　　在犹太人的传说中，上帝耶和华借先知摩西写下十条规定，作为犹太人的生活准则，也是犹太人最初的法律条文。

35

◆ 新巴伦王国
又称迦勒底，处于古代美索不达米亚南部。

为人民清除了许多祸害，建立了许多功勋。后来，吉尔伽美什为了寻求永生的秘密，克服了重重困难，终于到达幸福岛，找到了祖先乌特那匹什提，获得了"返老还童"仙草。但在归途中，仙草却被蛇偷吃了，吉尔伽美什两手空空回到了故乡。这部作品最早产生于遥远的苏美尔时代，以后经历代人民口头相传、加工锤炼，至古巴比伦时期被以文字的形式记录下来。

《吉尔伽美什》泥版残片
收藏于大英博物馆。发现于亚述古都尼尼微的巴尼拔图书馆，用楔形文字分别刻在12块泥板上，共3000多行文字。

■ 天文与历法

古代西亚人民很早便能进行天文观察。他们将肉眼能看见的星星绘成星象图，按方位划分星座。他们已知道黄道十二宫，知道星体运行的周期，知道五大行星与黄道十二宫的对应关系，并开始观测日食和月食。在天文观察的基础上，两河流域的人民早在苏美尔时代便已制定了自己的历法——太阴历。

为了适应农业生产的需要，古代西亚人民在观察月亮运行规律的基础上编制了太阴历。他们把两次新月出现的期间作为一个月，这样每月就包括29或30天。他们又以12个月为1年（6个29天的月，6个30天的月），每年包括354天。这样每年就比太阳年（365日5时48分46秒）少11天多，必须设置闰月加以调整。最初设置闰月是凭经验进行的，有的年份加1个，有的年份加2个，在乌尔第三王朝时期还有1年加了3个闰月。

楔形文字
苏美尔人用削成三角形尖头的芦苇秆或骨棒、木棒当笔，在湿黏土制成的泥板上写字，笔画自然形成楔形，所以这种文字被称为"楔形文字"。

■ 数学的萌芽

天文学的发展带动了数学的发展，兴修水利、丈量土地、测量容积、修建城市和制造器皿等也为数学的发展提供了动力，古代西亚人因此在数学方面取得了很大的成就。早在乌鲁克时期，他们就曾采用十进位和六十进位的双重计数法。他们用六十进位法计算时间和圆周，例如将圆周分为360度，这个方法至今还在世界各国通用。他们还开始推行数字位置的原则，同一数字在数的联系中所占位置不同，其值亦不同。这在数学史上是一个重要的贡献。

古代西亚数学家不仅掌握了算术四则和分数的演算，而且是代数学的奠基者。他们能求出平方根与立方根，能解出有3个未知数的方程式。在巴比伦出土的碑石中曾发现过乘法表、平方表和立方表。在几何学方面，他们已能运用商高定理。为了计算不规则形状的田地面积，他们把它分成长方形、三角形、梯形等许多块，分别计算，然后得出总和。古代西亚人还推算出圆周率为3（埃及数学家求出π为3.16），并且在立体几何学上解决了测量截顶角锥体体积等问题。

记录苏美尔人天文历法的石碑
苏美尔人制定了世界上最早的天文历法，他们根据月亮的盈亏将一年分为12个月，共354天，设闰月。定一星期为7天，以天上星辰诸神的名字将其分别命名为星期天（太阳神）、星期一（月神）、星期二（火星神）、星期三（水星神）、星期四（木星神）、星期五（金星神）、星期六（土星神）。

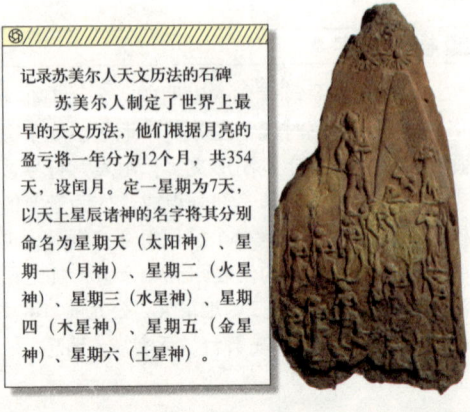

◆ 尼布甲尼撒二世登基
新巴比伦王国国王，统治期间使国势达到顶峰。

古代世界篇

■ 宏伟的建筑

从公元前3400年至前3100年的乌鲁克时期起，就有许多建筑物被保存下来，最著名的是当时的神庙建筑吉库拉特——一种用生砖建成的多级寺塔。亚述

伊丝塔尔女神雕像
伊丝塔尔是古巴比伦人信奉的战争和性爱女神，古巴比伦文物中经常见到她的雕像。虔诚的巴比伦人曾在繁华的巴比伦城中专门为伊丝塔尔修建了高达12米的宏伟壮丽的女神门，并在门墙上镶嵌了形象生动的釉彩动物图案。

帝国时出现了规模巨大的王宫建筑，已经开始使用柱子和拱架结构。城市建筑以新巴比伦王国时期的首都巴比伦城最为著名，这座名城内不仅有王宫、马尔杜克神庙和巴比伦塔楼、伊丝塔尔女神神庙等著名的建筑物，更有令人叹为观止的、被誉为古代世界七大奇迹之一的"空中花园"。波斯人则以其王宫的雄伟宏大而自豪，并独创了垫托天顶横梁的柱头——有着背对背匍伏着的、脖子和躯干连在一起的动物雕像。

■ 雕塑的进步

在雕刻艺术方面，苏美尔－阿卡德时期的雕刻作品形成了一种独特的古朴风格。但就总体来说，苏美尔－阿卡德时期的雕刻艺术在表现人物技法方面，还比较单调、刻板，留下来的雕刻作品多显得粗陋、千篇一律。唯一例外的是古巴比伦王国时期的《汉谟拉比法典》石柱柱头的浮雕，它表现汉谟拉比虔诚地站在端坐着的太阳神沙马什面前，接受王权标的场面。雕刻艺术手法熟练，线条刚劲、朴实，配以刻工精细的碑文，堪称古巴比伦最重要的一件艺术文物。

新巴比伦时期的浮雕艺术以彩色琉璃砖镶成的图案最为壮观。巴比伦城的伊丝塔尔城门和塔楼墙上，用琉璃砖镶嵌着白色野牛、金黄色蛇首龙的浮雕，共575处。整个浮雕画面黄白相间，充分渲染了王宫威严肃穆的气势。100年后，希罗多德来巴比伦游历时曾称赞说："它的壮丽超过了世界上的任何城市。"此外，巴比伦城"游行大道"两边的墙面也饰有五色琉璃镶嵌成的雄狮图案，颇为壮观。琉璃砖的发明可追溯到古巴比伦时期，到新巴比伦时达到全盛，普遍用于装饰王宫、神殿、陵墓的墙面和门面，兼有华丽、威严之特色，深受人们喜爱。

■ 宗教的发展

古代西亚文明早期也像埃及一样流行多神崇拜，到波斯帝国时才产生了体系较为完备的宗教——琐罗亚斯德教，这是一个二元论的宗教。希伯来人创立了以崇拜耶和华（上帝）为内容的一神教——犹太教，它摆脱了图腾崇拜、自然崇拜的羁绊。正是在犹太教的基础上，后来发展出了世界性的宗教——基督教。

■ 犹太教的形成

犹太教是希伯来人的宗教。犹太教坚持信仰一神，即耶和华。犹太教宣称希伯来人是上帝的选民，与神订有契约，这逐渐成为维系民族意识的重要纽带。犹太教的经典是《圣经》，共39卷，约于公元前1440年至前400年用希伯来文写成。后来基督教从犹太教中脱胎而出，犹太教的《圣经》成了基督教《圣经》的一部分，被称为"旧约"。

摩西像
摩西是公元前13世纪最伟大的犹太人先知，是战士、政治家、诗人、道德家、史家、希伯来人的立法者，也是《圣经·旧约》前5本书的执笔者。这尊摩西的大理石雕像由米开朗琪罗创作于1513年至1516年间，存于罗马梵蒂冈圣彼得大教堂。

37

◆ "空中花园"建成

相传是新巴比伦国王尼布甲尼撒二世为一个妃子修建的。大约120米见方，高出地面20多米。

古印度文明

古印度地图

神奇的南亚大陆主要由三部分组成：在北部的喜马拉雅山区（海拔8598米的印度最高峰康城章加峰就位于此）、中央平原以及南部的德干高原。

在南亚次大陆，有一个头枕高耸的喜马拉雅山、脚濯浩瀚的印度洋，既古老又生机无限的国度，它就是被称作"月亮之国"的印度，又因其国土形状宛若牛首，也被称为"牛颅之国"。在距今50万年以前，印度就有远古的先民生活。他们以刀耕火种、渔猎采集的方式一代代繁衍生息。到了距今1万年的新石器时代，印度境内遍布居民点，人们已开始从事农业生产，驯养家畜，制造精美的生活用具。这一切，为一个辉煌灿烂的古代文明的萌发提供了沃土。

※ 文明的舞台

古代印度位于亚洲南部——一个被高山和海洋环绕的次大陆，是世界最早的文明发祥地之一，在文学、哲学和自然科学等方面对东亚和东南亚产生了重大的影响，对人类文明做出了独创性贡献。

■ 巨大的"倒三角"

古代印度包括今天的印度、巴基斯坦、孟加拉和尼泊尔等地，占据南亚次大陆的大部分，全境可分为北、中、南三部分：北部是喜马拉雅山山岳地带，中部是印度河和恒河平原，南部是文底耶山以南的德干高原。北部高山地带和中部平原地区通常被称为北印度，是古代印度重要的经济区域，也是印度历史上发生重大事件的主要舞台。南部的德干高原有丰富的森林和矿产，山地起伏，多沼泽草原，不宜农耕。高原两侧的沿海地带是平原区，气候宜人，雨量充沛，适于农耕。

印度河

河名出自梵文Sindhu（信度）的拉丁语式拼法Indus——即"河流"之意。印度河灌溉历史悠久，早在公元前3000年，沿印度河两岸的狭小地带就已出现了引洪灌溉农业。

■ 文明的创造者

在旧石器时代，古印度就已有人类居住。新石器时代的文化遗迹几乎遍及整个次大陆。据考证，其创造者主要为矮种黑人和原始澳洲人。从公元前3000年起，达罗毗荼人在南亚次大陆居于主要地位，创造了印度河流域的城市文明。大约从公元前20世纪中叶开始，雅利安人自西北部侵入印度。公元前10世纪中叶以后，波斯人、希腊人、大月氏人和嚈哒人又先后侵入印度，使此地的居民成分更趋复杂。

◆ 巴比伦之囚
尼布甲尼撒二世洗劫耶路撒冷，将犹太王室大部分成员和能工巧匠一齐押往巴比伦。

古代世界篇

■ 印度河与恒河

印度河是现在巴基斯坦的主要河流，也是重要的农业灌溉水源。1947年印巴分治以前，印度河的地位仅次于恒河，其流域为该地区的文化和商业中心地带。印度河发源于中国西藏，从喜马拉雅山脉朝西北方向流入克什米尔，又掉头向南流入巴基斯坦，总长2900千米。印度河流域是世界上最早进入农业文明和定居社会的地区之一。

恒河曾经创造了人类历史上著名的"恒河文明"，被印度人民尊称为"圣河"和"印度的母亲河"。它发源于喜马拉雅山区，全长2700多千米，是现在印度的第一大河。众多的神话故事和宗教传说构成了恒河两岸独特的风土人情。至今，这里仍是印度和孟加拉国民族文化的精粹所在。

※ 哈拉巴文化

印度远古文明在1922年被发现，由于其遗址最先是在印度哈拉巴地区被发掘出来的，所以通常称为"哈拉巴文化"，又由于这类遗址主要集中在印度河流域，所以也称为"印度河文明"。哈拉巴文化约存在于公元前2300年至前1750年，是古代印度青铜时代的一种城市文明，城市的规划和建筑具有相当高的水平。

■ 两座古城

摩亨佐·达罗城和哈拉巴城都由卫城和下城（居民区）两部分组成。这两座城的面积相当，大约为0.85平方千米，居民大约3.5万

人。哈拉巴的卫城是由古老的砖墙围成的城堡式建筑，城北有谷仓、作坊和劳动者的宿舍。摩亨佐·达罗的城市建筑较哈拉巴更为壮观，

摩亨佐·达罗古城遗迹
在巴基斯坦信德省的方言中，"摩亨佐·达罗"真正的含义是"死者之丘"。这座印度河古文明鼎盛期的最具代表性的城市遗址，埋没在地下几千年后，终于在20世纪初重见天日。

卫城四周有防御塔楼，是印度河文明的典型城市。这两座城市相距644千米，是当时两个彼此独立的国家的都城。

■ 璀璨的文明

哈拉巴文化是已进入青铜时代的文化。当时的人们已经会制造铜、青铜的工具和武器，例如斧、镰、锯、小刀、钓鱼钩、匕首、箭头和矛头等。这一时期居民的主要生产活动是农业——这里可能是最早培植棉花的地区。除了农业，居民也从事牧畜业。当时此地的手工业也很发达，匠人们对金属的热加工和冷加工技术都已经达到了较高的水平，能够用焊接法制造金属器具。制陶业和纺织业也达到了较高的水平。随着农业和手工业的发展，商业贸易也发展起来。

恒河
恒河是印度的圣河，历史悠久，有着厚重的历史沉淀和文化色彩。即使经过千年岁月的洗礼，恒河两岸的人们仍然保持着古老的习俗。

39

◆ 毕达哥拉斯
古希腊数学家、哲学家。创立毕达哥拉斯学派，提出毕达哥拉斯定理。

■ 文明的衰亡

印度河文明大约从公元前18世纪开始衰落。关于其衰落原因，目前说法不一。较为流行的说法是外族入侵说，即雅利安人的入侵导致印度河文明的衰亡。也有人认为自然因素的作用较大，即生态平衡遭到破坏导致了文明的衰亡：大量砍伐森林导致水土流失；印度河淤塞、河床升高，河流改道，洪水为患；连续多年的干旱，农业歉收，沙漠化加剧……这些自然灾害加深了人民的苦难，使阶级矛盾更加激烈，人民起义频繁发生，从而给外敌入侵以可乘之机。

哈拉巴文明遗址
从哈拉巴遗址来看，当初城市的规模非常大，商业繁盛一时。对大量古迹遗存的发掘充分证明，哈拉巴当时与伊朗、中亚、两河流域、阿富汗、甚至缅甸和中国都有贸易往来。

※ 吠陀时代

雅利安人的吠陀时代，属于原始社会晚期的军事民主制时代。由于记述这一历史时代的文献主要是婆罗门教圣书《吠陀》以及解释《吠陀》的《梵书》《森林书》《奥义书》等，所以这一时代被称为"吠陀时代"。

■ 雅利安人东进

大约从公元前13世纪开始，雅利安人从印度的西北方侵入次大陆，从此开始了印度史上的"吠陀时代"。雅利安人占据印度河上游以后，最初以畜牧业为生，后来逐渐从事农业生产。随着农牧业的发展，雅利安人在生产技术上有了很大的进步。大约公元前1000年，他们已开始使用铁器。

跳舞的湿婆像
湿婆神一脚稳稳地踩踏恶魔的背，另一脚高高举在半空中，四条手臂摆出各种曼妙的舞姿。湿婆神是由吠陀时代的天神楼陀罗演变而成的，是印度教三大神之一，是毁灭之神，也担当创造的职能。

■ 瓦尔那制度

"瓦尔那制度"是一种严格的等级制度，通常被称为"种姓制度"。这一制度产生于雅利安人侵入次大陆之初，并随着社会的分化，逐渐将人民划分为婆罗门（僧侣阶级）、刹帝利（国王和军事贵族阶级）、吠舍（一般平民大众）以及社会地位最低的首陀罗（被征服的土著居民）四个社会等级。各个等级之间界限森严，长期沿袭，严重地束缚了生产力的发展，阻碍了社会的进步，至今仍影响着南亚的社会生活。

■ 印度国家的形成

吠陀时代晚期，南亚次大陆已经广泛地使用铁器，农业在经济中已居主要地位。经济的发展导致以掠夺财富和土地为目的的战争更加频繁，阶级分化日益加剧。随着这些变化的产生，原先的氏族部落机构逐渐变成了剥削和压迫民众的暴力机器，过去民主选举产生的部落首领"罗阇"逐渐演变成了世袭君主，早期国家形成了。

■ 四部《吠陀》

《吠陀》是雅利安人的圣书，共分四部。《梨俱吠陀》最古老，编纂年代大约在公元前1200年至前1000年，所反映的时代称为"早期吠陀时代"。另外三部为《娑摩吠陀》《耶柔吠陀》和《阿闼婆吠陀》，编纂年代大约在公元前1000年至前800年，所反映的时代合称"后期吠陀时代"。吠陀文献是古代印度宝贵的文化遗产，为研究雅利安人初到印度的历史提供了珍贵的资料。

◆ 释迦牟尼
佛教创始人，迦毗罗卫国（在今尼泊尔境内）王子。

古代世界篇

※ 列国时代

公元前6世纪至前4世纪是南亚次大陆各国由分立逐渐走向统一的时代，历史上通称为"列国时代"；又因佛教产生于此时，故在史学上亦称"早期佛教时代"。

■ 诸国争霸

公元前6世纪初，南亚次大陆北部有十六大国，其中存在较久、势力较强的有恒河下游的鸯伽国，恒河中游的摩揭陀国、伽尸国、居萨罗国等，恒河上游的般阇罗国和居楼国，印度河流域中游靠近阿富汗边境的犍陀罗国等。列国时期，大国间为争夺领土和霸权而不断发生战争。最初，恒河中游的伽尸国强盛一时，同居萨罗进行了长期的争霸战争。后来，居萨罗征服了伽尸，发展成为强国。与此同时，摩揭陀开始强大起来，并逐渐走上了向外扩张的道路。

■ 摩揭陀兴起

摩揭陀国强盛于频毗娑罗王当政之时，沙罗王对外采取远交近攻的政策，吞并了东邻鸯伽；对内则加强专制统治，以严刑苛政维护王权。其子阿阇世即位后，大肆对外扩张，先后吞并伽尸、跋祇国，在列国中称霸。阿阇世以后，其首都由王舍城迁至华氏城（今巴特那）。华氏城位于恒河与宋河的汇合处，水陆交通十分便利，对摩揭陀的发展具有十分重要的意义。摩揭陀国在难陀王朝时期征服了最大的劲敌居萨罗，基本上统一了恒河流域，为孔雀帝国的建立奠定了基础。

■ 沙门新思潮

【百科链接】

列国时代的经济状况：
列国时代，铁器的普及使得农业生产水平大幅提高。手工业有了进一步分工，佛经中提到的手工业匠人就有18种之多。内地和沿海的商业也发展起来，并进一步促进了城市经济的兴旺发达。

梵天像
大梵天是印度神话中世界万物的创造者，婆罗门教的三大主神之一。传说他从金蛋中破壳而出，蛋壳分为两半，分别变成天和地。他又从自己的心、手、脚中生出十个儿子以及世界万物。

列国时代社会和经济的巨大变革，深深地影响了思想意识形态的发展，形成了为数众多的学说和学派。其中著名的有六师、六十二见（见解）和九十六种外道等。他们代表各自不同的阶级或阶层，在意识形态领域展开了激烈的争论，形成了"百家争鸣"的局面，与公元前8世纪至前4世纪的希腊文化繁荣和中国春秋战国时期的百家争鸣一起，构成了人类历史上精神觉醒的巨流，为人类文明的发展做出了重要贡献。在列国时代的各种学派中，虽然有唯物主义（以顺世论为代表）和唯心主义（以佛教等为代表）之别，但它们都有共同的目标，即反对婆罗门教及其所维护的婆罗门等级制度。因此，这些反婆罗门教权威的宗教与思想流派被统称为"沙门"（即勤息、息心、净志之意）。其中，在社会上影响最大的是佛教。

毗湿奴像
毗湿奴是古代印度叙事诗中地位最高的神，掌握维护宇宙安危之权，与湿婆神平分神界权力。毗湿奴性格温和，常对信仰虔诚的信徒施与恩惠，并化身成各种形象拯救陷入危难的世界。

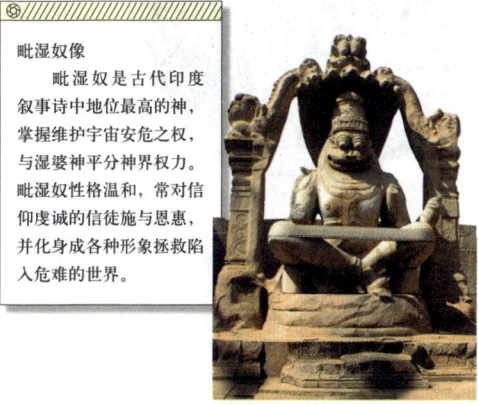

41

◆ 居鲁士大帝
波斯帝国的建立者。先后征服了米提亚、新巴比伦等西亚国家，逐步统一了伊朗高原。

※ 孔雀帝国

孔雀帝国基本上是一个统一的奴隶制帝国，经过旃陀罗笈多、频毗娑罗、阿育王三代帝王的不断扩张，逐渐成为印度河畔的超级大帝国。印度文化也在这一时期伴随着帝国的扩张向外传播，这标志着东南亚地区诸多国家的印度模式文化的开始——东南亚文明的这一起源特点至今仍十分明显。

怪兽石雕
雕刻细致，形象生动，具有浓郁的印度雕塑风格。

■ 帝国的建立

公元前324年，摩揭陀国王旃陀罗笈多（公元前324~前300年）领导印度河流域人民推翻了马其顿侵略者的统治。由于他出身于一个饲养孔雀的农民家族，人们称其建立的王朝为"孔雀帝国"（公元前324~前187年）。他接着东进，推翻了统治恒河流域的难陀王朝，统一了北部印度。

■ 阿育王的统治

孔雀帝国至阿育王时，又大举征服南印度的羯陵伽。此时，南亚次大陆除南端以外，北起喜马拉雅山南麓、南至迈索尔、东抵阿萨姆西界、西达兴都库什山，都已并入孔雀帝国的版图。至此，一个空前庞大的统一帝国形成了。阿育王所统治的孔雀帝国是一个君主专制的国家。国王掌握着各方面的最高权力，是国家首脑，有最高行政权、立法权、军事权、司法权和监察权。国王任用一批顾问和官员作为辅佐，并对地方实行分省统治。阿育王不仅用武力扩展了帝国的疆域，而且大力宣扬他的圣法（达摩）和佛教，以加强对帝国臣民的精神统治。阿育王统治时期，古印度的政治、经济和文化进一步繁荣，为佛教在南亚及境外的传播作了铺垫。

佛教主题浮雕
古印度多以浮雕、壁画装饰佛堂，亦有招画工于门侧、讲堂、食堂、浴室等作诸彩画，描绘内容多与佛教有关，如神通变、五趣生死轮、本生故事、地狱变等。

【百科链接】

亚历山大的入侵：
公元前326年，亚历山大大帝在征服波斯帝国后，开始了对波斯人原先控制的印度西北部的征伐，并很快地将当地的许多小国各个击破，征服了印度河流域。亚历山大还想继续东进，但由于士兵的厌战和难陀王朝的强大，他不得不于公元前325年顺印度河南下撤回巴比伦。亚历山大的入侵带有强烈的使命感，就是要统一东方和西方，建立一个全世界文化大联合的帝国。

◆ 大流士一世
波斯帝国国王。建立起历史上第一个地跨亚、非、欧三大洲的帝国。

古代世界篇

■ "圣法"

阿育王所宣扬的"圣法"的内容主要有：第一，宣扬仁爱和慈悲，要人们孝敬父母，善待亲朋以及一切僧人，宽待仆人、奴隶；第二，宣扬宗教容忍精神，要人们尊重他人的教派，禁止各教派互相攻击；第三，宣扬非暴力的主张；第四，倡导做有助于公益事业的好事，如修路、种树、掘井、建亭等。阿育王在多处刻石记载圣法的有关内容，还派人四处宣扬圣法。从本质上说，阿育王的"圣法"是一种宗教政策，更是一种维护帝国统治的国策。

■ 发达的工商业

孔雀帝国时期的城市工商业非常发达。手工业者按行业分别住在城内的各个街坊，组成同业公会。当时，纺织业最负盛名，不仅能生产精制的棉织品，还能生产高级的丝织品。商业贸易主要为上层服务，最常见的商品是王公贵族所需要的贵重的纺织品、宝石、装饰品和香料等。矿产和盐、酒之类的民需品由国王专营。这一时期的商业贸易不仅在内陆很活跃，在沿海地带也很发达。

孔雀帝国社会经济和商品货币关系已经深入了农村。农村土地的私有化、土地的买卖、高利贷的存在都反映了这种影响。农村中的手工业者生产的产品除满足本村需要外，也拿到城里去卖。商品货币关系深入农村，加剧了农村的阶级分化。

■ 奴隶制的变化

列国时代的奴隶制虽然很发达，但从事工农业劳动的奴隶的人数却很有限。至孔雀帝国时代，奴隶制进一步发展。从这一时期的资料来看，已有些奴隶被用在生产领域。在帝国衰亡后的几个世纪里，奴隶制出现衰落的迹象。这种情况明显地反映在生产领域劳动奴隶的变化上。

■ 种姓制的发展

种姓制（瓦尔那制）在孔雀帝国时代更加森严。这一时期出现的诸法经与诸法典以大量的条文记述了这种关系，如《摩奴法典》。法典为了巩固高级种姓的特权地位，强调了职业的世袭性，并严禁低级种姓人从事高级种姓人的职业。

■ 帝国的衰亡

阿育王死后，时任西北地区总督的阿育王之子据地独立，原来在帝国内处于半独立状态的安度罗也在南部宣布独立。约公元前187年，大臣普沙密多罗·巽伽杀害孔雀王朝末代国王，建立巽伽王朝，孔雀帝国正式结束。

桑奇大塔

相传阿育王共建有8.4万座佛塔，其中有8座建在桑奇，现尚存3座，被考古学家编为1、2、3号。桑奇大塔为1号，是半球形建筑，直径约36.6米，高约16.5米。

43

◆ 频毗娑罗
印度摩揭陀的一位著名国王。

■ 后孔雀帝国时代

孔雀帝国灭亡后，南印度的羯陵伽和安达罗曾强大一时，而在西北印度则不断有外族入侵，先是中亚的大夏王国在公元前2世纪初侵入西北印度，而后又有安息和塞种人入侵。公元1世纪，中亚的贵霜兴起，侵入并占领了印度的西北部，建立起了一个纵贯中亚和南亚的大帝国，直至4世纪东印度的笈多帝国兴起后，贵霜在印度的残余势力才逐渐退出印度的历史舞台。

※ 古印度文化

早在公元前30世纪中叶，古印度居民就创造了印章文字。后来又创作了不朽的史诗《摩诃婆罗多》和《罗摩衍那》，并创立了"因明学"（相当于今天的逻辑学）。他们最杰出的贡献是发明了目前世界通用的计数法，创造了包括"0"在内的10个数字符号。

■ 印章文字

公元前30世纪中叶，哈拉巴文化时期，印度河流域的人民创造和使用的文字刻于印章之上，故称"印章文字"。后来，雅利安人侵入南亚次大陆，他们在吸收哈拉巴文化成果的基础上，创造了婆罗谜文、佉卢文和梵文，其中使用最广的是梵文。梵文是一种字母文字，受阿拉美亚文字的影响，由47个字母构成。《吠陀》等文献就是用梵文写成的。

■ 绚烂的文学

雅利安人最初的文学作品是《吠陀》。约公元前5世纪至前4世纪，印度出现了史诗和其他一些民间文学作品，其代表作是史诗《摩诃婆罗多》和《罗摩衍那》，其历史价值和文学价值可以同古希腊的两大史诗《伊利亚特》和《奥德赛》相媲美。古代印度的其他民间文学

《罗摩衍那》（壁画）
史诗以罗摩和妻子悉多的悲欢离合为故事主线，表现了印度古代宫廷和列国之间的斗争，其间插入了不少神话传说和小故事。

作品，大都保存在《五卷书》《益言佳言集》和《佛本生经》等作品中。其中《佛本生经》最为流行，它主要记述释迦牟尼佛前生的故事，全书有547篇，其中多数作品大约在公元后编成。

古印度印章文字
哈拉巴遗址出土了许多用皂石以及象牙、红铜、陶土等制作的印章，主要为正方形，上面凸刻着独角兽、象、牛、虎等动物的图案。

◆ 新巴伦王国灭亡
居鲁士攻陷巴比伦城，新巴比伦灭亡。

古代世界篇

■ 自然科学

古代印度在天文学和数学方面取得了相当高的成就。对于二十八宿和历法，古代印度人很早就有了比较精确的观察和划分。土地的丈量、祭坛的建造促进了数学的产生和发展，几何、三角、代数等方面都取得了很大的成就，《仪轨经》中的《准绳经》就专门记录了这方面的知识。古代印度人民创造了10个数字符号，并提出了数字按位计值的方法。在医学方面，《阿闼婆吠陀》和佛经中都记载了不少宝贵的医学知识。此外，古代印度人民在土壤的选择与分类、轮种制、选种、施肥、饲养牲畜等方面，都积累了很多宝贵的经验。

■ 建筑和艺术

独具印度风格的雄伟建筑和精美艺术，大都开始于孔雀帝国时代。在桑奇地区保存的大窣堵波（佛塔），是现存最早的标本之一。

各地的圆形石柱也是古代印度雕刻艺术的重要遗迹，最著名的是阿育王设立的通常刻有佛教敕令、顶上带雕塑形象的石柱。最早的石窟群是在巴拉巴尔（伽耶附近）发现的，无论是壁画和雕刻的水平还是所反映的内容，都以阿旃陀石窟最为突出。该石窟大约开凿于公元前2世纪，是古代佛教艺术中的一朵奇葩，堪称世界文化奇迹。公元前后出现的犍陀罗艺术独具风格，雕刻佛陀和诸菩萨石像颇为流行，希腊的艺术形式被应用到佛教的题材上。这种艺术风格随佛教东传，对我国佛教的雕像、绘画和建塔艺术都产生过很大影响。

释迦牟尼涅槃图
释迦牟尼80岁时，在拘尸那伽城外的娑罗双树林间圆寂。

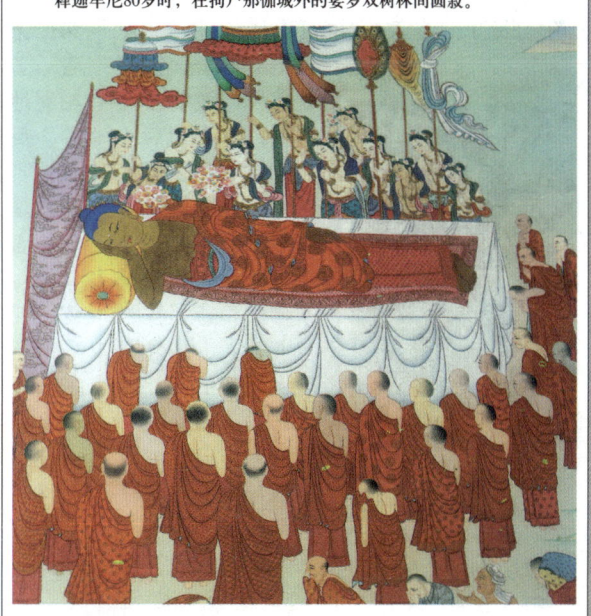

【百科链接】

《奥义书》：
《奥义书》是婆罗门教的经典之一，指附在《森林书》之后解释《吠陀》奥义的一类书籍。最早的《奥义书》约产生于公元前10世纪至前5世纪之间。奥义的梵语意为"近坐"，即"坐近导师，面聆神秘玄奥的教义"。在《吠陀》《梵书》《森林书》《奥义书》这四种吠陀文献中，《奥义书》是最后一部分，故又称为"吠檀多"，意即"吠陀之末"或"吠陀的终结"。《奥义书》是印度唯心论哲学思想和唯物论哲学思想的总源泉。

※ 古印度宗教

古印度是一个宗教国度，其宗教哲学思想深邃而玄奥。婆罗门教认为"梵"是世界的本质，"梵"并非客观物质世界，而是一种抽象的理念世界。公元前6世纪至前4世纪时，顺世论派、佛教、耆那教等唯心主义思想兴起，当时的"六师"、"六十二见"、"九十六种外道"都有自己独特的哲学思想。

45

◆ 克里斯梯尼改革
雅典民主改革，建立500人会议。

■ 婆罗门教

婆罗门教是印度古代宗教之一，起源于公元前20世纪的吠陀教，形成于公元前7世纪。公元前6世纪至4世纪是婆罗门教的鼎盛时期。4世纪以后，由于佛教和耆那教的发展，婆罗门教开始衰落。八九世纪，婆罗门教吸收了佛教和耆那教的一些教义，结合印度民间的信仰，经商羯罗改革，逐渐发展为印度教。印度教与婆罗门教没有本质上的区别，教义基本相同，都信奉梵天、毗湿奴、湿婆三大神，主张善恶有报，人生轮回。轮回的形态取决于现世的行为，只有达到"梵我同一"方可获得解脱，修成正果。因此，印度教也称为"新婆罗门教"，前期婆罗门教则称为"古婆罗门教"。

阿布沙罗斯像
阿布沙罗斯是婆罗门教的女神，据传为理想女神沙恭达罗之母。

■ 佛教的诞生

释迦牟尼（公元前563~前483年）是佛教的创始人。早期佛教的基本教义是"四谛"说，即苦谛、集谛、灭谛和道谛四种"真理"。佛教反对婆罗门教所坚持的种姓制度，提倡"众生平等"，对于婆罗门教极力维护的种姓血统论是一个沉重的打击；主张"我空法有"，虽然否定神的存在，但本质是站在唯心主义立场上反对婆罗门教的，属客观唯心主义范畴。佛教的产生是和列国时代政治、经济的变革相伴随的，对印度文化的繁荣有着极大的影响。

■ 耆那教

耆那教产生于公元前6世纪至前5世纪，第二十四祖筏陀摩那被尊为该教真正的创建者。耆那教否定当地婆罗门教的主张，针锋相对地提出"吠陀并非真知"，宣传种姓平等，反对种姓制度和婆罗门教的神灵崇拜，强调苦行和戒杀，主张灵魂解脱、业报轮回和非暴力等。耆那教认为，一切生物都有灵魂，都是神圣的，人的灵魂在未解脱前为"业"所束缚并无限轮回；人们只有通过修炼，使灵魂摆脱"业"的桎梏，才能获得最后的解脱。耆那教主张持五戒，即戒杀生、戒妄言、戒偷盗、戒奸淫、戒私财，认为只有严格实行戒律，经过苦行修炼，才能清除旧业的束缚，达到"寂静"、情欲灭，从而获得"解脱"。这些思想反映了公元前6世纪至前5世纪印度下层人民的要求，对打破婆罗门教一手遮天的局面起到了积极作用。

耆那教神像
印度的耆那教历史悠久，产生于公元前6世纪至前5世纪。耆那教的第二十四祖筏陀摩那被尊为该教真正的创建者。

46

◆ 希波战争
希腊反抗波斯侵略和压迫的战争。

古代世界篇

古希腊文明

　　古希腊是西方文明的摇篮，其创造者是居住在希腊半岛、爱琴海诸岛、小亚细亚西岸、黑海沿岸、南意大利、西西里岛的古希腊人。其中，希腊半岛是古希腊人活动的中心舞台，对古希腊史具有决定性意义。公元前6世纪至前5世纪，特别是希波战争以后，希腊的经济生活高度繁荣，并产生了光辉灿烂的希腊文化，对后世影响深远。

　　古希腊人在文学、艺术、雕塑、建筑、哲学等多方面都有很深的造诣，并在漫漫的历史长河中，涌现出了很多伟大的人物，大诗人荷马、科学家阿基米得、历史学家希罗多德，还有大学者亚里士多德及他的学生亚历山大大帝……古希腊灭亡后，其文明被古罗马人延续下去，成为整个西方文明的精神源泉。

※ 希腊半岛

　　古希腊的地理范围包括现在的希腊半岛及整个爱琴海区域、北面的马其顿和色雷斯、亚平宁半岛南部、小亚细亚沿海等地，是欧洲最早接受西亚农业与青铜文化，并最早进入文明社会的地区。

■ 多山的岛国

　　希腊多山，耕地有限，沃土不多。巴尔干山脉的支脉把全岛分成北、中、南三部分。北希腊包括伊壁鲁斯山区和帖撒利平原；中希腊和北希腊由一条险要的隘道温泉关相连，阿提卡和彼奥提亚两地区在中希腊最为有名；南希腊是半岛中的小半岛，称伯罗奔尼撒半岛，只有一条狭窄地峡与中希腊连接，在地理上自成一体，较为封闭。

　　古希腊地区是典型的地中海气候。冬季盛行的西风席卷希腊半岛，雨水丰沛，湿润温和；夏季信风使炎热得以缓和，干爽舒适。温暖湿润的地中海气候赋予了古希腊良好的农业条件，而多山的地形又促使当地人更多地发展采矿业与林牧业，并在此基础上衍生出古希腊发达的手工业与商业。

克里特岛
克里特岛是希腊最大的岛屿，位于希腊东南的地中海海域。岛上有山地和深谷，还有断崖、石质岬角及沙滩构成的海岸，风和日丽，植物常青，有"海上花园"之称。

■ 古希腊人

　　古希腊人自称"海伦人"，称希腊半岛为"海拉斯"。他们并不认为自己就是海拉斯的土著居民。在他们看来，希腊最早的居民是勒勒吉人、德里奥人、皮拉斯吉人、卡里亚人。大约公元前12世纪至前11世纪多利安人入侵后，希腊居民按方言与亲缘关系分成四类：亚该亚人居于南希腊北部（阿卡亚、阿卡狄

爱琴海
爱琴海是地中海东部的一个大海湾，位于地中海东北部，希腊和土耳其之间。爱琴海海岸线非常曲折，港湾众多，共有大小约2500个岛屿。

47

◆ 马拉松战役
波斯军在马拉松平原登陆入侵雅典，遭雅典军队伏击，大败而归。

亚地区），伊奥利亚人住在北希腊和中希腊大部分地区（帖撒利、彼奥提亚），爱奥尼亚人住在中希腊的阿提卡和隔海相望的优卑亚等爱琴海岛屿，多利安人分布于南希腊大部和克里特岛。

※ 克里特文明

克里特是爱琴海第一大岛，东西长约250千米，南北宽12千米至60千米不等，岛上气候宜人，树木葱茏。这里在新石器时期迎来第一批居民，公元前3000年已进入铜器时代，经济和社会的发展超过希腊半岛。

■ 米诺斯的繁荣

公元前1700年至前1450年是克里特文明的繁荣期。那时，克诺索斯的米诺斯王朝不仅统治着克里特岛，还统治了基克拉迪斯群岛。米诺斯的商站和殖民点遍及整个爱琴海地区，向东可达罗德斯岛和小亚细亚的米利都，西北可达希腊本土的迈锡尼、雅典和底比斯，向西到达意大利的利巴拉群岛。此外，克里特和埃及的联系也更为密切，商业交往更趋频繁。海外商业的发达和海上力量的强大使米诺斯王朝建立了海上霸权，控制了东部地中海地区的贸易网。其势力范围形成了一个以克里特为中心，东达罗德斯岛、西连伯罗奔尼撒半岛的环形带，从而得以撷取欧、亚、非三大洲的资源。

■ 米诺斯迷宫

克里特文明的最大特征是宫殿的修建，城市多围绕王宫而形成，是国家的经济、政治和文化中心。其中最著名的当数米诺斯王宫。它是一组围绕中央庭园修建的多层楼房建筑群，面积达2.2万平方米。宫内厅堂房间在1500间以上，楼层紧密相连，梯道走廊曲折复杂，厅堂错落有致，天井众多，布置不求对称，出奇制巧，外人难觅其究竟，因此在古希腊神话传说中被誉为"迷宫"。

米诺斯彩陶

出土于希腊克里特岛。克里特岛上的居民很早就已经能够采用轮制法生产陶器，并在陶坯上绘以白纹花草图案和海洋生物形象，间杂红、黄、褐色图案。

■ 文明的消亡

因克里特岛经常发生地震，当地王宫多经历过破坏和重建。学者们根据这一特点将克里特文化的发展分成前王宫时期（约公元前30~前20世纪）、古王宫时期（约公元前2000年~前1700年）、新王宫时期（约公元前1700年~前1450年或前1380年）和后王宫时期（公元前1450年或前1380~前1100年）。

公元前1450年左右，米诺斯王宫和克里特岛的其他城市建筑遭到毁灭性的破坏。此后，克里特处于迈锡尼文明的影响之下，克里特文明逐渐被人遗忘。

米诺斯王宫北通道

米诺斯王宫被称为"迷宫"可谓名不虚传，尽管经过多次破坏，早已不见当年风貌，但其内部空间仍显示出它的奥妙非凡。宫内过道和楼梯曲折迂回，穿堂入室，楼上楼下高低错落，使人眼花缭乱。

◆ 苏格拉底
古希腊哲学家，创立"目的论"唯心主义哲学体系。

古代世界篇

※ 迈锡尼文明

迈锡尼文明约形成于公元前1500年，是希腊青铜时代晚期的文明，由伯罗奔尼撒半岛的迈锡尼城而得名。迈锡尼文明有大量遗物留传到今天，特别珍贵的是几千块泥版文书。迈锡尼文明的鼎盛时期在公元前13世纪左右，约于公元前12世纪初衰落。

■ 迈锡尼的崛起

约公元前2000年，希腊人开始在巴尔干半岛南端定居。公元前16世纪上半叶，一些奴隶制国家开始形成，并逐渐发展出了迈锡尼文明。在伯罗奔尼撒半岛的迈锡尼、梯林斯、皮洛斯，中部希腊的忒拜、奥尔霍迈诺斯、格拉斯和雅典，以及帖撒利亚的约尔科斯等地陆续出现了卫城、宫殿和规模宏大的圆顶墓。其中尤以迈锡尼的此类建筑最为雄伟。其卫城入口是著名的狮子门。迈锡尼文明以城堡、圆顶墓及精美的金银工艺品著称于世。

阿伽门农的黄金面具
1876年，由德国考古学家海因里希·谢里曼在迈锡尼"狮子门"城墙内的竖井墓里发现。尽管后来证明这个面具下的面孔并不属于阿伽门农，但人们还是习惯性地称之为"阿伽门农的黄金面具"。

■ 繁荣的文明

迈锡尼文明继承了米诺斯文明的传统，青铜制作工艺水平很高。其经济产业以农业和贸易为主，畜牧业亦比较发达；在航海贸易方面，和埃及、叙利亚有文化、商业联系。与米诺斯文明相比，迈锡尼文明有着自己的特点：更着重于陆战，广泛地养马，盛行马车战术；城堡、宫室皆有牢固的防卫；建筑上继承了巨石建筑的传统，城墙十分宏伟。

■ 特洛伊战争

特洛伊战争的故事是以荷马史诗《伊利亚特》为中心，由索福克勒斯的悲剧《埃阿斯》《菲洛克忒忒斯》，欧律庇德斯的悲剧《伊菲格涅娅在奥利斯》《安特罗玛克》《赫库芭》，维吉尔的史诗《埃涅阿斯纪》奥维德的长诗《古代名媛》

狮子门
迈锡尼卫城的主要入口——狮子门建于公元前1350年至前1300年，门宽3.5米，可供骑兵和战车通过。门上过梁是一块重达20吨的巨石，中间比两头厚。在巨石的门楣上有一个三角形的叠涩券，用来减轻门楣的承重力；中间镶着一块三角形的石板，上刻一对雄狮护柱的浮雕。

等多部著作从不同层面展现的。相传特洛伊战争是以争夺世上最美丽的女人海伦为缘起的，以阿伽门农及阿喀琉斯为首的希腊军攻击以帕里斯及赫克托尔为首的特洛伊军的，持续长达十年的攻城战。据说，这场战争发生于公元前1200年左右。最终，希腊人用木马计攻入特洛伊，赢得战争，并带走了海伦。

■ 再现迈锡尼文明

公元前1200年，特洛伊战争发生之后，迈锡尼文明开始衰落，并随着迈锡尼城和梯林斯城被毁而丧失了活力。这是一个漫长的衰亡过程的终点。

1870年，德国考古学家H.谢里曼在小亚细亚发掘出特洛伊城址，证实了古希腊传说中迈锡尼王率希腊联军远征特洛伊的史实。接着，他又于1876年发掘迈锡尼故城。考古学家在城堡内的王族墓葬中发现了丰富的金银工艺品，证实了"迈锡尼富于黄金"的传说。19世纪末和20世纪前半期，希腊考古学家C.H.特孙塔斯、英国考古学家A.J.B.韦斯等陆续

49

◆《十二铜表法》颁布
古罗马第一部成文法典，因刻在十二块铜牌上而得名。

在迈锡尼以及希腊各地的发掘中有所斩获，大大丰富了迈锡尼文明的内容。20世纪50年代以来，迈锡尼考古的重大突破是释读迈锡尼文字的成功，这从语言上证明了迈锡尼人是古代希腊人的一支。

■ 线形文字

20世纪初，阿瑟·埃文斯爵士对克里特岛进行了发掘研究。自此理清了迈锡尼文明与米诺斯文明之间的关系。在对岛上的克诺索斯遗迹进行发掘期间，埃文斯发现了数千块年代约在公元前1450年的黏土泥版，它们由宫殿的一次大火意外地烘烤成型。在这些泥版上埃文斯辨认出了一种未知文字，他认为这种文字比线形文字A更先进，因而命名其为"线形文字B"。此外，他在迈锡尼、梯林斯、皮洛斯等迈锡尼宫殿内也发现了写有这种文字的泥版。1952年，这种文字终于被破解，经鉴定是古希腊文的一种字体。

海因里希·谢里曼肖像
谢里曼对荷马的描述和波桑尼阿斯的记述深信不疑。1876年，他携爱妻索菲亚来到迈锡尼，决心找到阿伽门农的坟墓，再次向世人证实荷马史诗中所叙述的特洛伊战争的真实性。

※ 荷马时代

公元前11世纪，多利安人入侵希腊，其直接后果是迈锡尼文明的毁灭，希腊倒退到一个封闭、贫穷的时期，西方人称之为"黑暗时代"（公元前11~前9世纪）。因为有关这个时期仅有的少量信息几乎完全来自《荷马史诗》，所以又称"荷马时代"。

■ 盲诗人荷马

米诺斯泥版上的线形文字
这些写有线形文字的黏土板大都用来记录账目，其中不少黏土板上写的是货物的清单。

荷马大约生活在公元前9世纪至前8世纪，是一个双目失明的游吟诗人。他像卖唱的艺人一样漂泊四方，把自己的诗朗诵给大家听，换取食宿。他吟唱的时候，用"内拉"（一种七弦竖琴）伴奏，使得诗歌更加动听。荷马没有用笔记录下他的诗篇，所有的诗歌均靠口头传诵。人们非常喜欢听他的吟唱，记住了那些锦绣一般的诗句。荷马死后，这些伟大的诗篇一代一代流传下来。

■《荷马史诗》

相传，《荷马史诗》是由盲诗人荷马写成的，同时，它也是许多民间行吟歌手集体智慧的结晶。作为史料，它不仅反映了公元前11世纪至前9世纪的社会情况，而且揭示了迈锡尼文明时期的社会境况。《荷马史诗》包括《伊利亚特》和《奥德赛》两部分，语言简练，结构严密，情节生动，形象鲜明，是古代一部不朽的杰作，为希腊文明奠定了坚实的基础。

《伊利亚特》记述了特洛伊战争中，希腊最英勇的将领阿喀琉斯因迈锡尼王阿伽门农夺其女奴而愤然退出战场，使希腊联军连遭失败。当其最亲密的战友阵亡后，他又投入战斗，击毙特洛伊主将赫克托尔的故事。

古希腊荷马雕像
收藏于英国不列颠博物馆。希腊人将《荷马史诗》视作希腊文化的精华，将荷马视作民族的骄傲，但丁更称荷马为"诗王"。

50

◆ 帕特农神庙开始兴建

古希腊的帕特农神庙是供奉雅典娜的最大神殿,其装饰性雕塑由雕刻家菲迪亚斯设计。

古代世界篇

《奥德赛》则记述了希腊军中智勇双全的英雄奥德修斯在特洛伊战争后漂泊十年、历经巨险,终于回到故乡的故事。

■ "黑暗时代"

荷马时代的经济落后于迈锡尼时代,人们的经济活动也仅局限于农业、畜牧业。考古学家至今没有发现任何一处手工业作坊的遗址,这说明当时的手工业非常薄弱。但

《荷马的礼赞》

这幅画是法国古典主义画家安格尔的名作。画中古希腊诗人荷马端坐高台上,手持桂冠的女神正在为他加冕。参加盛典的有亚里士多德、阿基米得、亚历山大、但丁、拉斐尔等巨匠,荷马脚下坐着的两名女子分别象征了史诗《伊利亚特》和《奥德赛》。

这一时期,铁器传入了希腊,并成为劳动工具和武器的主要制作材料。因而,荷马时代作为铁器时代的开始,较之迈锡尼的青铜文明仍有其进步意义。尽管社会暂时倒退,但这一时期仍为希腊历史的进一步发展准备了充足的物质条件,希腊文明的恢复和加速发展已在孕育之中。

※ 希腊城邦的形成

随着古风时代的到来,在社会经济发展的大背景下,数目繁多的希腊城邦逐渐形成,其总数没有精确的统计,大约在300个。

■ 赫西俄德时期

公元前8世纪是希腊地区在爱琴文明灭亡后重新出现国家的时期。这一时期的国家形式就是希腊城邦。它们以城市或市镇为中心,结合周围农村而成,一城一邦,独立自主。由于

留传至今的有关这一时期的文献史料多集中于诗人赫西俄德(约生活于公元前750~前700年)的诗篇中,史学界遂称这一时期为"赫西俄德时期"。

■ 海外殖民运动

希腊城邦建立以后,海外殖民运动便开始了。公元前8世纪至前6世纪,希腊殖民活动到达黑海沿岸后迅速扩展到西部地中海,这是奴隶制城邦占土地、建新邦的海外殖民活动。参加殖民的城邦共有40多个,它们建立了属于自己的130多个殖民城邦。这些殖民城邦在促进希腊经济和文化发展上起了很大作用,进一步加强了希腊各邦和海外各地的商业联系,为希腊接触并吸收埃及、巴比伦和腓尼基先进文化创造了条件。

■ 早期僭主政治

"僭主"一词来自小亚细亚,本与君王同义,被希腊人用来专指城邦政治中依恃武力和非法手段僭越夺权的专制头领。僭主为了取得群众支持以巩固统治,往往奉行打击贵族、争取平民的政策。他们重视殖民活动并推动工商业发展,因而受到工商业奴隶主阶层的欢迎。在早期阶段,僭主政治客观上还有一定的进步作用。从公元前7世纪中期到公元前6世纪中期,这类早期僭主政治比较盛行,其中阿戈斯的斐冬被称为最早的僭主(约公元前670~前660年)。

古希腊瓶画

特洛伊战争规模庞大,交战双方都投入了大量兵力。荷马在他的史诗中对战争场面作了极为精彩的描述。这幅瓶画描绘了《伊利亚特》史诗中关于帕特罗克洛斯和阿喀琉斯的故事。

51

◆ 伯罗奔尼撒战争
雅典与伯罗奔尼撒同盟的战争。

※ 斯巴达和雅典的兴起

在希腊城邦兴起的过程中，位于伯罗奔尼撒半岛南部的斯巴达和位于中希腊阿提卡半岛的雅典先后兴起，成为当时两个最重要的城邦。斯巴达人的特点是重武轻文，而雅典人则重视文化，成为希腊文化方面的典范。

【延伸阅读】

希腊城邦是怎样形成的？

希腊城邦形成的途径大体上可以分为三类：一是在自发的、长期的氏族部落解体过程中直接产生出来，如雅典；二是在具备了国家产生的社会经济条件后，通过奴役被征服的居民，征服者内部的矛盾缓解后，征服者本身的氏族部落在征服者与被征服者的对抗中转变为国家机构，如斯巴达；三是在殖民活动中，经过一系列斗争，在殖民地逐渐建立起独立的新邦。

■ 来库古改革

公元前9世纪末，斯巴达开始建立城邦。据说建邦之初，有位名叫来库古的杰出领袖主持国政、制定法度，并逐渐形成了斯巴达特有的国家制度，这就是传说中的"来库古改革"。来库古宣称他是从德尔斐的阿波罗神谕中获得了有关改革的基本思想，这为改革涂上了神圣的色彩。这个神谕即《大瑞特拉》文件，其主要内容为：要为宙斯神和雅典娜女神建立神殿；要组成新的部落和选区，建立包括两位国王在内的30人的议事会，并按季节召开民众大会；议事会向大会提建议并负责宣布休会；公民们皆可参加大会并享有决定权。

■ 斯巴达国家的形成

斯巴达全民皆兵，拥有一支全希腊实力最强、纪律最严格的军队，因此长期称雄于希腊战场。斯巴达的征服过程，也是其城邦逐渐形成的过程。在征服过程中，斯巴达人的部落管理机构转化为镇压被征服者的暴力机关。斯巴达是奴隶主贵族专政城邦，城邦机构由国王、公民大会、长老会议和监察官组成。到公元前7世纪，斯巴达的城邦基本体制大致已经形成。对希洛人的残酷镇压是城邦首要和经常的任务。为了维持一支强大的镇压希洛人的军事力量，斯巴达实行严格的军事训练制度。

■ 伯罗奔尼撒同盟

公元前546年，经过多年征战，除阿戈斯、阿卡狄亚北部和阿卡亚以外，伯罗奔尼撒半岛上的各城邦都接受了斯巴达的领导，组成了伯罗奔尼撒同盟。这个同盟被希腊人称为"斯巴达人及其同盟者"，充分表明了斯巴达在这个组织中的霸主地位。所谓"同盟"，实质上是斯巴达控制加盟城邦的一种形式。凭借这个同盟，斯巴达常常干预希腊各邦的内政，充当维护希腊贵族利益的宪兵。

科林斯古城遗址

科林斯是公元前10纪至前2纪古希腊的奴隶制城邦。图为科林斯古城遗址。

◆ 柏拉图
古希腊最伟大的哲学家和思想家之一。

古代世界篇

■ 雅典的贵族统治

荷马时代，雅典同希腊各地一样，也处于原始公社解体时期。公元前8世纪

> **斯巴达战士的雕像**
> 尚武的斯巴达人经常发动战争。对他们而言，武力是解决一切问题的最佳手段。一个斯巴达母亲送儿子上战场时，不会祝他平安，而是给他一个盾牌，说："要么拿着它取胜归来，要么战死被抬回来。"

前后，雅典的首脑"王"已被执政官所代替。执政官从贵族中选举产生，卸任后进入贵族会议。贵族会议权力很大，是最高的监察和审判机关，有权推荐和制裁执政官，有权审理刑事案件。其成员皆为贵族，且是终身制。

■ 梭伦改革

执政官梭伦以整个雅典城邦公社的利益为重，采取中庸立场，以改革方式解决平民备受压迫等各类问题，受到广泛支持。公元前594年梭伦被选举为"执政兼仲裁"，全权进行宪政改革。改革内容包括：颁布"解负令"，废除一切公私债务；规定公民占有土地的最高限额，即限田措施，以防止土地再次集中；按财产多少划分公民的等级并规定相应的义务和权利等。

另外，梭伦还设立了新的政权机构和陪审法庭，以限制贵族会议的权力，并颁布了促进工商业的法规。梭伦改革是雅典平民反对贵族政治的一次重大胜利。没有梭伦改革，就不会有雅典的民主政治，也不会有雅典经济和思想文化的繁荣。

■ 僭主统治的建立

梭伦卸任后，雅典公民内部派别斗争又趋激烈，出现了平原、山地、海岸三派相持不下的局面。经过长期斗争，山地派的领袖、曾为梭伦之友的庇西特拉图在雅典成功地建立了僭主统治。他依靠农民的支持，以武力夺取政权，给贵族以一定的打击，从公元前541年起牢固地统治着雅典。庇西特拉图逝世后，其子又继续统治了雅典18年，直到510年被人民推翻。将近半个世纪的庇西特拉图僭主政治在雅典历史上写下了重要的一章。其间，文化事业以及工商业、对外贸易、建筑业都有显著发展，雅典开始成为希腊建筑和雕塑艺术的中心。总的说来，雅典在僭主统治之下按照梭伦的期望繁荣起来。

> **雅典娜像**
> 雅典娜是希腊奥林匹斯十二主神之一，是一位象征着智慧与战争的女神。传统的雅典娜形象为身着束腰外衣，佩护符盾，戴着头盔，左手持盾，右手托着胜利之神。

【延伸阅读】

斯巴达的国家居民分为哪几类？

斯巴达的国家居民分为三类，即斯巴达人、皮里阿西人和希洛人。斯巴达人是征服者，其成年男子享有公民权，毕生从事军事活动，对内镇压希洛人的反抗，对外进行扩张。皮里阿西人散布在山区和沿海地区的村镇里，无公民权，不能与斯巴达人通婚，但保持人身自由，有权占有土地和动产，从事农业、手工业和商业生产，并须向斯巴达政府纳税、服兵役。希洛人是在被征服后留在原来土地上受奴役的奴隶，战争发生时必须随斯巴达人出征、服役，从事运输以及修筑工事等苦役。

53

◆《尼西亚斯和约》
和约签署，伯罗奔尼撒战争暂停。

■ 克里斯提尼改革

公元前508年至前507年的克利斯提尼改革，把雅典民主政治向前推进了一大步。克利斯提尼针对梭伦改革犹未深入触动的雅典选举体制和血缘团体作了较彻底的改革，废除传统的四个血缘部落而代之以十个新的地区部落，按新的部落体制进行选举；变动了雅典军队的组成，将军之职仍服从于公民自费服役的传统；创造了独特的陶片放逐法，以民主的方法反对民主的敌人。雅典在将近百年之间，由于实行一系列民主改革而繁荣起来，跃升为希腊世界中居领导地位的城邦，其经济、政治和文化实力足以在即将到来的波斯帝国的入侵中接受空前严峻的挑战。

※ 希波战争

希波战争是古希腊和波斯之间的一场大战，在世界历史上具有深远影响。希腊的胜利，使雅典社会经济空前繁荣，为日后的西方文明奠定了基础。波斯虽败，但它所继承的古代东方文明传统仍在继续发展。此后，世界文明发展的格局逐渐形成东西方并立共存之势，一直延续至今，而其最初的分水岭就是希波战争。

【百科链接】

梭伦：

梭伦是出身贵族却支持平民的民主政治家。他曾兼营贸易，与商旅为伍，周游海外，终成饱学之士；也曾巧妙地破解屈辱的避战禁令，在雅典与邻邦麦加拉的战争中，率众攻克应属雅典的萨拉米岛。在执政官任期届满后他飘然远行，此后未入政坛。人们出于对他的尊敬，将他列为"古希腊七贤"之一。

■ 马拉松战役

公元前500年，小亚细亚的米利都发生爱奥尼亚诸邦起义，反抗波斯对小亚细亚沿岸希腊城邦的统治。在起义中，雅典曾派兵给予援助。波斯镇压起义后，便以雅典援助起义为由，渡海入侵希腊。希腊－波斯战争爆发。公元前490年，波斯军队集聚到马拉松，扬言要夷平雅典，却遭到了在雅典指挥官米太亚德带领下的，雅典公民军队空前勇猛的打击。马拉松战役中，雅典人以少胜多，以弱胜强，打败了敌人，取得了鼓舞全希腊人的胜利。这对希腊文明的发展有重要的意义。

倒下的腓力普斯雕塑
这尊雕塑表现了马拉松战役后，精疲力竭的腓力普斯在倒下前昂首大喊"我们胜利了"的情景。

■ 温泉关战役

公元前480年，在中希腊的主要隘口温泉关，希腊和波斯进行了一次大战。希腊守关部队决心在此与国土共存亡。面对波斯军队的前后夹击，斯巴达王列奥尼达命主力部队安全转移后方，自己则带领300斯巴达勇士和400底比斯人、700特斯皮亚人留下死守温泉关，鏖战数日后以全部牺牲的代价消灭了两万波斯军队。此战为希腊全军树立了榜样，鼓舞了整个民族的战斗意志。从战略布置上看，这场守卫战也是成功的，它为联军主力在后方的集结和希腊舰队驻防于萨拉米湾赢得了宝贵的时间。

◆ "三十暴君"统治建立
斯巴达统帅来山进入雅典城，建立"三十暴君"统治。

■ 萨拉米斯战役

公元前480年9月，雅典300多艘战舰在萨拉米湾集结，希腊海军统帅特米斯托克利斯派人假装逃兵，向波斯王薛西斯谎称雅典舰队内讧，让波斯军队接应。薛西斯不知是计，下令波斯海军全部600多艘巨型战舰尽数驶进海湾，萨拉米斯海战正式打响。萨拉米斯位于雅典西南，水域狭窄，以雅典舰队为主的希腊海军利用有利地形，充分发挥自己的战舰灵活机动的特点，重创波斯舰队，一举扭转了战局。至此，薛西斯再也无心恋战，匆忙撤回亚洲，波斯彻底丧失了在爱琴海的制海权，希腊取得了胜利。

■ 希波停战协定

公元前449年，雅典与波斯都苦于难以彻底战胜对方，不得不握手言和，签署停战协定。波斯承认小亚细亚各希腊城邦的独立，放弃对爱琴海的控制权，并承诺不再派军舰进入爱琴海；雅典不干预波斯对其属地的统治，不再插手埃及事务。希波战争宣告结束。

■ 希波战争的影响

希波战争对波斯帝国来说是由盛而衰的转折点。从此，波斯失去了在欧洲扩张的机会。而希腊的经济和政治却由此趋向极盛，希腊城邦间的政治关系有了极大的改变。斯巴达一家称霸的局面被打破，雅典成为与之相竞争的地区霸主。战争还促进了希腊城邦政治制度的发展，雅典第四等级公民大量在海军服役，为战争做出了巨大贡献，从而提高了政治地位，希腊的民主政治进一步完善。随着雅典霸权的确立，雅典式的民主政体在其附属城邦广泛传播，给寡头制和贵族制以沉重打击。雅典达到空前繁荣，为日后的西方文明奠定了坚实的基础。希波战争之后，世界文明发展的格局便逐渐形成东西方并立之势，且一直延续至今。

※ 希腊城邦的兴衰

希波战争结束后，希腊各城邦的经济发展极不平衡，相当多的城邦经济发展水平落后，手工业发展缓慢，基本上被排除在海上贸易之外。但另外一些城邦如雅典、米利都、麦加拉、科林斯、叙拉古等，手工业和商业发展程度较高，社会经济在希波战争后，进入了繁荣时期。

列奥尼达在温泉关
这是一幅法国画家雅克·路易·大卫的传世名作。列奥尼达是古代斯巴达国王，于公元前480年率300勇士抵抗波斯人的侵略，因守卫温泉关而英勇牺牲。

【百科链接】

马拉松赛跑：
据说，当雅典军队在马拉松平原打败波斯军队后，为了把胜利的喜讯迅速告诉雅典人，米太亚德派士兵腓力普斯由马拉松平原跑回雅典报捷。这40千米左右的路程，腓力普斯未有片刻停顿。他以最快的速度冲入雅典中央广场，对着人们高喊："大家欢乐吧，我们胜利了！"之后就倒在地上牺牲了。为了纪念马拉松战役的胜利，表彰腓力普斯的功绩，1896年在雅典举行的第一届现代奥林匹克运动会上，设立了马拉松赛跑项目。

◆ 亚里士多德
古希腊哲学家，创立逍遥学派，建立"实体论"哲学体系。

■ 奴隶制经济的繁荣

古典时代希腊社会经济的突出特点是地区发展极不平衡。一方面，在少数城邦中，手工业、商业及金融业高度发达，奴隶劳动被广泛应用于生产领域。另一方面，多数城邦仍保持着古风时代的面貌，自给自足的自然经济继续占据优势地位。

同时，以雅典为代表的希腊奴隶制经济已臻发达阶段，大致表现在：希腊使用奴隶劳动虽然很普遍，但以小规模为主，可称为大奴隶主的公民和小奴隶主之间的差别不是很大；各等级在国民经济中的重要地位以第三等级为首，即在希腊奴隶制经济中，占优势的是小农和小作坊经济，这与东方之王室、贵族、神庙经济占主导地位不同；奴隶劳动被用于商品生产的比重较大；希腊各邦一般不以本邦公民为奴，所使用的奴隶都是外邦人。

■ 雅典海上霸权

因希波战争而缔结的提洛同盟，在战争结束后逐渐变质，最终成为雅典控制同盟各邦的工具。自行退盟的城邦遭到雅典的残酷镇压，盟金份额和使用完全由雅典决定，各邦在军事、外交以及政治经济制度方面都得按雅典意旨行事。入盟各邦按地域分为五个纳税区，实际上是雅典的监督控制区。除了军事暴力统治外，雅典还通过在各邦议会和政府中派人常驻甚至担任要职支持各邦倾向雅典的政派、干涉各邦司法等手段在政治、经济、文化各方面加强对同盟各邦的控制。由此，雅典确立了自己的海上霸权，这为雅典自身的发展提供了条件，是雅典在公元前5世纪经济文化全面繁荣的一个重要因素。

■ "伯里克利时代"

公元前457年，在平民政治家、执政官伯里克利的倡导下，执政官当选资格进一步下移到第三等级公民。公元前443年，伯里克利成为首席将军，并连任此职多年。在他的领导下，民主制更加完善，当选高级公职的财产资格限制虽然未正式废除，但实际已失去意义。历史上把雅典的这一时期称为"伯里克利时代"。

【百科链接】

提洛同盟：

公元前478年冬，小亚细亚、爱琴海岛屿、色雷斯沿岸诸邦代表与雅典代表会聚提洛岛，正式结盟，史称"提洛同盟"。入盟各邦原则上一律平等，在盟会上都有一票表决权，并设立共同的金库。但由于雅典拥有绝对军事优势，因而它掌握盟军指挥权，实际控制了同盟。公元前476年至前454年，一些城邦试图退出同盟，遭到雅典镇压，同盟至此成为雅典控制外邦的工具，盟金转变为雅典的财政收入。提洛同盟的形成，为希腊在希波战争中的胜利发挥了重要作用。

波斯士兵巨石浮雕
尚武好斗的波斯人在希波战争中尝到了失败的滋味，被希腊人赶出了希腊本土。

◆ 印度难陀王朝
恒河流域逐渐走向统一。

古代世界篇

■ 伯罗奔尼撒战争

雅典的霸权不断受到来自其他城邦，尤其是以斯巴达为首的伯罗奔尼撒同盟的严重挑战。双方的冲突最终引起了希腊世界内部相残的伯罗奔尼撒战争（公元前431~前404年）。最终，雅典在伯罗奔尼撒战争中落败，斯巴达取代雅典成为希腊霸主。

■ 新一轮的城邦争霸

伯罗奔尼撒战争后，斯巴达成为希腊霸主，新的矛盾也随之产生。一方面是失败的雅典和原提洛同盟各邦的不满以及伯罗奔尼撒同盟内的科林斯、底比斯等大邦对斯巴达独断专横的抵制；另一方面是波斯从中利用，挑拨离间。各邦的混战和同盟的分合层出不穷，他们始终未能找到摆脱战乱和危机的途径。城邦体制的生命力已濒临枯竭，而城邦危机却为马其顿王国的兴起提供了极大的便利。

■ 忒拜的霸权

忒拜在民主派领袖佩罗庇达和伊帕密南达相继执政后，渐趋强盛，并恢复了以它为首的彼奥提亚同盟，逐渐取代了斯巴达的霸主地位。公元前371年，忒拜在留克特拉一役痛歼斯巴达军，次年冲入伯罗奔尼撒，解散其同盟。斯巴达虽未亡国，却已失去一切强权地位。但忒拜的霸权也未能长久，当时乘机组成第二次海上同盟的雅典又对忒拜的强大深感不安，反而和斯巴达联合以抵制忒拜。在公元前362年的曼丁尼亚战役中，忒拜主将伊帕密南达阵亡，忒拜的霸权迅速瓦解。

伯里克利像

伯里克利是古代雅典首席将军，古希腊奴隶主民主政治的杰出代表。他统治时期的雅典，被称为希腊的"黄金时代"。据说伯里克利经常到公共场所和普通百姓交谈，听取他们的意见。遇到反对他的人当面辱骂他，他也从不动怒，而是以理服人。

帕特农神庙遗址

帕特农神庙是雅典卫城的主体建筑，为歌颂雅典战胜波斯侵略者的胜利而建，是一座长方形建筑物，巍峨耸立，光彩照人。如今庙顶坍塌，雕像无存，浮雕也剥蚀严重，但从巍然屹立的柱廊中，依然可以想见神庙当年的风姿。

57

伊壁鸠鲁
古希腊哲学家，创立伊壁鸠鲁学派，提出"原子自动偏斜运动"学说。

※ 马其顿－亚历山大帝国

亚历山大的马其顿帝国是世界历史上一个地跨欧、亚、非三洲的大帝国。亚历山大的东征，促进了东西方文化的交流。东方的城市出现了优美的希腊式雕塑和建筑，东方的天文学和数学知识也传入了西方，丰富了西方的知识宝库。亚历山大的东征，还开辟了东西方贸易的通道。亚历山大在东方建立的几十座城市逐渐发展成为东西方贸易的商业中心。

■ 马其顿的兴起

马其顿位于希腊蛮荒的北部边陲，在公元前5世纪后期至前4世纪初期，逐渐形成了城邦。国王阿刻劳斯时期，马其顿城邦初具规模。阿刻劳斯国王文武兼修，改革军事，开辟道路，兴建城镇，发展教育，大力提倡希腊文化。马其顿的真正强大是在腓力二世统治时期。腓力二世大刀阔斧地对政治、经济、军事等进行改革。在他苦心经营下，马其顿很快强大起来，为将来的扩张打下了坚实的基础。

古希腊雕塑 格斗中的雅典战士浮雕

■ 征服希腊各邦

公元前355年爆发的"神圣战争"给腓力插手希腊城邦事务提供了机会。公元前338年，以雅典和忒拜为主的希腊联军在彼奥提亚的喀罗尼亚与马其顿军队决战，联军大败，反马其顿同盟彻底失败。战后，希腊各邦被迫承认马其顿的霸主地位；马其顿军队进驻希腊各战略要地，以维持自己对希腊的统治。

■ 亚历山大东征

公元前334年春，亚历山大渡过赫勒斯滂（今达达尼尔）海峡，拉开了长达10年的东征的序幕。在格拉尼库斯河畔的首次会战，马其顿大胜波斯，轻取整个小亚细亚，拿下腓尼基和巴勒斯坦，兵不血刃地占领了上下埃及。公元前331年春，亚历山大率军进入两河流域北部，10月同号称百万的波斯军决战于高加米拉，大败波斯，使其从此丧失了抵抗能力。公元前330年，亚历山大占领波斯全境，灭亡波斯帝国。公元前329年，亚历山大率军穿越兴都库什山，直至中亚锡尔河一带。公元前327年，亚历山大侵入印度河上游。公元前324年初，东征结束。

【百科链接】

平等者公社的解体：

伯罗奔尼撒战争结束后，斯巴达获得前所未有的荣誉、财富和权力。来库古改革创立的公民平等原则和艰苦奋斗的传统被经济发达国家的文化和财富迅速冲垮，人们疯狂地追逐钱财，积蓄家产。不同的财产代表不同的利益，不同的利益产生不同的集团，平等者不再平等，公平的原则被抛弃，斯巴达开始了无可挽回的衰落。公元前4世纪初，原属国有的公民份地可以正式转让，土地私有化得到公开承认。

伊瑞克提翁神殿
位于帕特农神庙的对面。传说是雅典娜和海神波塞冬为争做雅典保护神而斗智的地方。是雅典卫城建筑中爱奥尼亚式建筑的代表，整体设计非常精巧。

◆ 喀罗尼亚战役
希腊联军大败，马其顿征服希腊。

古代世界篇

■ 帝国的分裂

公元前323年，亚历山大突然病故，时年33岁。庞大的帝国在他死后迅速解体。至公元前301年，帝国已分裂为一些独立王国，其中以亚历山大部将建立的托勒密王国、塞琉古王国和马其顿王国最为强大。

亚历山大大帝肖像
亚历山大大帝是一位非常英勇善战的领导者，曾经多次在战斗中冒着生命危险顽强作战。但是他却没有为自己安排和培养接班人，这也是他死后波斯帝国迅速瓦解的主要原因。

※ 希腊化时代

自亚历山大帝国崩溃到埃及托勒密王朝灭亡这段时间，是希腊文化在北非、西亚广泛传播的时期，也是希腊文化和东方文化广泛交流的时期。这一时期因此被称作"希腊化时代"。

■ 安提柯王朝的兴亡

亚历山大死后，马其顿和希腊的统治权掌握在亚历山大的将领安提帕特手中，后来又被德米特里所取得。公元前276年，德米特里的儿子安提柯·贡那特成为马其顿国王，建立了安提柯王朝。在其统治下，马其顿的经济因内外战争以及移民、对外贸易的发展而发生了很大变化，大土地所有制得到发展，城市也日益兴盛。在政治制度方面，安提柯王朝是王国与共和城邦的混合体，对内加强镇压反马其顿运动，巩固其在希腊

的霸权；对外则与埃及、叙利亚争夺对爱琴海的控制权。安提柯王朝先后征服了优卑亚和麦加拉，迫使南希腊的一些城市归附，同时派军驻扎于重要的希腊城邦。但是，希腊城邦的反马其顿斗争并没有因此停息。公元前2世纪中叶，安提柯王朝被新兴的罗马征服。

■ 塞琉古王国

塞琉古王国由塞琉古一世建立，是希腊化国家中领土最大的一个。王国全盛时的辖区包括西亚、中亚、小亚细亚以及印度的部分地区，稳定的统治区是叙利亚，首都安条克坐落于此，因此又有"叙利亚王国"之称。塞琉古王国国土广袤，民族众多，文化传统各异，社会发展的阶段参差不齐。公元前64年，塞琉古王国亡于罗马大将庞培。

【百科链接】

亚历山大：
亚历山大（公元前356~前323年），古代马其顿国王，世界古代史上著名的军事家和政治家。他足智多谋，在担任马其顿国王的13年中，以其雄才大略，东征西讨，先是确立了在全希腊的统治地位，后又灭亡了波斯帝国。在横跨欧、亚、非的辽阔土地上，建立起一个西起希腊、马其顿，东到印度恒河流域，南临尼罗河第一瀑布，北至药杀水的，以巴比伦为首都的庞大帝国，创下了前无古人的辉煌业绩。他的一生，对东西方文化的交流和经济的发展，乃至人类社会的进步产生了重大的影响。

亚历山大大帝石棺上的浮雕
亚历山大大帝石棺出土于腓尼基的西顿城，现存于伊斯坦布尔考古博物馆，棺椁上的浮雕表现的是其生前率军远征时的壮观景象。

59

◆ 亚历山大东侵
马其顿等国对波斯帝国等东方民族的侵略战争。

■托勒密王朝

公元前305年，亚历山大的部将托勒密在埃及正式称王，为托勒密一世，开创了埃及历史上的托勒密王朝。公元前3世纪是托勒密王朝的全盛时期，农业在经济发展中占据主要地位，手工业和商业的发展水平超过前代。公元前30年，托勒密王朝被罗马灭亡。

※ 古希腊文化

在世界文明史上，古希腊文明以它那特异的风采与卓越的成就享誉后世，以至有"言必称希腊"之说。古希腊在文化方面达到了人类文明的一个高峰，其光辉夺目的业绩被学术界称为"希腊的奇迹"。

亚里士多德肖像
亚里士多德是柏拉图的学生，亚历山大的老师，百科全书式的科学家、哲学家、教育家。他的思想曾经统治过全欧洲，恩格斯称他是"最博学的人"。

■群星闪耀的哲学

希腊最早的哲学是自然哲学。泰勒斯是第一位自然哲学家，创立了唯物主义世界观，被西方世界誉为"哲学之父"。毕达哥拉斯是目前所知的第一个使用"哲学"一词的人，特别强调和谐统一，创立了"毕达哥拉斯学派"。赫拉克利特继承和发扬光大了朴素唯物主义，提出了普遍规律、辩证认识、感性认识和理性认识等命题。巴门尼德是第一个明确提出思维与存在的区别的人，使希腊哲学达到逻辑思维的新高度。芝诺则创造了"斯多葛主义"，宣扬克己修身、服从命运的哲学。德摩克利特的哲学的基本内核是原子论，代表着古代唯物主义哲学发展的高峰。苏格拉底是开辟希腊哲学研究新方向的划时代思想家，他把人自身作为哲学研究的中心。柏拉图著有《理想国》等，其哲学思想核心"理念论"成为西方唯心主义思想的主要源头。亚里士多德是集古希腊科学文化知识之大成的渊博学者，哲学到他的手里才真正成为一门独立的学科，他确立了形而上学的原因论。伊壁鸠鲁是晚期希腊唯物主义哲学流派的杰出代表，他认为原子有重量的差异，强调感性认识的作用。

柏拉图塑像
柏拉图是西方客观唯心主义的创始人，其哲学体系博大精深。他提出了一种"理念论"和回忆说的"认识论"，并以此作为其教学理论的哲学基础。

【延伸阅读】

亚历山大里亚是一座什么样的城市？

亚历山大里亚自公元前331年建城以后，历经托勒密诸王经营，成为当时整个地中海地区最大的城市，也是地中海地区和东方各国贸易和文化交流的中心。城内设立的图书馆和博物馆是当时的学术中心，有各种手抄本书籍70万卷，包括了几乎所有的古代希腊的著作和一部分东方文化的典籍，对古代文化的保存和流传起了很大作用。博物馆设文学、数学、天文和医学四个部门，希腊著名科学家欧几里得、埃拉托斯特尼、希帕卡斯，文学家卡利马科斯等都在这里取得了辉煌的学术成就。

◆ 伊苏斯战役
马其顿和波斯在伊苏斯（今土耳其伊斯肯德仑北）进行的一次交战。

古代世界篇

■ 宗教与神话

古希腊宗教始终处于多神教阶段，古希腊时期兴建的各种神灵的神庙、举办的节庆祭典多种多样，其中奥林匹亚众神家族是最富影响的神祇系统。古希腊宗教的突出特点是神与人不仅同形，而且同性。希腊宗教对希腊人的日常生活、思维和行为方式都产生了巨大影响，促成了希腊人独立自主的民族品格。希腊神话与原始宗教密切交织在一起，但又各自保持了相对的独立性。宗教总是竭力证明神的万能，人在神面前的软弱无力，诱导人们对神的迷信；而希腊神话却鼓励人们同神的意愿及命运抗争，成为自己的主宰。丰富的神话是聪慧的希腊人的伟大创造，也是希腊艺术成长的肥沃土壤。

■ 古希腊文学

古希腊文学是指古代希腊世界的文学。广义的古希腊文学涵盖了从希腊社会氏族制时期到希腊化时代的文学，持续时间近1000年。古希腊文学是整个西方文学的源头，也是欧洲文学的第一个高峰。

古希腊文学表现了古希腊人对宇宙、自然与人生的理解与思考，蕴含着他们较为原始的精神、心理、情感和文化的内容。外部世界的神秘莫测，大自然的不可驾驭，人生的变幻无常，使他们形成了带有宗教宿命色彩的"命运观"。在文学中体现为命运对人具有绝对的控制力，人必须服从于命运，但又可以在命运的范围内发挥最大的潜能，随心所欲地去做想做的事。

古希腊文学中的神和人都具有自由奔放、独立不羁、狂欢取乐、享受人生的个体本位意识，在困难面前表现出百折不挠的斗

《雅典学院》（局部）
拉斐尔的名作，现收藏于罗马圣彼得教堂梵蒂冈教皇宫。画家以古希腊哲学家柏拉图所建的雅典学院为题，以古代七种自由艺术——语法、修辞、逻辑、数学、几何、音乐、天文为基础，表彰了人类对智慧和真理的追求。

争精神。命运给古希腊人带来了困惑与恐惧，也培养了他们的自我意识和个体精神。他们在与命运的抗争中激发出了蓬勃的生命活力。古希腊文学正是在描写人对现世价值的追求、与命运的矛盾和抗争中展示了人性的活泼与美丽，表现了人类童年时期的自由、乐观与浪漫。生命意识、人本意识和自由观念是古希腊文学的基本精神，以后也成了西方文学和文化的基本内核。

最初的古希腊文学属口头文学，目前确切可知的最早的作品是《荷马史诗》。公元前8世纪末到公元前7世纪初，赫西俄德开创写实之风，写就史诗《神谱》和《工作与时日》。其后希腊出现了一批写实诗歌，梭伦、提尔泰的政治诗，女诗人萨福的抒情诗是其中的佳作。公元前6世纪，希腊出现了散文记事家，以文字记录的故事与口头故事相对应，代表作有《伊索寓言》。

宙斯像
在希腊神话中，宙斯既是众神之王也是人类之王，古希腊人往往描绘他坐在精致的宝座上，肃穆的头部表现出驾驭风暴的力量，同时也显示着控制星空的能力。

61

◆ 波斯帝国灭亡
亚历山大攻陷波斯帝国都城。

■ 古希腊史学

古希腊史学是西方古典史学的核心，是整个西方史学的本源。古希腊史学家给后世留下了宝贵的财富。古希腊的三大史学家分别是希罗多德、修昔底德、色诺芬。

希罗多德写有《历史》一书，被后世西方学者称为"史学之父"；修昔底德倾向于真实地记录历史事件，著有《伯罗奔尼撒战争史》，体现了全面的史学观；色诺芬是古希腊的多产史学家，他的代表作主要有《希腊史》和《长征记》。

希腊文明后期的波里比阿对史学理论的发展有重要贡献，主要体现在：视野的扩大，由原来的希腊世界扩大到了范围更广泛的罗马世界；历史思想的发展，非常重视历史的实用性；历史分类方法的进步，提出了相当合乎科学要求的史学分类方法。他的代表作是《通史》。

这一时期历史著作的体例大为增加，出现了年代记、回忆录、人物传记、国别史、世界性通史、断代史，以及区别于政治史的文明史。其中最著名的有阿卡亚同盟首领阿拉图斯的回忆录（30多卷）、埃及人曼涅托的《埃及史》、巴比伦人贝鲁苏斯的《巴比伦史》、狄凯尔库斯的《希腊生活》等。

■ 悲剧和喜剧

希腊人主要创造出悲剧和喜剧两种戏剧形式。

古希腊悲剧起源于祭祀酒神狄奥尼索斯的庆典活动。在古希腊世界漫长的演进过程中，这种原始的祭祀活动逐渐发展成一种有合唱歌队伴奏、有演员表演并依靠幕布、背景、面具等塑造环境的艺术样式，这就是西方戏剧的雏形。

最早的悲剧作家包括"戏剧之父"忒斯庇斯、最先在戏剧中引入面具的科里洛斯等。而真正确立悲剧为一种文学艺术形式的人是埃斯库罗斯，他留下了《被缚的普罗米修斯》、《俄瑞斯特亚》三部曲等不朽作品，享有"悲剧之父"的美称。而索福克勒斯的《俄狄浦斯王》《安提戈涅》，欧里庇得斯的《希波吕托斯》《特洛伊妇女》等，也都是当时最著名的悲剧作品。

古希腊喜剧起源于祭祀酒神的狂欢歌舞和民间滑稽戏。公元前487年，雅典正式确定在春季酒神节庆中增加喜剧竞赛项目。古希腊喜剧题材现实性强，多是政治讽刺或生活讽刺剧，产生于言论比较自由的民主政治繁荣时期。这一时期的喜剧具有较强的批判性，尤其擅长讽刺当权人物。

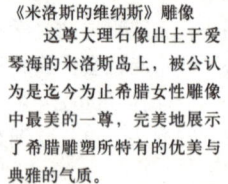

《米洛斯的维纳斯》雕像
这尊大理石像出土于爱琴海的米洛斯岛上，被公认为是迄今为止希腊女性雕像中最美的一尊，完美地展示了希腊雕塑所特有的优美与典雅的气质。

公元前5世纪雅典曾产生过三大喜剧诗人，分别是克拉提诺斯、欧波利斯和最杰出的喜剧作家阿里斯托芬，但只有阿里斯托芬有作品传世。他被誉为"喜剧之父"，著作现存的有《阿卡奈人》《骑士》《云》《鸟》《蛙》等11部。

■ 建筑和美术

建筑和美术在希腊是紧密结合在一起的。最能体现希腊人建筑艺术成就的是神庙建筑。神庙的显著特点是圆柱柱廊和三角形的山墙以及装饰性雕刻。在古风时代，希腊形成了两种标准化的柱式——多利安式和爱奥尼亚式。在古典时代还形成了一种新式的科林斯式。

◆ 埃及托勒密王朝
亚历山大死后，其部将托勒密在埃及建立的王朝。

希腊最著名的雕刻家有三位：菲迪亚斯、米隆和波利克里托斯。菲迪亚斯是古典兴盛期最伟大的雕刻家，他的代表作是《雅典娜像》和奥林匹亚神庙中的《宙斯像》，其艺术特点是秀雅自然，高贵完美。

米隆以创作青铜雕像而闻名，善于运用写实的手法创造性地刻画人物在剧烈运动中的动态，尤擅长刻画运动着的人体。他在雕塑中所体现出来的完美的艺术技巧，甚至令许多后世的雕塑家们望尘莫及。其代表作是雕塑《掷铁饼者》。

波利克里托斯确立了描绘人体身高、年龄等的一系列基本规则，并著有总结性的雕刻理论著作。其代表作是雕塑《执矛者》。

另外，希腊的瓶画艺术也十分出色，如红色彩陶以红色做底，用黑色线条表现栩栩如生的生活场景、人物活动、神话故事等内容，绘画技巧属古代一流。

希波克拉底头像　古希腊著名医生，在西方被尊为"医学之父"，提出"体液学说"，认为人体由血液、黏液、黄胆和黑胆四种体液组成。

■ 数学与天文学

毕达哥拉斯首先发现"勾股弦定理"，指出奇数和偶数的区别，发现了无理数。欧几里得是亚历山大里亚数学学派的奠基人，其名著《几何原本》至今仍为科学界所肯定。阿基米得是数学家兼物理学家，是力学、流体力学的奠基人。他把数学引入物理学，成为近代物理学的先驱。古希腊天文学在古埃及、巴比伦天文学的基础上又达到了新的高度。阿里斯塔克著有《论日月之大小及与地球之距离》，提出了"太阳中心说"。希帕卡斯则利用几何的推理解释太阳表象运动，提出"地球中心说"，还制定了列有1020个星宿的星表，并且首次发现了岁差。

■ 医学与生物学

希腊的医学、人体解剖学也达到了较高的水平。据说毕达哥拉斯学派的阿尔克芒不但认识到大脑的思维与感觉功能，还研究过人体解剖。古希腊最著名的医生是希波克拉底，他提出了"体液学说"，认为人体由血液、黏液、黄胆和黑胆四种体液组成，四者的不同配合使人有不同的体质。他的平衡医学理论和处理内外科病症的经验具有很高的价值，而他确立的医生职业道德更是流传至今。

此外，赫罗菲拉斯写有《论解剖学》等著作，他已注意到动脉和静脉的区别，认为大脑是神经系统的中心。赫拉希斯特拉塔对医学生理进行过开创性研究，他详细观察了动脉和静脉的分布，并注意到微血管的状态，能准确地描述出心脏半月瓣、二尖瓣和三尖瓣的位置。

在生物学领域，古希腊人提出了生命起源于自然界的假说。植物学和农学方面的代表是提奥弗拉斯托，他对多种植物进行了描述和分类，还详细研究过与农业生产相关的土壤结构、水利设施、肥料效能、种子质量、工具修造等问题。

【百科链接】

地理学：
　　古希腊人在地理知识方面的研究也颇有成就。埃拉托斯特尼首先使用了"地理学"一词，著有《地理学概论》，并附有绘制的世界地图。他是历史上第一个用正确的数学方法准确测出地球周长和直径的人，还曾通过观察太阳高度的变化测量出了黄道倾角。

毕达哥拉斯画像
　　古希腊数学家、哲学家，最早悟出万事万物背后都有数的法则在起作用，他曾说："无论是解说外在物质世界，还是描写内在精神世界，都不能没有数学！"

古代世界篇

63

◆ 阿基米得
古希腊数学家、物理学家和天文学家，著有《论量圆》。

古罗马文明

古罗马通常指从公元前10世纪初在亚平宁半岛中部兴起，历经罗马王政时代、罗马共和国，于公元前1世纪前后扩张至横跨欧洲、亚洲、非洲的罗马帝国。古罗马文明的发展晚于西亚各古代国家

地中海沿岸风光
地中海指介于亚、非、欧三洲之间的广阔水域，是世界上最大的陆间海。因其优越的地理位置，自古就是海上交通和贸易的要道。

和埃及、希腊。在建立和统治庞大国家的过程中，古罗马广泛融合东方文明特别是希腊文化的精华，形成自己的文明。

古罗马建立了复杂的国家管理机构和周密的法律体系，在军事战略、作战技术和战争机械等方面有不少创新和建树；在农业科学、数学、物理学、天文学、医学等方面都取得了很大的成就；在文学、史学、雕塑、绘画、建筑技术（包括道路建筑、城市输水工程、广场、庙宇、凯旋门、纪念碑、浴堂）等方面都留下了许多宏伟的遗迹。古希腊许多杰出的艺术作品正是靠罗马时代的复制而流传后世的。

■ 文明的萌芽

公元前10世纪至前7世纪，亚平宁半岛呈多民族、多元文化交织的状态。亚平宁半岛是古罗马文明的发祥地，其地理和自然条件对于古罗马的形成和发展产生过很大的影响。在罗马发展为城市并建立自己的政治和文化的过程中，罗马人极大地仿效了邻近埃特鲁里亚文明。

■ 亚平宁半岛

意大利是古代罗马国家的发祥地，它地处深入地中海的一个靴形半岛上——因亚平宁山脉纵贯全境而被称为"亚平宁半岛"。半岛东临亚德里亚海，南濒爱奥尼亚海，西接第勒尼安海，北面高耸着阿尔卑斯山，这样的地理环境构成了它和中欧、西欧的天然屏障。

亚平宁半岛
位于意大利南部，突出于地中海中部，西临第勒尼安海，东滨亚德里亚海和爱奥尼亚海，北以阿尔卑斯山脉同中欧、西欧相连。

意大利半岛属地中海气候，温和多雨，年平均气温较高，少酷暑和严寒。境内河流纵横，土地肥沃，有利于农牧业的发展。意大利的海岸线虽长，但缺少良港，早期的航海业不如古希腊沿海诸国发达。

◆ 法罗斯灯塔建成
古埃及亚历山大城港口的法罗斯灯塔是世界古代七大奇迹之一。

古代世界篇

■ 古代地中海

地中海是世界上最古老的陆间海，地处欧亚大陆和非洲大陆的交界处，是世界的强烈地震带之一，有维苏威火山、埃特纳火山等。作为陆间海，地中海比较平静，加之海岸线曲折，岛屿众多，拥有许多天然良好的港口，是沟通三个大洲的交通要道。从古代开始，地中海的海上贸易就很繁荣，成了古埃及文明、古希腊文明和罗马帝国的摇篮，所孕育的腓尼基人、克里特人、希腊人，以及后来的葡萄牙人和西班牙人都是航海业发达的民族。著名的航海家如哥伦布、达·伽马、麦哲伦等都出自地中海沿岸的国家。

■ 埃特鲁里亚文明

公元前8世纪至前7世纪，埃特鲁里亚人逐步过渡到阶级社会。大约在公元前7世纪，埃特鲁里亚出现了城市国家。公元前6世纪，埃特鲁里亚的势力达到鼎盛。埃特鲁里亚人吸收古代东方国家和希腊文化，在当时创造了较高的文明，对罗马的发展产生了重要影响。埃特鲁里亚人先进的生产工具和技术，促进了公元前6世纪罗马经济的高涨。他们擅长建筑和其他工商业，也对罗马城的兴建和繁荣起到了重要作用。埃特鲁里亚的城邦制度及其他社会制度，对罗马也有影响。在宗教方面，罗马尊奉的三位一体神、神像拟人化和占卜等，也是从埃特鲁里亚沿袭而来的。罗马社会生活中常见的诸如王和执政官的服饰与仪仗、凯旋仪式、角斗等，也都来自埃特鲁里亚。埃特鲁里亚文字至今尚未释读成功。他们借用希腊字母，然后又传授给罗马人，最终产生拉丁字母。后来拉丁字母又成为欧洲多种字母的基础。

※ 王政时代

从罗马城建立到共和国建立之间的历史阶段被称为罗马的"王政时代"。王政时代相当于希腊的英雄时代（荷马时代），是罗马人从氏族制向国家过渡的时期。

母狼哺婴像
传说特洛伊王子的后代罗慕路斯和雷慕斯出生不久便被坏人抛到河中，一头母狼发现了兄弟俩，并喂养他们。兄弟俩长大后在台伯河畔建起一座新城，这就是罗马城。

■ 罗马城起源的传说

一切民族和国家起源的历史都难免和神话传说混杂在一起，罗马城的起源也不例外。传说，罗马人的始祖是特洛伊战争时期特洛伊城的英雄埃涅阿斯。特洛伊陷落后，埃涅阿斯背父出逃，最后渡海到意大利，并娶当地国王拉丁努斯之女为妻。埃涅阿斯死后，其子阿斯卡尼阿斯在拉丁姆建成阿尔巴·隆加城。此后王位代代相传，当传到依米多尔的时候，王位被其弟阿穆留斯篡夺。阿穆留斯为了防止哥哥的后代报仇，下令杀死了自己的侄子，并强迫侄女西尔维娅去做女祭司。后西尔维娅为战神所

埃特鲁里亚陶棺上的夫妇像
该陶棺造于公元前6世纪，表现了一对夫妇躺卧在沙发上，仿佛正在同宴会上的客人交谈。他们的动作和神态都体现出一种轻松的气氛，同时也表现出夫妻间亲密无间的关系。

65

◆ 阿育王
古印度孔雀王朝第三代国王。立佛教为国教。对历史的影响居印度帝王之首。

爱，生下了一对孪生子。阿穆留斯又恨又怕，立即下令处死侄女，并派一个奴隶把孪生兄弟扔到河里。恰巧一只母狼来河边喝水，它闻声走过来嗅了嗅篮子里的孩子，不但没有把他们当作一顿丰盛的晚餐，反而用自己的乳汁来喂养他们。后来一个牧羊人发现了这对孪生兄弟，把他们带回家抚养。牧羊人还给他们起了名字，一个叫罗慕路斯，一个叫雷慕斯。他们长大后立志报仇，最终领导亚尔巴龙伽人民起义，推翻了残暴的阿穆留斯。后来他们在昔日遇救的地方建起了新城市，并以"罗慕路斯"的变音"罗马"命名这座新城。

塞尔维乌斯·图利乌斯像
公元前6世纪，罗马王政时代的第六代王塞尔维乌斯·图利乌斯（约公元前578～前534年）进行改革，罗马国家正式形成，罗马法也随之产生。

■ 王政时代的罗马

"王政时代"的管理机构主要有勒克斯（王）、元老院和库里亚大会三种。当时，由于铁器工具的普遍使用，农业生产效率大大提高，社会经济有了显著的发展，冶金、制革、制陶等开始成为独立的手工业部门。整个社会经济的发展、财富的积累，促进了私有制和阶级关系的产生，并预示古老的氏族制度已面临瓦解。

■ 塞尔维乌斯改革

王政时代后期，为了适应当时社会发展和对外扩张的需要，增强罗马的实力，调整社会内部关系，第六代王塞尔维乌斯实行了一系列改革：建立新的地域部落，代替原来按照血缘关系组织起来的3个氏族部落；对公民及其财产进行普查，在此基础上按财产多寡把公民划分为五个等级，并确定其相应的权利和义务；创设"森都利亚大会"，作为新的公民大会。塞尔维乌斯改革标志着罗马国家的产生。

※ 早期罗马共和国

王政时代的最后一个王——高傲者塔克文独断专横，压制打击贵族势力，使王和贵族的矛盾日趋尖锐。同时，他又不断对外扩张，大兴土木，加重了平民的负担。于是公元前509年贵族联合平民发动暴动，推翻了塔克文家族的统治，结束了王政时代。从此，罗马历史进入了一个新的时代，即"共和时代"。

■ 平民对贵族的斗争

塞尔维乌斯改革以后，平民虽然可以按财产资格参加百人队会议，但政权仍操纵在贵族手里。平民和贵族的矛盾焦点是土地问题和债务问题，广大平民（尤其是平民中的上层）为了争取和维护自己的切身利益，迫切要求参与国家大事的管理，打破贵族门阀垄断政权的局面。因而，他们同贵族进行了长期的斗争。

元老院上的题铭
罗马共和国实行元老院、执政官和部族会议三权分立，掌握国家实权的元老院由贵族组成。图为罗马元老院大门上方的铭文。

◆ 迦太基统帅汉尼拔
在第二次布匿战争中率部大败罗马军队。后服毒自杀。

古代世界篇

■ 保民官的设立

平民对贵族斗争的第一个胜利是平民保民官的设立。共和国初年，平民因债台高筑而处境艰难，开始拒服兵役，贵族被迫减轻平民的债务负担，并承认平民有权选出两名平民保民官，以保护平民的利益。不论元老院的决议还是高级长官（独裁官除外）的命令，若损害到平民利益，保民官皆能行使否决权。保民官虽非正式官员，但可以旁听元老院会议，由部落大会选举产生。保民官制在平民和贵族的斗争中起到了重要的作用。

古罗马徽章
SPQR是拉丁语Senatus Populus Que Romanus的首字母缩写词，意思是"元老院与罗马人民"。作为罗马共和国与罗马帝国的正式名称，"元老院与罗马人民"被纹饰在罗马军团的鹰旗以及古罗马很多公共场所。

■《十二铜表法》

共和国初期罗马并无成文法，所谓的"法律"成了贵族压迫平民的手段。公元前462年，平民保民官特兰梯留提议编纂成文法典。公元前452年至前450年，以阿皮乌·克劳狄为首的委员会编成十二表条文，并改组十人委员会，贵族和平民各占一半。因全部法律条文被镌于十二块铜牌之上，故得名《十二铜表法》。这是罗马的第一部成文法，对贵族的专横和滥用权力进行了一定的限制。《十二铜表法》是后世罗马法典乃至欧洲法学的渊源，它所使用的某些词语也为后世所沿用。

■ 征服意大利

经过百余年的侵略扩张，公元前265年，罗马几乎征服了整个意大利半岛，随后扩张至意大利境外。罗马根据被征服地区的各种不同情况，采取了"分而治之"的政策，依靠各部落和各地区上层社会贵族对意大利进行统治。此后，意大利成为罗马进一步对外扩张的基地，并为罗马奴隶制国家向更高阶段的发展创造了条件。

※ 罗马的征服战争

强大的罗马成为意大利的主人，极大地刺激了罗马奴隶主对外扩张的野心。到公元前2世纪后半叶时，罗马已成为地中海世界独一无二的霸主。罗马的大举扩张，深刻地改变了意大利的社会面貌，刺激了奴隶制经济的发展，但也造成各种社会矛盾空前激化，为共和国的覆亡埋下了伏笔。

■ 布匿战争

布匿战争指公元前264年至前146年古代罗马与迦太基之间的三次战争，因罗马人称迦太基人为"布匿"而得名。第一、二次布匿战争是作战双方为争夺西部地中海霸权而进行的扩张战争，第三次布匿战争则是罗马以强凌弱的侵略战争。公元前146年，罗马进军迦太基城，以强

《自杀的高卢人》塑像
作品表现的是被打败的高卢人首领为了不做敌方的阶下囚，勇敢地杀死爱妻后自杀。

67

◆ 第二次布匿战争中的坎尼会战
是罗马为争夺被汉尼拔占领的重要粮仓坎尼而与之进行的战役,以罗马全军覆没告终。

大的兵力破城而入,在迦太基设置了阿非利加行省。至此,独立的迦太基国家不复存在。在历时百余年的布匿战争期间,罗马在与迦太基及其盟友的反复争斗中,占领了欧、亚、非的广大地区,掠夺了大量奴隶和财富,这对罗马奴隶制社会内部阶级关系的变化、经济的发展以及地中海地区后来的历史命运,都产生了巨大的影响。

■ 在西班牙的扩张

第二次布匿战争之后,罗马取代迦太基控制了西班牙东南沿海地区。西班牙内地居住着许多自由部族,由于罗马的扩张、侵袭,他们不时发生反罗马的暴动。公元前147年,卢西塔尼亚部落的一个牧人维里阿萨斯领导起义,坚持了9年,多次击溃罗马军队。与此同时,西班牙北部的努曼西亚又发生反抗罗马的起义,直到公元前133年,努曼西亚人的起义才被暂时镇压下去。

■ 称霸地中海地区

经过三次布匿战争,迦太基被彻底毁灭,罗马的势力扩展到整个西部地中海地区。与此同时,罗马也不断向东部地中海扩张,经三次马其顿战争,征服马其顿并控制了整个希腊,又通过叙利亚战争和外交手段,控制了西亚的部分地区。至公元前2世纪下半叶,罗马已经扩张成为地跨欧、亚、非三洲的庞大共和国,地中海成了罗马的内湖。

【百科链接】

海上强国迦太基:

迦太基位于非洲北岸(今突尼斯境内),地处连接东西地中海的交通要道,港湾良好,土地肥沃,是一个绝佳的海上贸易据点。迦太基实行贵族寡头统治,除了贸易外,也从事殖民活动,公元前6世纪已成为西地中海最有势力的国家。其军事装备,特别是海军的军事装备,在当时是第一流的。

■ 罗马的战利品

公元前3世纪至前2世纪的一系列大规模侵略战争,不仅使罗马占领了地中海地区的广阔土地,而且掠夺了大批奴隶和巨额财富。这也促进了罗马公民集体的分化和解体。另外,战争促进了贵族势力的发展,奴隶制庄园经济迅速在罗马发展起来。

第二次布匿战争
第二次布匿战争是古罗马和迦太基之间的三次战争中最长的一场,爆发于公元前218年。迦太基统帅汉尼拔率步骑兵6万人、战象数十头,穿过高卢南部地区,翻越阿尔卑斯山,出其不意地粉碎了罗马人的阻击。

68

◆ 波里比阿
古希腊历史学家，著有《通史》。

古代世界篇

※ 罗马共和国的衰亡

罗马经数百年的扩张，终于成为地中海世界的霸主，但内部的各种矛盾也异常复杂。罗马奴隶主阶级为了维护并加强自己的统治，一再把权力集中在少数军事统帅手中，甚至集中到一个军事独裁者手里，最终导致罗马共和国被罗马帝国所取代。

■ 西西里奴隶起义

古罗马共和国后期，在西西里岛爆发了两次大规模奴隶起义。第一次起义爆发于公元前137年，攸努斯带领奴隶在恩那城起义，并与克里昂领导的奴隶起义队伍联合，得到贫苦农民的支持。起义军屡败罗马军队，建立新叙利亚王国，直到公元前132年才被罗马执政官提比留镇压下去。第二次起义爆发于公元前104年，赫拉克利亚城的奴隶首先起义，拥立萨维阿斯为王，后与雅典尼昂领导的另一支起义队伍在特里奥卡拉城会合，并定都于此，设立了议事会和民众大会。起义军转战西西里各地，屡败罗马军。萨维阿斯死后，雅典尼昂统率全军。公元前101年，雅典尼昂在决战中阵亡，余部坚持战斗，但最终失败。

■ 格拉古兄弟改革

罗马共和国扩张为地中海霸主的时代，土地集

古罗马出海图
利用居于沿海地带的位置优势，古罗马人以航海贸易为主要经济活动之一。

中严重，大批农民破产，社会矛盾日趋尖锐。公元前133年至前121年，古罗马政治家格拉古兄弟任保民官，他们先后推行了以土地为中心的改革活动。公元前133年，提比留当选保民官，规定公民每户所占公有土地不能超过一定的限额，超额土地由国家偿付地价收归国有，并划成块分给贫穷农民，由一个三人委员会负责分配土地。后来提比留被反对改革的元老院贵族阴谋杀害。公元前123年盖乌斯任保民官，他重申提比留的土地法，还提出了实行赈济城市贫民的粮食法和授予骑士司法权的审判法等内容广泛的法案。公元前121年，元老院贵族又阴谋杀害了盖乌斯及其追随者，但盖乌斯提出的法案大多被保留下来。格拉古兄弟改革，从单纯的土地立法发展为广泛的改革运动，冲击了贵族豪门的统治，对罗马社会的发展起到了促进作用。

迦太基遗址
迦太基坐落于非洲北海岸（今突尼斯），与罗马隔海相望，后因在第三次布匿战争中被罗马打败而灭亡。现在迦太基残存的遗迹多数是罗马人在占领迦太基时期重建的。

◆ 第二次布匿战争（扎玛会战）
迦太基与罗马在扎玛城的决战。汉尼拔失败，迦太基帝国走向没落。

■ "同盟者"战争

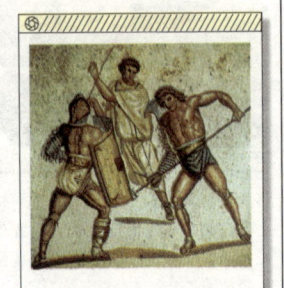

"同盟者"战争是公元前90年至前88年古罗马的同盟城市和部落为反对罗马特权和争取罗马公民权而发动的。罗马征服意大利后，一些战败部落和公社被置于名为同盟者实为附庸的地位，其居民无罗马公民权，却须负担罗马的军事和贡赋义务。公元前91年，主张授予同盟者以罗马公民权的罗马保民官德鲁苏斯被暗杀。鉴于合法斗争无望，同盟者愤而起义。阿斯库卢姆城首先起义，整个意大利，特别是中、南部地区都卷入了起义。起义军以科菲尼乌姆为首都建立国家，称为意大利，设元老院、执政官并自铸货币。公元前88年，同盟者起义失败，但此后，罗马人迫于形势，相继授予所有意大利人以罗马公民权。

古罗马角斗士
角斗士的社会地位比奴隶略高。他们经过严格训练，或两人一组互相格斗，或与野兽搏斗，场面十分血腥。

■ 苏拉独裁

苏拉是古罗马著名统帅，奴隶主贵族政治家。公元前88年，苏拉不满于自己被解除兵权而发动兵变，攻下罗马。与米特拉达特斯、希腊、喀罗尼亚和奥尔霍门涅斯等之间的战争结束后，苏拉又击败国内民主派及其首领萨谟尼安人等反对势力。国内外局势渐趋安定，苏拉便提出"宪政改革"，并当选为独裁官。独裁官任期不限，集立法、行政、司法、经济、军事等大权于一身。苏拉依靠军队实行独裁统治，给共和制度以沉重打击，为日后恺撒等人的独裁开了先河。

■ 斯巴达克起义

斯巴达克是色雷斯人，被罗马军队俘虏后沦为角斗士。公元前73年，他密谋暴动，逃亡奴隶纷纷归附，起义队伍迅速扩大，屡败罗马军，活动范围几乎遍及意大利南部。公元前72年，斯巴达克率军北上，频频取胜。公元前71年，奉命镇压起义的克拉苏·迪弗斯在布鲁提乌姆挖掘了横亘整个布鲁提乌姆半岛地峡的壕沟围困起义军。起义军突破封锁线，向布鲁提伊进发受阻，被迫折回迎战克拉苏。但在阿普利亚决战中，克拉苏得到从伊比利亚半岛归来的庞培的增援，起义军惨遭失败，斯巴达克牺牲。

■ 前三头同盟

共和国末期，罗马的权力逐渐集中到少数军人手里。公元前62年，庞培从东方归来，他的权势和光荣早已引起人们，尤其是最大权贵克拉苏的妒嫉。庞培在东方执行的政策，比如赐予各地贵族和一些城市以权力、将国家的土地赏给他的士兵等，元老院迟迟不予批准，克拉苏便是从中作梗的人物之一。庞培对克拉苏的做法感到气愤，转而与恺撒交好。恺撒凭着他和克拉苏的关系从中斡旋，使庞培与克拉苏暂时解除嫌隙。这样，三个有势力的人物为了各自的政治目的互相接近起来，史称"前三头同盟"。

罗马大角斗场
古罗马最大的角斗场，建于公元70年至82年，平面呈椭圆形，长径188米，短径156米，外墙高48.5米。虽然半壁围墙已经倒塌，但恢宏的气势丝毫不减当年。

◆ 喜帕恰斯
古希腊天文学家、数学家，创立地球中心学说。

古代世界篇

■ 恺撒独裁

恺撒是古罗马统帅、政治家。公元前78年苏拉死后，恺撒积极参加反苏拉体制的斗争，崭露头角。公元前60年恺撒与庞培、克拉苏秘密结盟，巩固了自己的政治地位。后经连年征战，恺撒造就了一支训练有素、能征善战且忠于自己的军队，并积累了巨额财产，获得终身独裁官、执政官、保民官等职，兼领大将军、大祭司长头衔，被尊为"祖国之父"，成为无冕之王。恺撒的独裁统治彻底动摇了罗马的共和政体。公元前44年，恺撒被元老院贵族刺杀。

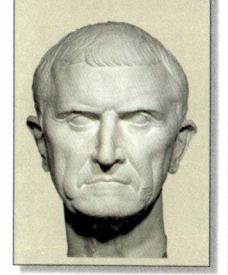

克拉苏像
克拉苏，古罗马统帅，曾镇压斯巴达克起义。公元前60年，他与恺撒、庞培结成"前三头同盟"，分得东方行省统治权。公元前53年，他率军团发动入侵帕提亚的掠夺战争，最后兵败身亡。

■ 后三头同盟

恺撒死后，罗马发生争夺继承权的斗争，其中安东尼、雷必达势力最强。但元老院不愿支持他们，而把眼光投向了恺撒的养子屋大维。当时的屋大维还不满20岁，不过他并非如元老院想象的那样易于摆布。他在权衡利弊后准备同安东尼、雷必达这两个实力派暂时合伙。公元前43年，安东尼、雷必达和屋大维公开结成同盟，即所谓的"后三头同盟"。

■ 罗马共和国的覆灭

公元前30年，被屋大维战败的安东尼及其同盟者——埃及女王克利奥帕特拉先后自杀，埃及托勒密王朝宣告结束，埃及并入罗马版图。至此，长期陷于内战和分裂的罗马被屋大维重新统一起来。公元前29年，屋大维胜利回归罗马，成为"内战"时代最后的胜利者。公元前27年，罗马元老院赠予屋大维"奥古斯都"的称号，正式确立元首制，标志着罗马从共和时代进入帝国时代。

■ 屋大维的元首政治

屋大维战胜政敌后，实际上成了罗马帝国的第一个皇帝。但是，由于共和制的影响和维护共和制传统的势力仍然存在，从共和到帝制的转变还需要有一个政治上的过渡，所以他并未立即采用"君主"的名义，而是采用了"元首"的称号。这种统治形式就是"元首政治"。

■ 屋大维的内政

屋大维为了加强帝国统治的社会基础，特别注意提高大奴隶主元老和军人的地位、社会荣誉，扩大他们的特权。而对于平民，他一方面严格限制其政治活动，镇压其暴动；另一方面则用各种施舍加以收买。屋大维还竭力维护奴隶制，加强对奴隶反抗的压制和镇压。为了巩固新的政权、扩大统治基础，屋大维改革行省管理制度，调整了对行省的统治政策，进行了税制改革。屋大维还大兴土木，广建庙宇，塑造神像，重建古老的僧侣集团，主持宗教祭祀，并与当时存在的不结婚和不生孩子的现象进行斗争，通过巩固奴隶制的家庭关系来巩固奴隶制度。

恺撒大帝像
恺撒是古罗马统帅、政治家。他能征善战，在公元前49年时入主罗马，并于此后打败庞培，集大权于一身，实行独裁统治。恺撒被视为罗马帝国的奠基者，被尊为"神圣的尤利乌斯"。

◆ 第三次布匿战争
迦太基被攻占，城市遭到彻底的毁灭，残存人口悉数沦为奴隶。

■ 军事改革

军队是元首制的重要支柱。屋大维把他统率的军团缩编为28个精锐军团，每个军团有5500名步兵和120名骑兵，并辅以相应的辅助部队，组成常备军。常备军的士兵和军官主要从罗马公民中招募，而总数约为15万人的辅助部队则来自于行省居民和依附部落。军团士兵服役期限为20年，辅助部队为25年，他们驻扎在行省和边疆，海军军舰只停泊于拉温那和墨萨纳等地。此外，他还创设了近卫军，共有9个大队，每个大队1000人，拱卫罗马和意大利。经过整顿和改编，屋大维使罗马军队完成了向职业常备军的过渡。他独揽军权，以军队作为其对内实行独裁统治、对外进行扩张侵略的工具。

奥古斯都纪念邮票
意大利政府为纪念罗马帝国的开国君主屋大维奥古斯都发行的邮票。

■ 对外扩张政策

屋大维依靠军队继续推行扩张政策。在东方，他利用帕提亚和亚美尼亚内部争夺王位的斗争，以军事力量为后盾，采取灵活的外交手段，控制了亚美尼亚。在西方，经过连年苦战，于公元前19年完全征服了西班牙西北部的山地部落。接着，他又进军多瑙河上、中游地区，建立了里底亚、诺里克、潘诺尼亚和米西亚省。公元前12年，罗马军队侵入莱茵河和易北河之间的地区，建立了日耳曼行省。此后日耳曼人掀起反抗斗争，公元9年屋大维派兵镇压失败，莱茵河以东地区重归日耳曼人，罗马向北扩张受到阻遏，北部边疆仅限于莱茵河以南。罗马的对外扩张至此已成强弩之末，疆域基本固定下来。

※ 罗马帝国的繁荣

屋大维是罗马帝国的创立者，在其44年的统治中，罗马开始呈现出相对安定的政治局面。对内，他为加强镇压奴隶起义，与奴隶主阶级进行联合，结束了共和城邦时期纷扰不已的混乱状态；对外，由于边界大体确定，继续扩张遭到遏止，也出现了一种暂时稳定的形势。这一切为罗马奴隶制社会在帝国时期的进一步发展奠定了基础。

■ 帝国早期的繁荣

帝国早期社会经济的繁荣主要表现为行省经济的发展。帝国境内手工业得到进一步发展，金属、纺织、制陶和玻璃行业兴起，产品行销中欧、不列颠和西班牙。地中海东岸和北非的一些古老城市的奢侈品手工业和传统经济再度繁荣。小亚细亚的毛毯、皮毛，腓尼基的染料、花玻璃器皿，埃及的化妆品、麻纱等盛销于罗马上层社会。采矿业和冶金业则在西欧各地兴起。农业的进步也比较明显，埃及、多瑙河沿岸的潘诺尼亚和米西亚省成为罗马的谷仓，高卢、西班牙、爱琴海诸岛的葡萄、橄榄和其他经济作物的种植也复兴起来。

屋大维像
屋大维在内战结束后成为罗马唯一的统治者。公元前28年他改组元老院，自任"元首"（第一公民），公元前27年宣布"交卸权力"，获"奥古斯都"（意为神圣的、至尊者）尊号，后世即以此称之。

◆ 恺撒大帝
古罗马共和国领袖和军事统帅，最终实现对罗马的军事独裁统治。

古代世界篇

■ 王权的加强

屋大维死后，其养子提比略继位，开启了王位继承制的先河。帝国政权发展的趋势是加强中央集权和各行省奴隶主阶级的作用，帝国的统治达到全盛。提比略建立了朱里亚·克劳狄王朝。他在加强皇权的斗争中采取缓和措施，取消公民大会的选举权和立法权，把权力交给元老院。同时，他又采用严厉手段打击对皇帝本人的非议，使元首顾问会成为较固定的机构，扩大了王权影响力。克劳狄在其统治时期把元首的皇家办事机构发展为中央政权机关，初步建立起一套官僚体系。公元69年，韦帕芗建立弗拉维王朝，其政策主要是提高与加强行省的地位和作用，迫使元老院通过"全权法"，从而取得广泛的权力。至此，罗马帝国真正成为整个地中海世界奴隶主阶级的统治机构。而后来的安敦尼王朝，则以王权极盛、统治稳固著称，被称为帝国的"黄金时代"。

克劳狄金币
奥古斯都死后50余年的时间里（公元14~68年），有四位元首相继即位。他们分别是提比略、卡里古拉、克劳狄和尼禄。历史上称这段统治时期为"朱里亚·克劳狄王朝"时期。

■ 行省地位的提高

弗拉维王朝时期，皇帝韦帕芗采取一系列措施加强皇权，促进行省罗马化。公元73年，他改组元老院，充实以各行省的上层奴隶主，同时将千余家行省富户从西班牙和高卢等地迁至罗马，列入元老、军人等级，又授予西班牙若干城市的奴隶主以罗马公民权。这些政策使得帝国政权进一步获得了各行省奴隶主的支持。扩大统治集团社会基础的主要目的，是为了防止和镇压各地的起义。

行省奴隶主既已广泛参政，成为帝国的支柱，帝国也就真正成为了整个地中海世界奴隶主阶级的统治机器。

※ 三世纪危机

从2世纪末到3世纪末，罗马奴隶制社会在经济、政治等方面爆发了全面危机，农村萧条，城市衰落，内战连绵，帝国政府全面瘫痪，史称"三世纪危机"。内忧外患之下，罗马无可挽回地走向了衰亡。

■ 奴隶制经济的衰落

罗马奴隶制经济危机，首先表现为农业的衰落。意大利的农业从2世纪初起即已走向衰落。帝国时期，意大利和一些行省的农业是以拥有大批奴隶劳力的大庄园为基础的，但到了

【百科链接】

隶农制：
隶农最初是指自耕农，即以自力耕种自己土地的农民或殖民地的移民者。到罗马共和制末期，大土地所有者开始把土地分成小块，分租给佃耕者。佃耕者中有契约租户和世袭佃户，其中也有奴隶。这些佃农连同以交付定量收获为条件从主人手中获得小块份地的奴隶，都属于隶农，这种生产关系则称为"隶农制"。到帝国初期，隶农制逐渐流行，隶农的来源主要是破产农民和一部分奴隶。

图拉真纪功柱
图拉真是罗马帝国安敦尼王朝的第二任元首，曾获得元老院赠予的"最佳元首"称号。图拉真纪功柱建于107年，以纪念图拉真远征罗马尼亚的胜利。柱身浮雕盘旋而上，长达200米，集罗马的建筑、雕刻、绘画精髓于一体。

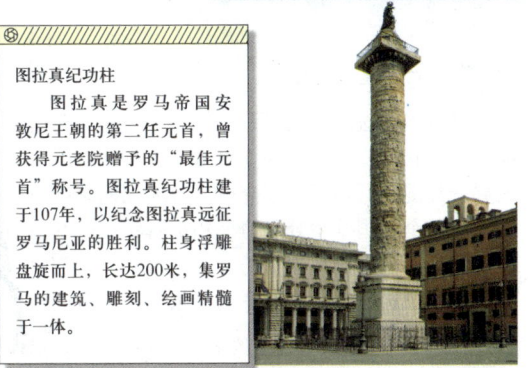

◆ 高卢战争
古罗马征服山北高卢地区的战争。

3世纪，庄园已入不敷出。手工业的衰落是与农业的衰落相联系的，以奴隶劳动无利可图和在市场上受到排挤为直接原因。农业和手工业的衰落又导致了商业和城市的萧条，而政府的税收和金融政策更加剧了这一状况。

王位的争夺

3世纪，经济衰败与政治动乱相伴而行。统治集团内部纷争不已，混战不休。安敦尼王朝末代皇帝康茂德被杀后，各行省驻军首领纷纷自立为皇帝，各自为政，罗马内部爆发了一场延续四年（193~197年）的争夺皇位的混战。后来，潘诺尼亚总督塞维鲁取胜，建立了塞维鲁王朝。235年，塞维鲁王朝被暴动的士兵推翻，国内又开始了长期的混战。

塞维鲁像
塞维鲁为罗马帝国历史上承上启下的皇帝。他结束了爆发于193年的内战，建立了塞维鲁王朝，将皇权提到了至高无上的位置。

《卡拉卡拉敕令》

塞维鲁的儿子卡拉卡拉即位后，于212年颁布了一项把罗马公民权授予帝国全体自由民的敕令，史称《卡拉卡拉敕令》。这一敕令是帝国时期扩大统治阶级社会基础的必然结果，其目的既在于缓和阶级矛盾以利于统治，也在于扩大税源。

"三十僭主"时期

从253年到268年，罗马进入"三十僭主"时期，军团和行省都各自拥立皇帝，互相残杀，政局一片混乱。由于篡权夺位以及随之而来的内战，整个帝国几乎处于瘫痪和瓦解状态。在这期间，高卢曾出现独立的"高卢帝国"，叙利亚、埃及也曾经分立。罗马帝国一步步滑向了衰亡的深渊。

人民反抗斗争

3世纪初，曾有个名叫布拉的人率领一支600余人的队伍在意大利杀富济贫。238年，北非爆发奴隶、隶农和当地土著居民的起义。263年，西西里又发生了大规模奴隶起义。273年，罗马造币工人发动起义，自由手工工人和国家奴隶联合起来抵抗政府军。3世纪中叶，高卢地区爆发了由农民、牧民、奴隶、隶农等参加的起义，历史上称作"巴高达"运动。起义沉重地打击了罗马奴隶制统治。

※ 罗马帝国的衰亡

3世纪，危机给罗马帝国的奴隶制以强烈冲击，使帝国元气大伤。在帝国后期的200年间，虽然一些帝王力图鼎新革故扭转颓势，但最终未能改变帝国全面衰落、最后分裂的大势。

戴克里先的专制统治

284年，近卫军长官戴克里先夺得政权。他将元首称号正式改为"君主"，采用君主制的统治形式。戴克里先对内镇压高卢和北非的起义，迫害基督教徒，对外积极与波斯、日耳曼人作战，暂时稳定了边疆。戴克里先把帝国分成四个部分，由四个统治者治理，实行"四帝共治制"，其目的是在政局动荡而难于治理的情况下加强统治。在经济方面，戴克里先实行新税制，暂时增加了政府的收入，但束缚了经济的发展，加剧了社会矛盾；改变币

马克·奥里略骑马像
安敦尼死后，他的两个养子维鲁斯和马克·奥里略继承帝位，这是罗马史上第一次两帝共治。马克·奥里略人称"哲学家皇帝"，著有《马上沉思录》，是新斯多葛派哲学的主要阐述者。

◆ 罗马内战
古罗马帝国内部争夺政权的战争。

制，但由于脱离实际经济状况，结果适得其反，投机和黑市交易反而更加风行。总之，在其统治期内，社会矛盾继续激化。

■ 君士坦丁的统治

305年，经过新一番争夺帝位的混战，政权落在了君士坦丁（306~337年）手中。323年，君士坦丁在其另一竞争者"奥古斯都"被杀之后成为唯一的独裁君主。他废除四帝共治制，扩充官僚机构，由皇帝亲自任命民政和步、骑兵长官等高级官员。同时，他将帝国划分为高

戴克里先宫殿
罗马帝国皇帝戴克里先退位后居住的宫殿，位于克罗地亚的斯普利特。这座宫殿采用城堡的形制，建筑方整严密，代表了罗马帝国君主专制强化的特色。

卢、意大利、伊利里亚和东方四个大行政区，下设小行政区，再下为行省。330年，君士坦丁把帝国首都迁到东方的拜占庭，改拜占庭为"君士坦丁堡"，改国号为"新罗马"。君士坦丁还进一步强化奴隶制度，这是奴隶主阶级为维护腐朽的奴隶制而倒行逆施的突出表现。

■ 帝国的分裂

君士坦丁死后，统治集团为争夺皇位又发生了长达16年的混战，一直没能建立稳固的政权。提奥多西（379~395年）虽曾一度恢复统一的局面，但他又把帝国分给两个儿子，于是帝国于395年正式分裂成西罗马帝国（首都罗马）和东罗马帝国（首都君士坦丁堡）。至此，统一的罗马帝国不复存在。

■ 西罗马帝国的灭亡

476年9月，日耳曼人雇佣兵首领奥多雅克废黜了最后一个西罗马皇帝罗慕路斯，西罗马帝国终于在人民起义和外族入侵的浪潮中灭亡了。西罗马帝国的灭亡给西欧古典奴隶社会画上了一个合乎逻辑的句号。在罗马和日耳曼因素的互相影响和作用下，这一地区开始向封建社会过渡。

※ 古罗马文化

古罗马文化是在吸收丰富的东方文明和希腊文化成就的基础上发展起来的。古罗马建筑与雕塑发展迅速，留下了罗马斗兽场、君士坦丁凯旋门等气势恢宏的建筑。拉丁文字母成为许多民族创造文字的基础。罗马法对世界各国的法学产生了深远的影响。以恺撒、西塞罗的作品为代表的拉丁文散文，以维吉尔、贺拉斯、奥维德等人的诗歌为代表的罗马诗歌，是世界各国学者长期研讨的对象。

【百科链接】

《米兰敕令》：
面对基督教拥有很强力量的现实，君士坦丁于313年颁布了《米兰敕令》（《宽容敕令》）。敕令规定了教徒信仰自由，即允许基督教与其他宗教并存，承认基督教的合法地位。同时，还归还了以前迫害基督徒时期没收的教产，保护教徒，并规定教会有权接受土地等遗产，教会神职人员免服徭役。实际上，基督教在4世纪已经同帝国政权相结合，被统治阶级所利用。

◆《儒略历》颁布
古罗马所用历法，将一年设为12个月，历年平均长度为365.25日。

■ "黄金时代"的文学

屋大维统治时期被称为罗马文学的"黄金时代"。当时的著名诗人有维吉尔、贺拉斯和奥维德。维吉尔著有《牧歌》和《农事诗》，晚年时曾仿照《荷马史诗》写成《埃涅阿斯纪》，歌颂罗马，美化屋大维。贺拉斯的《颂歌》堪称抒情诗的典范，《讽嘲集》和《书简集》则是教谕诗的范本。奥维德擅长写作爱情诗，他的名著《变形记》在神话题材中穿插爱情故事，成为流传至今的佳作。他在流放中写就的《悲歌》和《本都书简》等作品，充满着对故土亲人的怀念之情。1世纪中叶，讽刺小说作家佩特洛尼乌斯著有《撒提里康》。2世纪，阿普列优斯的《金驴记》也饶有风趣。

君士坦丁大帝头像
324年，君士坦丁在亚德里亚堡和克里索普利斯大败李锡尼，而成为罗马帝国的独裁统治者。他也是罗马帝国第一位信仰基督教的皇帝。

■ 哲学思想的争鸣

罗马帝国前期，唯心主义思想占据着统治地位。新斯多葛派宣扬宿命论和禁欲主义，主张个人道德修养求得社会的和谐，完全蜕化为宗教伦理思想，其主要代表是辛尼加。同时，新柏拉图派和神秘主义思潮也在罗马蔓延开来。1世纪，亚历山大里亚的斐洛创立了逻各斯概念，宣称逻各斯为神的最初启示和创造力，号召人们要克服物质罪恶，向神忏悔求救。这些唯心主义说教，反映了面对社会危机的奴隶主阶级的腐朽没落和他们悲观绝望的思想情绪。他们企图从哲学中寻求自我安慰，并以其欺骗麻痹人民。

2世纪唯物论哲学思想的代表是琉善（约120~200年），其主要作品有《神的对话》等。琉善推崇伊壁鸠鲁的唯物论思想，抨击宗教迷信，主张财产公有，人人平等。他的唯物论和无神论思想对后世颇有影响。

■ 历史研究的硕果

古罗马帝国时期，著名历史学家塔西佗著有《编年史》《历史》《日耳曼尼亚志》等不朽著作。另一位史学家李维著有《罗马史》。曾经担任罗马帝国埃及总督的阿庇安也写过著名的《罗马史》。同时，恺撒大帝本人也著有《高卢战记》等一系列战记。哲学家卢克莱修的《论物性》是唯一流传至今的阐述古代原子论的著作。著名学者老普林尼所写的《自然史》，是研究古罗马科技史的重要文献。

【百科链接】

拉丁文字：
罗马的官方文字是拉丁文，是由居住在台伯河畔的拉丁姆平原上的拉丁人创造的，属字母文字，有23个字母。最早使用拉丁字母刻写的铭文见于公元前7世纪的普雷内斯大饰针上。拉丁文字有着简单、匀称、美观，便于阅读和连写的特点。

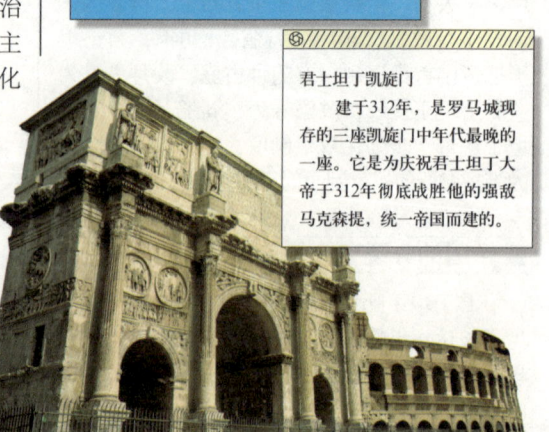

君士坦丁凯旋门
建于312年，是罗马城现存的三座凯旋门中年代最晚的一座。它是为庆祝君士坦丁大帝于312年彻底战胜他的强敌马克森提，统一帝国而建的。

◆ 罗马确立帝制
罗马执政官屋大维（奥古斯都）确立元首政治，罗马帝制肇始。

■ 伟大的罗马法

帝国时代罗马的法学研究和法典编纂工作比较活跃。1世纪，著名法学家拉比奥和卡皮托对罗马法进行了整理、分类和注释；2世纪，法学家盖约著有《法学阶梯》；3世纪，法学家们编成了《格列哥里安法典》与《赫尔摩格尼安法典》。438年，提奥多西二世颁布了第一个正式的法典《提奥多西法典》，这部法典共16卷，包括4世纪初以来的皇帝法令。后来，东罗马帝国皇帝查士丁尼终于在前述基础上编成了《民法大全》，又称《查士丁尼法典》。罗马法对后世欧美各国的法律有很大的影响。

■ 农学与地理学

罗马帝国时期，自然科学中比较突出的是农艺、军事、测量、建筑、水利、医疗等应用科学，基础理论的研究则远逊于古典时代和公元前3世纪以后的希腊。罗马农艺学的成就较大，帝国时代出现了著名农学家加图和瓦罗之后，又出现了科路美拉，他对农学和畜牧学进行了详细的研究，写成《农业论》（12卷），对中世纪的庄园管理有过重要影响。罗马的军事技术、地理测绘和工程技术也有所发展，1世纪初斯特拉波用希腊文创作了一部地理学著作。

■ 天文、物理与医学

2世纪天文学的重要代表是托勒密，其《天文集》（13卷）集地心说之大成，确立了地心说的体系。物理学方面，弗兰提努在流体力学等领域有所贡献。

公元14年，罗马建立了第一所公立的希腊医校。名医塞尔苏斯用拉丁文创作了一部内外科医学论著，影响及于文艺复兴时代。1世纪中叶的一位植物学家兼军医第奥斯科理德所著的药书叙述了约600种植物及其药性。2世纪，名医盖伦在解剖学、生理学、病理学及医疗学方面均有所发现。

李维和萨勒斯特
两人都是罗马著名的历史学家，李维著有《罗马史》一书，萨勒斯特著有《卡蒂利那战史》《罗马共和国史》，详细阐述了古罗马帝国的历史沿革。

LIVIVS · SALVSTIVS

维吉尔画像
维吉尔是古罗马最伟大的诗人，第一部公开发表的诗集《牧歌》共收诗10首，而《埃涅阿斯纪》则是他最重要的一部史诗。

◆ 耶稣
基督教创始人。

■ 建筑艺术的巅峰

罗马的建筑艺术在帝国时期得到空前发展，屋大维自称把泥砖的罗马换成了大理石的罗马。罗马城堪称壮丽宏伟，有30座城门，城内有神庙420座、大剧场9座、普通剧场5座、圆形剧场2座、公共浴场16所，以及许多宫殿、凯旋门、纪功柱等。其中的典型是著名的哥罗塞姆圆形大剧场。罗马宏伟雄壮的建筑及其艺术装饰对后世艺术有较大的影响。

万神庙穹顶内部
按照当时古罗马人的观念，穹顶象征天宇。穹顶中央开了一个直径8.9米的圆洞，可能寓示着神的世界和人的世界的某种联系。

古罗马建筑承袭了亚平宁半岛上的埃特鲁里亚人的建筑技术，继承了古希腊建筑的成就，并在建筑形制、技术和艺术方面进行了广泛的创新。1世纪至3世纪是古罗马建筑的极盛时期，其水平达到了西方古代建筑的高峰。

古罗马大型建筑物风格雄浑凝重，构图和谐统一，形式多样，开拓了新的建筑艺术领域，丰富了建筑艺术的内容。

■ 古罗马神话传说

与丰富多彩的古希腊神话相比，古罗马神话要简单、朴素得多。

古罗马人认为，每一种事物、每一个人，甚至每一个人的每一种具体活动，都包含有某种神秘的内在力量，人们崇敬这种力量，同时祈求其帮助和保护。古罗马的神一部分是罗马及其周围邻近部族原有的，还有一部分是外来的。古代意大利以农牧为主，传统的罗马神也大多同农牧有关。主神朱庇特、神后朱诺、技艺女神涅瓦是从北方的伊特鲁里亚传来的。朱庇特和朱诺起初具有相同的职能，即司掌风雨、收获、事业的成功和胜利等，后来随着罗马国家的发展，朱庇特的地位逐渐提高，成为罗马最高的神；朱诺则分离出来作为朱庇特的妻子，司掌婚姻和生育。

古罗马的神起初不是拟人的，而是带有万物有灵和拜物教时期的许多特点，后来在伊特鲁里亚人和希腊人的影响下，罗马人也开始赋予神以人形，并为他们建造庙宇。随着罗马人对意大利半岛南部希腊移民地区的征服和向巴尔干半岛的扩张，罗马人同希腊文化的接触越来越密切，希腊神话传入罗马，罗马神话很快丰富起来。此后罗马神话承袭了希腊神的形象和传说，出现了罗马神和希腊神混同的现象，罗马的朱庇特、朱诺等，分别同以宙斯为首的希腊诸神混同起来。有些为希腊特有而罗马没有的神，则被罗马人原封不动地接受下来，如阿波罗传入罗马后，立即成为罗马主要的神之一。在希腊神话的影响下，罗马人也把一些抽象的道德概念，如和谐、勇武、诚实等，尊奉为神。

罗马万神庙
万神庙位于意大利首都罗马圆形广场的北部，是罗马最古老的建筑之一，也是古罗马建筑的代表作。

◆ 朱里亚·克劳狄王朝建立
奥古斯都屋大维逝世，其养子提比略继位，开创了朱里亚·克劳狄王朝。

古代世界篇

古代其他文明

除了以四大文明古国为中心的文明发源地和希腊文明、罗马文明外，其他古代人类居住的地区同样出现了不可思议的文明。从古至今战争连绵不休的美洲，其安第斯山脉怀抱中的蒂华纳科古城、圣女之城马丘比丘、众神莅临之地特奥蒂瓦坎、复活节岛上的巨石像，都是对现代人想象力的挑战。神秘而灿烂的其他古代文明，是人类文明历史上不可忽视的华丽篇章和重要的组成部分，它们在人类文明的天空中闪耀着不灭的光芒。

※ 美洲的古文明

美洲灿烂的古代文明及其众多遗址，经过约160年的研究与发掘，已越来越引起世人的瞩目：雄伟肃穆的太阳金字塔、月亮金字塔，可与埃及最著名的金字塔媲美；有120层观众席位的宏伟体育场，几乎使希腊、罗马的同类古建筑黯然失色；独特的象形文字与高度精确的历法，令人惊叹；具有浓厚原始色彩的图腾崇拜与血腥的祭祀方式，也给人以鲜明而深刻的印象。

■ 美洲文明的起源

大约在10万年至1.2万年前，地球曾几次出现比现在寒冷很多的气候，两极扩大的冰雪使海平面降低，亚洲和北美洲之间的白令海峡因此变成了陆地。那时居住在今天东亚的一部分人类，可能为了寻找食物，分批经白令海峡移居到美洲，成为美洲人的祖先。他们散居在整片美洲大陆上。一些走不远的人便定居下来，成为今天阿拉斯加爱斯基摩人的祖先；有些则迁徙得更远，成了北美的土著印第安人。到了约1.7万年前，他们的足迹已到达南美洲。

■ 奥尔梅克文明

奥尔梅克文明是已知美洲最古老的文明，存在于约公元前11世纪初至前3世纪，有"印第安文明之母"之称。圣洛伦索是早期奥尔梅克文明的中心，后来，这个文明中心迁移到靠近墨西哥湾的拉文塔。奥尔梅克文明最终在公元前400年左右突然消失，大多数学者认为奥尔梅克文明是玛雅、托尔特克等文明的母体。奥尔梅克文明的许多特征，如金字塔和宫殿建造、玉器雕琢、美洲虎和羽

古代印第安人打猎图
古老的印第安人以狩猎及采集果实为生，靠着坚持不懈的忍耐和毅力，在荒凉的大陆上繁衍生息。

太阳金字塔
太阳金字塔是古特奥蒂瓦坎人祭祀太阳神的地方，呈梯形，坐东朝西，正面有数百级台阶直达顶端。塔的基址长225米，宽222米，塔高66米，共有五层，体积达100万立方米，十分宏伟。

79

◆ 耶稣被钉于十字架
相传耶稣因传播基督教被钉于十字架处死，其后耶稣门徒继续传播基督教。

蛇神崇拜是后来中美洲各文明的共同元素。奥尔梅克文明时期人们种植玉米、南瓜、豆类，还创造了历法和计数符号。当时的石雕艺术较发达，最有代表性的是用天然球形巨石刻成的头像，而以翡翠碧玉雕刻的人像、美洲虎神像和玉佩饰物等也很精美。

奥尔梅克巨石头像
这一人头像是用整块玄武岩雕成的，嘴唇肥厚，鼻子扁平，扁桃形的大眼睛深邃而冷漠，具有非洲人的面部特征；还带有古怪的头盔。它是奥尔梅克文明的象征，也是美洲最早的纪念性雕刻。

■ 古印加文明

印加文明是在南美洲西部、中安第斯山区发展起来的又一著名的印第安古代文明。印加地区是美洲最早出现农业的地区，时间大约在公元前8000年。到了公元前3000年，沿海地区的居民已定居下来。公元前2000年末，中安第斯山区已出现了一系列古代文化中心。到了公元前1000年中晚期，发达的农业文化已经形成，为印加文明奠定了基础。这一时期还出现了阶级和国家的最早形式，标志着文明开始形成。公元前10世纪后半叶，中安第斯山区出现了各种文化相互渗透和兼并的局面，导致一些原有文化衰落消失。

印加古城马丘比丘
"马丘比丘"是印加文明著名的遗迹，坐落在秘鲁库斯科城西北110千米处一座海拔2458米的山巅上。早在公元前，印加人就在这里繁衍生息，并创造了灿烂的文明。

■ 查文文化

大约3000年前，秘鲁中部安第斯山区出现了查文文化，它是南美洲古印第安文明萌芽时期的文化，也是日后秘鲁其他文化的基础。查文文化时期的建筑物多用大石修筑而成，已发掘的遗址多为宗教祭祀中心。据考证，当时的人已能制造精美的金器，而且非常崇拜美洲虎。查文文化延续了大约700年，南美洲人的开创之功可与中美洲的奥尔梅克文化相提并论。

■ 帕拉卡斯文化

查文文化发展同期，在秘鲁南部沿海地区，帕拉卡斯文化丰富的陶艺和纺织传统也发展了起来。帕拉卡斯文化遗迹是在被称为"洞穴"的集体墓地及内戈罗波利斯墓地中发现的。在这些地下建筑中，人们发现了上百个墓棺。洞穴和墓地中埋藏着许多文物宝藏，它们都是研究公元前900年至200年时期印第安文化的宝贵历史材料和遗产。

■ 特奥蒂瓦坎文明

特奥蒂瓦坎是墨西哥古印第安文化的城市遗址，始建于公元前1世纪，至5世纪全盛，8世纪后半期因遭外族入侵而衰败。

月亮金字塔
月亮金字塔坐落在特奥蒂瓦坎古城中央大道的北端，是祭祀月亮神的地方。它坐北朝南，底座长150米，宽120米，塔高46米，分为5层，塔前的宽阔广场可容纳上万人。

80

◆ 万神庙
罗马建成万神庙，为古代圆顶庙之最。

古代世界篇

公元前400年，奥尔梅克文明衰落后，特奥蒂瓦坎城在墨西哥中部兴起，它同南面的玛雅文明有着频繁的贸易往来，甚至还控制了玛雅人的某些城市。特奥蒂瓦坎城显示出早期的城市规划设计：城中心是一条南北向的大道，大道中央路东有太阳金字塔，北端有月亮金字塔，南端是有"城堡"之称的羽蟒神奎扎尔科亚特尔的神庙，附近还有众多的金字塔式神庙和宫殿、神祠等。特奥蒂瓦坎城不仅是一个宗教祭祀中心，还是当时美洲最大的城市，人口众多、工商业兴旺。

■ 阿登纳文化

阿登纳文化是古代北美印第安文化的总称，以现在的美国俄亥俄州南部为中心，存在于约公元前500年至100年之间。现在生活在印第安纳、肯塔基、西维吉尼亚等州的印第安部族具有类似文化，大体上都可归入阿登纳文化，生活在今宾夕法尼亚州的印第安人可能也属于这一文化范畴。阿登纳人以狩猎、捕鱼及采集野生植物为生，通常居住在用树干、树枝和树皮搭成的有圆锥形屋顶的小屋中，也有的仍住在岩洞里。他们的用具有石锄、石斧、投掷器、石烟斗及粗糙的陶器等。铜、云母及海贝等装饰品的发掘出土，证明阿登纳人曾与远方各民族进行过贸易。

枝状大烛台
雕刻于帕拉卡斯国家公园海岸旁的岩石上，是古帕拉卡斯人的一种象征。

※ 迦太基王国

迦太基王国是古代非洲北部以迦太基城（遗址在今突尼斯湾）为中心的奴隶制国家。公元前8世纪至前6世纪，迦太基成为当时地中海西部最强大的国家，长期作为地中海西部地区的中介贸易中心而存在。经商收入是奴隶主阶级财富的重要来源。后来，迦太基在布匿战争中被罗马打败，彻底灭亡。此后，迦太基又作为一个城市被重建，并且在数世纪内成为罗马帝国在北非的政治、经济、文化和宗教中心。

■ 迦太基的兴起

大约在公元前8世纪至前6世纪，迦太基人开始向非洲内陆扩张，并控制了北非的大部分腓尼基人殖民地。与此同时，他们向西地中海进发，占领了西班牙南部海岸及其附近岛屿和撒丁岛、科西嘉岛、西西里岛西部等地区，开始称霸西地中海，与希腊分别控制地中海的西东两岸。

■ 寡头政治

迦太基的政权形式是贵族寡头式政权，其最高行政官员有两名，称为"苏菲特"，每年进行一次选举，但选民仅限于富有的迦太基人，而且苏菲特没有兵权。迦太基国内设有元老院，由300人组成。元老院拥有立法权和决策权，其成员为终身任职。另外，王国设有公民大会，但权力非常有限；亦设有百人会议，共有成员104人，主要负责监察和审判。

■ 贸易之都

迦太基以其强大的海军称霸西地中海，成为西地中海的贸易中心，每年均有巨额的经商收入。迦太基拥有庞大的船队，居民善于航海，再加上迦太基地理位置得天独厚，拥有便利的航海条件，因此经常组织贩运奴隶、金属、奢侈品、酒和橄榄油等，商业活动盛极一时。同时，其家庭式手工业也很发达，其中以纺织品最为著名。

81

◆ 人体生理解剖学的创立
古罗马医学家加伦把古希腊解剖知识和医学知识系统化，创立人体生理解剖学。

■ 迦太基灭亡

公元前6世纪，迦太基开始与企图染指地中海西部的希腊人发生冲突。在接下来的几个世纪，迦太基与希腊为了争霸地中海而纷争不断。直到公元前4世纪初，希腊经历了伯罗奔尼撒战争后元气大伤，开始停止在西西里殖民，迦太基与希腊的纷争才告一段落。但接下来却是与更可怕的对手——罗马之间的战争。罗马在公元前4世纪统一意大利后，开始向地中海进发，与迦太基的利益产生冲突。公元前264年至前146年，迦太基与罗马发生了三次战争，史称"布匿战争"。结果迦太基败亡，迦太基城被夷为平地，其领土成了罗马统治下的阿非利加省。

迦太基镶嵌画
镶嵌画历史悠久，是以大小不同的彩石、玻璃料器、金属等硬质片料拼嵌而成的图画。迦太基镶嵌画多以神话人物为背景，图中的人物是女灶神。

※ 安息王国

安息，即西方史书中的帕提亚。它位于伊朗高原东北、里海东南一带，先后被波斯帝国、亚历山大帝国统治。亚历山大帝国瓦解以后，这里又成为塞琉古王国的属地。经过一系列的征战，安息成为继塞琉古王国后在西亚兴起的两大帝国之一。

■ 帝国的建立

安息本土位于伊朗东北部和里海东南一带。公元前247年，安息独立，阿尔萨息成为国王，建立了阿尔萨息王朝。公元前192年至前189年间，安息王密特里达特一世乘塞琉古王国衰败之机向西推进。经过不断征伐，巴比伦尼亚归入安息版图。在东方，它还从大夏人手中夺取了木鹿（今为麦尔夫）等重要城市。密特里达特一世晚年时期，安息已经成为一个东起中亚西南部（中间包括伊朗）、西至两河流域的大帝国。

■ 帝国政治与经济

安息在政治上实行君主制，王权属于阿尔萨息家族，王位按父系继承。国王必须经两个贵族会议（氏族贵族会议和祭司会议）的共同选举产生，权力受两个贵族会议的限制。全国共划分为四大行政区，土地税是主要税收，军队是国家的主要支柱。

安息王国各地区经济发展水平差异很大：两河流域农业发达；中亚草原和山区则盛行游牧经济；木鹿城是手工业中心，城内有专门的手工业区。安息王国的城市商业与对外贸易都很繁荣，东部本鹿、西部泰西封是其商业中心。

汉尼拔雕像
汉尼拔是北非古国迦太基的著名军事家，发誓终生与罗马为敌，在军事及外交活动上有卓越表现，至今仍是许多军事学家所研究的重要军事战略家之一。

82

◆ 罗马实行四帝共治制
戴克里先与马克西米安为正职，称"奥古斯都"；加列里阿与君士坦西阿为副职，称"恺撒"。

古代世界篇

■ 安息的衰亡

1世纪初，贵霜帝国崛起。2世纪初，由于贵霜的扩张，安息边界已退至马尔吉安那。163年至165年，罗马东侵，攻占了亚美尼亚和两河流域，并攻陷塞琉西亚和泰西封，直达米底。安息因长期作战，国力耗尽，加之王室内部争权夺利，内讧不休，政治分裂加剧，王朝日趋衰亡。226年，安息王朝为新兴的萨珊势力所灭。

■ 安息时期的伊朗文化

安息文化表现出混合主义倾向。安息在建国初曾创制历法，称"安息历"，以公元前247年为公元元年。希腊语仍是当时的官方语言之一，但使用更广泛的是帕提亚语。建筑以当地形式为主，大建筑物部分吸取希腊风格，但按安息形式加以改造。建筑材料在东部多用土坯，西部则用砖、石。其雕塑种类繁多，绘画以神庙壁画为主，另外铁画技术高超。太阳神受到普遍奉祀，祆教流行。1世纪，安息编成祆教经典《阿维斯陀》最早的篇章。安息文化承前启后，继承了中亚、波斯、巴比伦和塞琉古文化传统，同时又开启了亚美尼亚、萨珊王朝波斯和中亚的后来文化，在历史上占有重要地位。

阿胡拉·玛兹达像
也称奥尔穆兹德。琐罗亚斯德教（我国称之为"祆教"）认为阿胡拉·玛兹达（意为"智慧之主"）是最高主神，是全知全能的宇宙创造者，具有光明、生命、创造等德行，也是天理、秩序和真理的化身。

※ 萨珊波斯（前期）

萨珊波斯的兴起是古波斯人反抗安息统治的直接结果。它在前期还是一个奴隶制国家，但封建制关系已有很大发展。建国初期，农业、手工业和商业因政局稳定而有所发展。

■ 萨珊王朝的建立

3世纪，安息王朝内外交困，不得不加重对行省和属国的赋税和徭役。224年，波斯王公阿达希尔起兵反抗，在奥米尔兹塔干平原会战中打败安息王，226年占领安息首都泰西封，随后控制了安息王国的广大地区，建立了萨珊王朝。

■ 繁荣的经济

在社会经济方面，萨珊王朝的农业因政局稳定和水利灌溉工程较前更为完善而有所发展。手工业方面，其毛织品最为著名，并向外推销；锦缎织造业有较大发展，对拜占庭、埃及和中国都有重大影响。

【百科链接】

三强鼎立：
公元前2世纪，欧亚大陆并存着安息、汉朝和罗马三个强大的国家。当时中国汉朝的疆界已达到中亚，与安息在政治、经济和文化方面均已发生联系。安息王密特里达提二世是第一位与汉朝建立正式关系的古代伊朗君主。这一时期，罗马势力侵入西亚，安息予以回击，双方进行了断断续续长达200年的战争，但无决定性战役，这种均势局面迄至安息王朝灭亡。

安息人形石雕
出土于阿苏尔城遗址。这片遗址中出土的文物还有圆筒印章、各种石板、泥版铭文（其中有亚述法典的部分内容）及首饰、武器、工具、金属碗和陶器等。

83

◆ 君士坦丁一世
古罗马帝国皇帝，史称君士坦丁大帝。

萨珊波斯的金属加工、武器制造等都达到相当高的水平，尤以精美的金银细工著称于世。在农业、手工业发展的基础上，商业和城市也有发展，首都泰西封是工商业中心。在对外贸易方面，与中国、印度、罗马都有频繁交往。萨珊王朝还利用扼守"丝绸之路"要冲的地理优势，控制中国与罗马之间的丝绸贸易，从中获取大量商业利益。

金质角状杯
波斯宫廷生活的奢华，由这件精致的金质角状杯可略见一斑。

和，但在东方与嚈哒（白匈奴）人的斗争却日趋激烈。前期萨珊占有优势，但至5世纪末期，由于内部动荡不安，实力下降，已不是嚈哒人的对手。国王菲鲁兹五世战败被杀后，萨珊王朝开始向嚈哒交纳年贡，直到卡瓦德统治时期才停止。

※ 贵霜帝国

贵霜帝国在1世纪至6世纪统治中亚地区及印度北部。其间，这一地区的灌溉技术和手工业都有较大发展。当时，佛教在贵霜国内迅速传播。另外，融合了希腊、印度传统的犍陀罗艺术也产生、发展，并最终成熟，并在魏晋时期沿丝绸之路传入中国。贵霜的文化艺术和建筑风格对中亚有很大影响。贵霜帝国的建立，为东西方之间的经济来往和文化交流创造了有利条件。

【百科链接】

反袄教思潮：
袄教成为萨珊王朝国教后，竭力维护统治者利益，激起劳动人民和统治阶级中一部分人的强烈不满，因而形成了反袄教思潮，宣传无神论的"光阴派"便是其中的杰出代表。光阴派否定袄教所宣传的神的存在，认为世界是一切物质的组合。这种朴素唯物主义思想，在当时产生过积极影响。

■ 摩尼教的兴起

摩尼教的创始人是摩尼，其教义是吸收袄教、基督教和佛教等思想而形成的二宗三际论，即把世界看成光明与黑暗"二宗"的斗争舞台，其斗争要经过三个阶段。摩尼教不仅在萨珊王朝波斯有相当大的影响，而且曾传播到中亚及中国、印度与罗马等许多国家。

■ 萨珊王朝的对外战争

萨珊王朝继安息之后，又同罗马展开斗争。231年至286年，双方战争不断，各有胜负。296年，萨珊军队进攻亚美尼亚，被罗马军队击败于卡雷城。战后双方签订和约，萨珊王朝割让底格里斯河以西地区和米底的一部分。此后，萨珊波斯与罗马保持了40年的和平关系。363年，罗马皇帝朱里安率军侵入两河流域，在萨马拉附近被流矢所伤而死。此后，双方又订立了30年和约，萨珊王朝复得296年的失地。384年，双方瓜分亚美尼亚。

5世纪，萨珊王朝与罗马的斗争逐渐缓

古波斯金剑
这柄43厘米长的金质短剑，剑柄以咆哮的狮子头作装饰，借用了古美索不达米亚图案。

■ 贵霜王朝的兴起

贵霜是大月氏的一支，征服大夏后控制了阿姆河与锡尔河流域，建都于粟特地区。公元前138年左右，大月氏的辖地分为五个侯国，即所谓"五部翕侯"，贵霜就是其中之一。公元1世纪40年代，贵霜翕侯丘就却消灭其他四翕侯，自立为王，建立贵霜王朝，定都喀布尔。2世纪初，阎膏珍即位，再次征服印度西北部，将势力范围扩展至花

84

◆ 箕子朝鲜
周武王灭商后，商朝遗臣箕子率五千移民东迁到朝鲜半岛，联合土著居民建立了"箕氏侯国"。

刺子模，吞并锡斯坦。因此国力大增，成为中亚地区的一个庞大帝国。

■ 极盛时代

迦腻色伽统治时期是贵霜帝国的极盛阶段。经多年对外扩张，贵霜已成为一个纵贯中亚和南亚的庞大帝国。其领土包括中亚的锡尔河与阿姆河流域、直到波罗奈以西的北印度大部分地区，成为与罗马、安息、东汉并列的四大帝国之一。帝国首都迁至富楼沙（今巴基斯坦白沙瓦）。

■ 大乘佛教的产生与发展

大乘佛教大约产生于1世纪。在迦腻色伽的支持下，大乘佛教顺利地发展起来。大乘提出三世十方有无数佛，并进一步把释迦牟尼神化，认为"法我皆空"，主张兼度，即不仅自度而且还要度他。大乘理想的极果为佛，其理想的境界为无住涅槃。所谓无住涅槃，意即不住世间（不同于众生），亦不住出世（不同于阿罗汉），自己成佛后还要普度众生，助他人成佛。在大乘佛教形成时期，佛教进一步向四方扩展，成为世界宗教。大乘教主要流行于中亚及中国、日本、朝鲜等地，而小乘教主要流行于斯里兰卡及东南亚一些国家。

■ 帝国的衰亡

迦腻色伽死后，贵霜的盛世已去，势力日弱，至3世纪已分裂为若干小公国。这时，西亚的萨珊波斯兴起，开始向中亚和阿富汗、印度扩张，贵霜的势力日益缩减。4世纪，东印度笈多帝国兴起，再次统一北印度，西北印度贵霜诸王公的残余势力处于笈多帝国的控制之下。在大夏故地的大月氏人仍保持独立，至5世纪开始不断受到哒的侵犯。425年，大月氏在大夏的残余小国为哒所灭。

贵霜王朝金币
贵霜王朝金币都是纯手工打造的，因此没有一枚是完美的圆形。

※ 古代朝鲜

朝鲜是亚洲东部的文明古国之一。汉字很早就传入朝鲜半岛，"朝鲜"一词始见于中国的《管子》《史记》等古代文献中。约在中国战国时期，"朝鲜侯"称王，是为朝鲜建国之始。古朝鲜的农业、手工业都有较大的发展，对外贸易也较兴盛。

■ 朝鲜半岛

朝鲜半岛多山，地势北高南低，东高西低，北部是盖马高原，东部是纵贯全境的太白山脉，高原山地约占半岛面积的四分之三。河川多向西、向南流，半岛境内最大的河流是中部的汉江，北部有清川江、大同江，南方有锦江、洛东江。山地与高原中间的河川冲积平原适于农耕，为人类提供了生存的条件。

文殊菩萨画像
大乘佛教宣称普度众生，塑造佛像具有巨大功德，可以得到无穷的福报，佛教徒遂开始大量制作各种各样的佛像。

■ 韩人国家的形成

古代朝鲜半岛南部的居民是韩人，分为马韩、辰韩、弁韩三支，各有若干部落。韩人最早的国家是辰国，统治者称辰王。随着各自势力的发展，三韩相继建立了新罗、百济、金官（伽耶或加罗）三国，辰国灭亡。公元前54年，辰韩斯卢（新罗）六村首领共推朴赫居世为"居西干"，将六村改为六部，建立新罗国家，

古代世界篇

85

◆ 罗马帝国迁都
罗马帝国迁都拜占庭，并将拜占庭更名为君士坦丁堡。

其社会经济在当时的朝鲜半岛居于领先地位。百济国形成于马韩地区，逐渐合并了马韩各部，并与东面的新罗和中国魏晋的带方郡争夺汉江流域，313年夺取了带方郡的南半部，371年迁都汉山城。1世纪中期，弁韩人建立金官国。金官国与新罗频繁争战，4世纪遭到日本侵略，532年为新罗所吞并。

■ 高句丽南迁

高句丽是汉玄菟郡管辖下的中国少数民族，于公元前37年自立政权后，一直是隶属于中原王朝的中国少数民族地方政权。东汉、魏晋至南北朝初期，高句丽一面向辽河流域和松花江流域扩张，占据了玄菟、辽东、中辽等郡的辖地，一面向南发展，夺取了乐浪郡全境和带方郡辖境的北半部，开始与新罗、百济争夺汉江流域。

■ 古代朝鲜文化

古代朝鲜半岛的文化是当地居民在吸收中国古代文化的基础上发展起来的。在建筑方面，古朝鲜的建筑业已经十分发达，其中新罗建筑艺术在朝鲜半岛诸国中水平最高。7世纪初，新罗修建的瞻星台是世界上最古老的天文台，其遗迹至今尚存。在思想文化方面，中国儒家思想对古代朝鲜半岛有很大的影响，出现了金大问、薛聪等著名儒学者。与此同时，当时的统治阶级已经开始注意到修史的重要性。545年，新罗政府命居柒夫等编修《国史》，高句丽、百济也开始编写史书，但都已湮没无存，后来的《三国史记》中记载了一些相关史料。

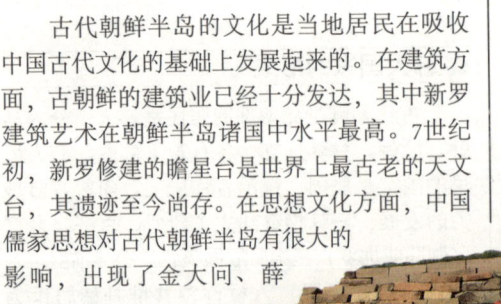

※ 古代日本

1世纪，日本列岛上出现了许多小国，日本进入阶级社会，2世纪末时形成了较大的奴隶制国家邪马台国。5世纪，大和国统一日本，逐渐形成了具有日本特点的奴隶制国家。古代日本文化

庆州瞻星台
这座瞻星台是东方现存的最古老的天文台，建于新罗第二十七代王善德女王（632～646年）时期，用于观测天空中的云图及星座。

【百科链接】

箕氏朝鲜：
汉代历史学家司马迁在《史记》中记载，商代最后一个国王纣的叔叔箕子在周武王灭纣以后，带着商代的礼仪和制度到了朝鲜半岛北部，被那里的人民推举为国君，并得到周朝的承认，史称"箕氏朝鲜"。

高句丽"将军坟"
这座呈方坛阶梯式的陵墓位于吉林省集安市东北约4千米的龙山脚下，因其造型颇似古埃及法老的陵墓，因此被誉为"东方金字塔"。据推算为4世纪末5世纪初高句丽王朝第二十代王长寿王之陵。

◆ 奥古斯丁
欧洲基督教哲学家、神学家，建立起完整的教父哲学体系。

主要源于对中国文化的吸收和融合，汉字和汉文、儒学、律令制度和佛教是日本吸收中国文化的主要方面。

■ 日本列岛

日本是亚洲东北部的岛国，主要由四大岛屿及其附属岛屿组成。山地约占全国面积的76%。列岛四周海岸线曲折，多港湾，利于海上交通。受热带太平洋暖流的影响，日本列岛气候温和湿润，沿海小平原和山间河谷适于发展农业，是古代日本居民繁衍生息的地方。

■ 邪马台国

日本最早的奴隶制国家是邪马台国，形成于2世纪末，位于九州岛北部。当时的日本有许多小国，邪马台国是统治这些小国的霸主，女王卑弥呼统率周围的奴国和伊都国等许多小国。邪马台国尚处于奴隶制的早期阶段，虽已有租税制度，也有了刑罚，但还没有把奴隶当作主要劳动力。

邪马台国与中国三国时期的魏国通好，两国通过朝鲜半岛上的带方郡频繁往来。据文献记载，自魏明帝景初二年（238年）以后，邪马台国先后四次派使节前往魏戍带方郡。魏国也曾两次遣使至邪马台国，封卑弥呼为亲魏倭王，授予金印、紫绶。

■ 大和国统一日本

2世纪以后，本州岛近畿地方成为中国文化输入本州的门户。亚洲大陆移民不断来到本州，带来了中国先进的铁制农具和农耕、养蚕、织绢以及其他手工业技术，促使这一地区的社会生产力迅速发展起来。当邪马台国衰弱的时候，大和国家开始经略日本列岛。4世纪初，大和国征服了包括北九州在内的许多地区，5世纪时大体上统一了日本列岛。

■ 古代日本文化

古代日本文化是在中国文化的巨大影响下发展起来的。

在文字方面，古代日本只有语言没有文字，直到4世纪末，日本人才开始习用汉文、汉字，将其作为记录的工具。目前已知的有关日本最早使用汉字的资料，是1873年从九州熊本县玉名郡江田村船山古坟发现的大刀上的铭文，共有75个汉字。据推测，这把大刀可能是5世纪前半期的遗物。最初，日本人开始用汉字作为标记日本语音的音符，即日语有几个音节，就用几个汉字。这些汉字后来逐渐演变成假名。"假"即"借"，"名"即"字"。只借用汉字的音和形，而不用它的意义，所以叫"假名"。而那些直接沿用其音、形、义的汉字叫"真名"。这样，一篇文章中真名、假名并用，显得非常混乱。而且假名要借用的同音汉字很多，加上汉字笔画多，用起来很不方便，所以后来日本人就把汉字简化，逐渐演变成现在的日文。

【百科链接】

部民制：
部民制是日本大和国时期的奴隶制，产生于4世纪末，大化改新后被废除。部是皇室和贵族占有的奴隶集体，一般冠以主人名、职业名，种类有田部、部曲、品部等。部民制是日本奴隶制国家的社会基础。

邪马台国女王卑弥呼骑马图
卑弥呼（约175~248年），古代日本邪马台国的女王。她是《三国志》所载和曹魏往来甚密的倭女王，能使鬼道，以妖术惑众，年长不嫁。

◆ 亚德里亚堡战役
日耳曼西哥特人与罗马人的战争。罗马军大败，帝国逐渐走向衰落。

服饰方面，在绳文文化时代后期（日本新石器时代，相当于公元前800年至前500年）和弥生式文化时代（日本使用弥生式陶器的时代，相当于公元前300年至300年），日本出现了两种基本的服装式样。一种是套头式圆领衫；另一种是对襟式服饰，左衽，筒形袖，领尖至腰间等距，两侧用细绳系结扣接。衣长在膝以上。与上衣配套的还有袴、领巾等。而日本的传统服饰——和服是到6世纪前后才初具雏形的。

古坟时代的武士陶俑
古坟时代，指的是日本历史上弥生时代以后的时期（约4~7世纪），因当时日本贵族大量营建古坟而得名。这一时期大和政权逐渐统一了日本。

※ 白村江之战

663年的白村江之战，是中日之间的第一次大战。公元7世纪中叶，朝鲜半岛内讧。655年，高句丽与百济联合进攻新罗，新罗向唐朝求援。660年，唐高宗派大将率水陆联军13万前往救援，大败百济，俘获百济国王。同年秋，百济遗臣两次遣使到日本朝廷，请求援助，日本借机出兵朝鲜半岛。

661年初，日本齐明女皇和中大兄皇子（后来的天智天皇，668年即位）亲赴九州，欲统兵渡海西征，但齐明女皇因旅途劳顿，没过多久就病死了，出征计划被迫推迟。随后，中大兄皇子监国，令先遣部队及辎重渡海。661年秋，五千日军护送百济丰璋王子归国即位。662年初，日本向百济赠送大批物资。随后，日本将军率舟师170艘增援。日本本土则"修缮兵甲、各具船舶、储设军粮"，随时准备渡海作战。663年春，日本又增兵2.7万人，唐朝任命右威卫将军孙仁师为熊津道行军总管，统兵七千进驻熊津城（今韩国公州）。

663年8月，日军进入白村江河口，严阵以待的唐朝和新罗联军派出170艘战舰迎战。日本诸将轻视对手，自以为"我等争先，彼应自退"，向大唐坚固的阵地发起进攻。唐军以逸待劳，巧施包抄合击之术予以反击。唐军"四战而捷，焚其舰四百"，日军溃不成军。《日本书纪》载"须臾之际，官军败绩，赴水溺死者众，舻舳不得回旋"。经此惨败，日本试图在朝鲜半岛上扩张势力的野心化为泡影，天智天皇只得在战后与唐重修旧好。

伊势神宫皇大神宫正殿
伊势神宫位于日本三重县伊势，是日本神道教最重要的神社，供奉天皇的祖先天照大神。

88

Part 3

中古世界篇

◆ 基督教被定为罗马国教
罗马帝国皇帝狄奥多西一世宣布基督教为国教。

中古时代的西欧

中古时期，西欧被基督教神学思想统治着，政治权力与意识形态是分离，甚至是分立的。正如恩格斯所说，"中世纪只知道一种意识形态，即宗教和神学"。控制这一意识形态的力量，不是政治权力的代表——王权，而是相对独立的罗马教廷。中古初期，罗马教廷及其在各国的代表——天主教会，同封建王朝分庭抗礼，教皇国逐渐成为天主教的大本营。随着封建制的发展，罗马教廷逐渐成为西欧诸国的太上皇，控制着人们的意识形态，凌驾于王权之上。在相当长的时期内，世俗王权受到天主教会的制约。基于这种社会政治结构，西欧封建君主制成为权力多元化的产物，王权不具备独裁地位，未被神化。

※ 日耳曼民族大迁徙

早在公元前1世纪，日耳曼人就开始向罗马帝国境内迁徙。当时日耳曼人已经占据了东起维斯瓦河、西至莱茵河、南达多瑙河、北抵波罗的海的广大地区，罗马人把这片广袤的地区称为"日耳曼尼亚"。在日耳曼部落大迁徙的过程中，西欧的奴隶制走向瓦解；在罗马因素和日耳曼因素相互影响和渗透的基础上，西欧逐渐产生了封建制度。

■ 古日耳曼人社会

4世纪初，罗马帝国就已遭受到匈奴人、日耳曼人、斯拉夫人和阿瓦尔人的入侵，其中威胁最大的是日耳曼人。对古代日耳曼人社会生活记载较为详尽的，是公元前1世纪中叶恺撒所写的《高卢战记》和公元98年前后塔西佗所写的《日耳曼尼亚志》。在恺撒时代，大多数日耳曼人仍过着氏族游牧生活，很少从事农耕。但到了150年以后的塔西佗时代，农业已经在日耳曼人的经济生活中起着重要作用，土地由大家庭公社来耕种，氏族贵族趁机占有较多较好的土地。这说明日耳曼人的阶级分化已经开始。由于和罗马帝国的频繁战争，军事首领成为日耳曼民族不可缺少的人物。所以这一时期的日耳曼人已处于原始社会末期军事民主制的最高阶段，国家政权正在逐渐形成中。

■ 民族大迁徙

在古罗马时代，日耳曼人一直保持着原始的氏族部落生活，多数居住在现在的斯堪的纳维亚半岛和日德兰半岛上。罗马帝国中后期，被罗马人称为"蛮族"的日耳曼人的一些部落开始南迁，并且与罗马人隔着莱茵河及多瑙河对峙。促使日耳曼民族大迁徙的直接原因是来自东方匈奴人的侵袭。5世纪，日耳曼人受到匈奴人的侵扰不得不向罗马帝国境内迁徙。这时的罗马帝国已从奴隶制社会发展的顶峰衰落下来，各地不断发生奴隶和农民起义，日薄西山

阿拉里克二世出征图
西哥特国王（484~507年在位）。尤里克之子，在父亲去世后即位。他统治的领土包括整个高卢和大部分西班牙。

匈奴王阿提拉肖像
阿提拉（406~453年），中世纪欧亚大陆匈奴人最伟大的领袖和皇帝，史学家所称的"上帝之鞭"，曾多次率领大军入侵东罗马帝国及西罗马帝国，对两国造成极大的威胁。

◆ 罗马帝国分裂

罗马帝国分裂为东西罗马帝国，分别以罗马、拜占庭为首都。

的罗马帝国摇摇欲坠。日耳曼民族在这个关键时期席卷了整个罗马帝国的西半边，并建立了诸多独立的王国。从此，日耳曼民族开始成为整个西欧及北欧的主宰。

■ 西哥特王国的兴亡

419年，日耳曼人的一支——西哥特人在土鲁斯建立西哥特王国，这是第一个得到罗马承认的蛮族王国。尤里克国王统治时期（466~484年），西哥特王国臻于鼎盛。其子阿拉里克二世在位时期编成的《阿拉里克法典》在西哥特人和其他蛮族中产生了很大影响。西哥特王国行政机构仍沿用罗马旧制，按照惯例召开各省会议，每年举行一次高级官员与当地显贵的会议，共同讨论重大问题。官方语言为西班牙的拉丁方言。507年，西哥特王国的高卢领土全都被日耳曼人的另一支——法兰克人侵占，王都被迫迁到托勒多。此后两个多世纪，王国衰落，711年为阿拉伯人所灭。

哥特武士

哥特人是日耳曼人的支系，分为东哥特和西哥特两大部分。哥特人原来生活在东欧地区，由于受到匈奴人的驱逐而进入罗马帝国境内，最终导致了罗马帝国的覆灭。

■ 汪达尔人的迁徙和建国

民族大迁徙中，属于日耳曼人的汪达尔人迁徙得最远。汪达尔族原分布于多瑙河下游一带，409年，他们越过比利牛斯山，占领伊比利亚半岛西部和南部的大部分地区。至此，西班牙行省几乎完全脱离罗马。从415年起，汪达尔人受到北方西哥特人的侵袭，不得不退守半岛南端和西北一隅。439年，汪达尔人在北非建立了汪达尔——阿兰王国，并开始建立海军。几经征战，442年，汪达尔人终于迫使罗马承认其对北非大部分地区的统治。

■ 东哥特王国的建立与灭亡

东哥特人是日耳曼人的一支，原生活在黑海西部草原地区，4世纪后期形成部落联盟。375年，来自东方的匈奴人击败东哥特部落联盟，东哥特人被驱赶到中欧地区的潘诺尼亚。匈奴帝国瓦解后，东哥特人乘机摆脱匈奴人的统治，建立自己的国家。488年，东哥特国王狄奥多里克率军进入意大利，建立东哥特王国，定都拉文纳。555年，东哥特王国被拜占庭所灭。

【百科链接】

勃艮第人：

勃艮第人原属斯堪的纳维亚日耳曼人的一支，分布于波罗的海的勃伦霍姆岛和波罗的海南岸地区，1世纪时先后迁至维斯杜拉河下游和罗马边界莱茵河一带，聚居在沃姆斯。5世纪初，勃艮第人渡过莱茵河到达西岸，并于5世纪中叶进占罗纳河和索恩河流域，建立勃艮第王国，定都留格杜努姆（今里昂）。

罗马骑兵

罗马重骑兵有着统一的装备，他们穿鳞甲或者链甲，佩大型护肩，手持传统的罗马短剑或者凯尔特式长剑，有时还配以轻型长矛。

中古世界篇

◆ 匈奴入侵高卢
匈奴人领袖阿提拉率大军侵入高卢。西罗马皇帝成为日耳曼雇佣兵的傀儡。

■ 封建制的萌芽

西罗马帝国的灭亡，表明奴隶制生产关系已经腐朽。但新来的征服者不可能把大量罗马人收容到氏族内部来。同时，日耳曼人也不可能用简单的氏族组织去统治罗马人。因此，随着形势的发展变化，氏族组织变成了国家组织，军事领袖成了国王，亲兵成了贵族。这样，在已经发展的生产力的基础上，西欧从奴隶制逐步向封建制转化，这是罗马因素与日耳曼因素相互结合的结果，但根本上是罗马生产力发展的结果。

克洛维一世像
克洛维一世（481~511在位），法兰克王国墨洛温王朝的缔造者。中世纪早期曾统治西欧大片领土。

※ 法兰克王国

在西罗马帝国废墟上建立的一系列"蛮族"国家中，克洛维建立的法兰克王国最强大，对后来西欧各国的影响也最深远。

■ 法兰克王国的建立

法兰克人最初居住在莱茵河下游（今比利时境内），在4世纪民族大迁徙的洪流中，法兰克人趁机侵入高卢北部。到了克洛维时代（481~511年），法兰克已发展成为一个强大的统一国家。法兰克统治者推行扩张政策，高卢中部的勃艮第王国、南部的普罗旺斯地区、莱茵河以东的图林根等地区先后被并入法兰克的版图。

■ 采邑制度与封建化

6世纪末，耕地逐渐成为可以转让的私产。在新征服的土地上，除了建立农村公社以外，其他土地都被法兰克国王据为己有。国王把一部分土地赏赐给自己的亲兵和官吏。这样，在法兰克王国出现了大土地私有制。8世纪中期，法兰克王国开始推行一种采邑制度，即国王不再无条件地赏赐土地，而是把土地作为采邑，连同耕种土地的农民一起分封给亲近的贵族。随着采邑制的推广，越来越多的农民沦为农奴，农村公社逐渐瓦解，社会进一步封建化。

法兰克王国时期的绘画

【延伸阅读】

克洛维是谁？
克洛维是一个有才能的部落首领，但是他凶狠、残暴，为达目的不择手段。为了巩固自己的地位，克洛维在496年率领三千亲兵皈依基督教。此后，克洛维在教会的支持下不断取得胜利。6世纪初，克洛维用阴狠手段剪除其他法兰克部落首领，建立了统一的法兰克王国，奠定了法兰克王国墨洛温王朝的统治基础。

◆ 西罗马灭亡
西罗马帝国皇帝罗幕路斯·奥古斯都被废除，西罗马帝国灭亡。

中古世界篇

■ "懒王"时期

511年克洛维死后，法兰克王国分裂，逐渐形成奥斯特拉西亚、纽斯特里亚、勃艮第三个独立的王国，他们彼此争权，长期混战。7世纪中叶，国家实权已落到宫相手中。宫相原系主管王室田产的官吏，进而成为宫廷总管，主管国王的财产收支，后来逐渐成为掌握实权的人物。687年，奥斯特拉西亚的宫相赫斯塔尔·丕平战胜纽斯特里亚的宫相后，成为全法兰克的实际主宰者，而国王则成了傀儡，闲散不问政事。这段历史被称为"懒王"时期。

【延伸阅读】
"教皇国"是怎样产生的？

丕平当上法兰克国王后，为了酬谢罗马教皇的支持，分别于754年和757年两次远征意大利，迫使伦巴第国王爱斯托夫把所侵占的罗马地区诸城市和拉文纳总督区交给教皇统治。与此同时，教皇又引用伪造的"君士坦丁赠礼"，证明早在4世纪时君士坦丁大帝已将"罗马城、意大利以及西方各地的城市"赠予教皇。于是，在丕平的协助下，意大利中部出现了一个"教皇国"。

■ 查理·马特的改革

墨洛温王朝所实行的完全私有的赐地办法，不仅耗尽了国王的全部土地，在经济上削弱了王权，而且在政治上造成了封建割据。因此，查理·马特任宫相后，便采取采邑分封制，受封者的领地在一般情况下不能世袭，而且以服兵役为条件。这不但抑止了领主势力的扩大，而且增强了法兰克王国的军事实力。这一措施被称为"查理·马特改革"。查理·马特的改革是法兰克封建化的体现，而土地关系的变革又导致法兰克封建制进一步向纵深发展。

■ 丕平与加洛林王朝

丕平，查理·马特的儿子，加洛林王朝的创立者，查理大帝之父，由于他个子矮小，被人称作"矮子丕平"。747年，其兄卡罗曼削发为僧，丕平成为法兰克宫相。为了篡夺王位，丕平极力寻求教会的支持。为了调整和基督教会的紧张关系，他追认所有采邑的封地都属于教会的财产，封臣应向教会交纳一定的费用。同时，封臣必须为国家服兵役，不经国王同意，教会无权收回土地，此种地产称为"王赐恩地"。这一协议暂时缓和了教会和国家之间的矛盾，有利于丕平篡权。751年，他遣使问教皇扎迦利谁应做国王，开创了教皇废立君主的先例。同年，在苏瓦松举行的法兰克贵族会议上，在教皇支持下，丕平被推选为法兰克国王，加洛林王朝取代了墨洛温王朝。768年，在远征阿基坦回国的途中，丕平死于圣德尼教堂。

■ "罗马人的皇帝"

丕平死后，其子查理继位。查理是法兰克最著名的国王，在他统治期间（768~814年），国势空前强盛。查理在位46年，发动了50多次战争，使法兰克王国的版图西南达到西班牙的厄布罗河，北邻北海，东至易北河和多瑙河，南面包括意大利的大片土地，幅员广阔，盛极一时。800年，罗马教皇授予查理"罗马人的皇帝"称号，借以象征他继承了罗马帝国。历史上因此称查理为"查理曼"，意思是查理大帝，他统治的国家被称为"查理曼帝国"或"查理大帝帝国"。

丕平一世肖像

丕平是查理·马特的儿子，因个子矮小而被称为"矮子丕平"。他身为墨洛温王朝的宫相，长期掌握着朝政大权。作为法国加洛林王朝的开创者，他不仅为儿子查理打下了称霸西欧的基础，还留下了一个延续了1100多年的教皇国。

◆ 法兰克王国建立
日耳曼法兰克人建立的王国，因由墨洛温家族的克洛维创建，又称墨洛温王朝。

■ 西欧封建制的形成

查理·马特实行的采邑分封制导致了土地所有权的相对巩固和农民的进一步农奴化。采邑所有者强迫其领地上的居民服徭役或交纳代役税。广大封臣是靠剥削农奴来维持生存的。采邑制的建立加深了封主与封臣的从属关系，有利于以土地为纽带的封建等级制的形成和巩固。

■ 查理曼帝国的瓦解

查理大帝死后，帝位由儿子路易（814~840年）继承。这时，大封建主势力强大，不再服从中央统治。路易的儿子们彼此也争权夺利。路易死后，他的三个儿子于843年在凡尔登缔结条约，把帝国分割为三部分。查理（绰号"秃头查理"）得到谢尔德河、索恩河和罗讷河以西的土地，这就是西法兰克王国；路易（绰号"日耳曼人路易"）得到莱茵河以东的土地，即东法兰克王国；长子罗退耳得到东、西法兰克王国之间的地带和法兰克在意大利的领土，并且承袭皇帝称号。这三部分就是后来法兰西、德意志和意大利的雏形。

查理大帝肖像
查理大帝（742~814年），或称"伟大的野蛮人查理曼"等，神圣罗马帝国的第一任君主。他在位的46年间，发动过大大小小50多场战争，控制了大半个欧洲。

※ 十字军东侵

十字军东侵指1096年至1291年西欧天主教会、世俗封建主和意大利富商对地中海东岸国家发动的侵略战争。侵略军身缀十字标记，故称"十字军"。

■ 东侵前的西欧社会

西欧城市兴起以后，封建主胃口扩大，企图向外扩充领土，掠夺财富。11世纪，西欧普遍流行长子继承制，封建领地由长子继承，其余诸子则成为无地的骑士，这使他们更热衷于侵占和掠夺新领土。城市商人，特别是威尼斯和热那亚的商人企图独占地中海东部地区的贸易，以便掌握贸易优势。而农民受到封建剥削和灾荒的双重困扰，挣扎在饥饿线上的农民迫切希望到东方寻找摆脱困境的出路。罗马教皇与天主教会作为西欧最大的封建领主，热衷于对外扩张，他们把无地骑士、城市商人和贫苦农民的注意力引向东方，借以消除西欧封建社会的不稳定因素。此外，教皇从天主教会的立场出发，企图通过东侵，把东正教教会收归罗马教皇统治之下，重建统一的基督教世界。就这样，在西欧封建社会出现种种矛盾的时候，教会封建主趁拜占庭帝国求援之机，发动了东侵。

出征萨克森
查理大帝为了改变异教徒萨克森人的信仰，发动了对萨克森的战争。在这一强迫改宗的过程中，据估计，有四分之一的萨克森人被杀害。

◆ 法兰克国王克洛维皈依基督教
由于接受了罗马主教的洗礼,克洛维的军事扩张获得了广大教徒的支持。

中古世界篇

■ 塞尔柱土耳其的兴起

塞尔柱土耳其人是突厥人的一支,原生活在中亚北部,过着游牧生活。公元1000年前后向西迁徙,皈依伊斯兰教。几十年内,他们先后打败巴格达哈里发国家和拜占庭帝国,占领两河流域、叙利亚、巴勒斯坦和大部分小亚细亚。基督教圣地耶路撒冷也落到了他们手里。11世纪末,他们在亚洲西部从兴都库什山到地中海东岸的广大区域建立了塞尔柱土耳其帝国。

■ 前三次东侵

1095年,教皇乌尔班二世在法国南部克莱蒙召开宗教大会,以"从异教徒手中夺回圣地耶路撒冷"为口号,发动了第一次十字军东侵。1099年7月,十字军击败塞尔柱土耳其人,攻占耶路撒冷,建立耶路撒冷王国以及爱德沙伯国、的黎波里伯国和安条克公国。1144年,因塞尔柱土耳其人占领爱德沙,法王路易七世和罗马皇帝康拉德三世于1147年发动了第二次东侵,但在小亚细亚和大马士革附近遭到惨败。1187年,埃及苏丹萨拉丁收复耶路撒冷,德皇腓特烈一世、法王腓力二世与英王理查一世遂于1189年发动第三次东侵,但与萨拉丁连番激战均无果,只能无功而返。

■ 第四次东侵与拉丁帝国

1202年,教皇英诺森三世策划了第四次东侵。十字军原计划攻占埃及,但在威尼斯商人的干预下,反而进攻信奉同一宗教的拜占庭帝国,于1204年4月13日攻占君士坦丁堡。十字军烧杀劫掠数日,将君士坦丁堡变成了一座废墟,不计其数的历史文物和文献书籍毁于一旦。十字军占领了拜占庭帝国在巴尔干的大部分地区,建立了"拉丁帝国"。

十字军东侵
十字军东侵参战者的武器装备各异。甲胄骑士装备有长剑和重矛;另一些骑马或徒步的骑士装备有剑、圆锤或战斧;农民和市民则多使用刀、斧和长矛。

【百科链接】

洗劫耶路撒冷:
1099年7月15日,十字军攻占耶路撒冷,他们像强盗一样烧杀劫掠,无恶不作,在短短的几天之内,就将整座城市洗劫一空,而十字军士兵则一夜暴富。阿拉伯史学家曾一针见血地指出,"他们只是一群凶狠善战的畜生"。

腓特烈一世画像
1189年,德皇腓特烈一世在与教皇和解后,与英王理查一世和法王腓力二世一起领导了第三次十字军东侵。然而,他却在小亚细亚的萨列法河中意外溺死。

◆ 法兰克统一
法兰克王克洛维征服河滨，使两支法兰克人得以完全统一，并于不久后迁都巴黎。

十字军的失败

第四次十字军东侵之后，教皇又发动了第五次（1217~1221年）、第六次（1228~1229年）和第七次（1248~1254年）东侵，目标均为埃及。第八次（1270年）东侵的目标则是突尼斯，但均告失败。1291年，十字军失去其在东方的最后据点阿卡，东侵彻底失败。

十字军东侵的影响

十字军东侵给东方世界带来了巨大的灾难，包括耶路撒冷和君士坦丁堡等大城市在内的许多城镇被洗劫，无数伊斯兰教徒惨遭杀害。这场断断续续进行了近两百年的侵略战争，不仅给东地中海地区的人民带来深重的灾难，也使西欧人民付出了沉重的代价。

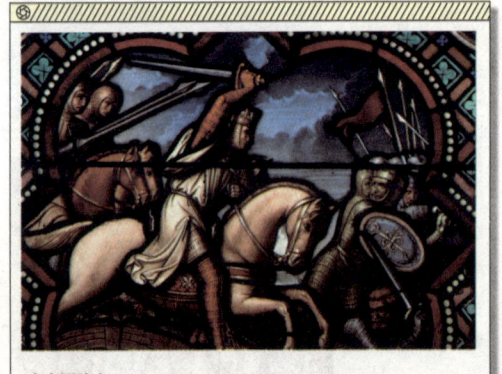

十字军骑士
十字军战士的社会成分十分复杂，因而所使用的武器装备也不统一。

八次十字军东侵的最大受益者是威尼斯、热那亚等沿海商业城市。东侵使拜占庭和阿拉伯世界的实力大大削弱，威尼斯等城市在东地中海地区的商业优势从此确立。

十字军东侵虽然在客观上促进了欧洲、亚洲和非洲不同文化之间的交流，产生了某些有利于西欧文化发展的因素，但代价异常沉重。它不仅使整个基督教世界在欧洲有所缩小，而且给基督教和伊斯兰教两大教派的教徒造成了巨大的心理创伤。

※ 英法百年战争及王权的强化

强大起来的英法两个封建国家互相敌对，冲突不断。战争从1337年开始，断断续续持续到1453年，历史上称为"百年战争"。战争期间，王权不断得到强化，英法逐渐成为封建中央集权国家。

"诺曼征服"

1066年1月，英王爱德华逝世。法国诺曼底公爵威廉因与爱德华有亲属关系，便借口爱德华曾许诺让他继承王位，在教皇支持下，威廉派兵攻占了英国，同年12月在伦敦加冕，称威廉一世（1066~1087年在位），英国诺曼王朝的统治从此开始。"诺曼征服"对英国社会产生了很大的影响，加速了这一地区的封建化进程。

百年战争的爆发

1328年，法国卡佩王朝最后一位国王查理四世去世。由于查理四世没有男系继承人，其堂兄华洛瓦家族的腓力六世（1328~1350年在位）继位。而英王爱德华三世则以腓力四世外孙的身份要求继承法国王位，并以此为借口发动了战争。1337年11月，爱德华三世率军进攻法国，战争开始。

诺曼底公爵威廉画像
威廉是诺曼底公爵罗贝尔一世的私生子，8岁时继承父亲的爵位，后来成为英格兰国王。

◆《查士丁尼法典》颁布
由东罗马帝国皇帝查士丁尼订立颁布，是欧洲历史上第一部系统完整的法典。

中古世界篇

■ 克勒西战役

1346年8月26日，英国国王爱德华三世指挥的英军和法国国王腓力六世的法军在克勒西附近进行了一场大战，这就是克勒西战役。英军依靠精良的武器装备和战术上的优势取得了胜利。在这场战役中，装备着紫杉长弓的英国步兵击败了当时号称最难对付的法国重装骑士。

■ "奥尔良少女"贞德

1415年，英国军队在诺曼底登陆，仅几年时间就占领了法国北部，包括巴黎。1428年，英军倾全力围攻通往法国南方的门户奥尔良城，法国形势十分危急。法国北部人民组建了以贞德为代表的抗英队伍，开始了拯救祖国的战斗。贞德1412年1月6日出生于法国杜列米村的一个农民家庭，英军围攻奥尔良时，她年仅17岁。1429年4月，贞德受命担任解救奥尔良城的军事指挥，她扮成男子，身披盔甲，率领6000多人向英军发起进攻。她英勇善战，身先士卒，终于击败英军，解除包围，扭转了战局。法军乘胜收复了许多城市。贞德成为法国人民爱国热情的象征，被称为"奥尔良少女"。

■ 百年战争的结束

1430年5月，贞德率军救援贡比涅时被勃艮

威廉一世的加冕仪式图
威廉一世是英格兰第一位诺曼人国王，他将诺曼底传统的集权制度和军事立国方针带入英国，从而改变了英国历史。

鲁昂广场火刑柱上的女英雄贞德
在英法百年战争中，勇敢的农家少女贞德带领法国军队对抗英军的入侵，为法国胜利做出了重大贡献。后为勃艮第公国所俘，被宗教裁判所以异端和女巫罪判处了火刑。

第公国俘获并交给英军。贞德在敌人的酷刑面前坚贞不屈，最后被教会法庭判为"女巫"。1431年5月30日，贞德被烧死在鲁昂广场的火刑柱上。她的牺牲大大激发了法国军民的爱国热情，他们团结起来，向英军发动大反攻，并不断取得胜利。1437年，法军光复首都巴黎。1450年解放曼恩和诺曼底。1453年，法军又夺回吉耶讷。同年10月，波尔多的英军投降，法国收复了除加来以外的全部领土。百年战争至此结束。

【百科链接】

人头税：
百年战争开始以后，随着战局变化，英国反胜为败，财政吃紧，难以支付庞大的军费开支。1377年，英国议会决定靠征收人头税填补庞大的军费缺口，规定14岁以上者，每人要交1枚银币的人头税。后又于1379年至1380年一再加征。1380年时，人头税的税额已经提高到了原来的3倍，即15岁以上者，每人要交3枚银币的人头税。这个数目相当于一个雇工3天的收入。下层阶级的人民生活苦不堪言，最终引发了农民起义。

97

◆ 尼卡起义
拜占庭首都君士坦丁堡城爆发的平民起义。

■ 红白玫瑰战争

百年战争结束以后，英国封建主向法国扩张的道路堵塞了，封建主内部的冲突加剧起

红白玫瑰战争
"红白玫瑰战争"所导致的贵族的大量伤亡，是贵族封建力量削弱的主要原因之一，促进了都铎王朝控制下的强大的中央集权君主制的发展。

来。百年战争结束不过两年，约克公爵家族便开始同当政的兰开斯特王朝争夺王位。兰开斯特家族以红玫瑰为族徽，约克家族以白玫瑰为族徽，因此他们挑起的战争被称为"红白玫瑰战争"。英国许多封建贵族跟随他们卷入战争。这场战争从1455年开始，至1485年结束，持续了30年。最终亨利·都铎在博斯沃思原野打败理查三世，结束了红白玫瑰战争，开始了都铎王朝的统治。

■ 法王专制的实现

百年战争末期，法王查理七世实行两项重大措施：第一，国王可以不经过三级会议批准直接征税；第二，建立国王直属的常备雇佣军。战争胜利以后，法国进入经济复兴时期。国王路易十一最终消灭了封建割据，基本上完成了国家统一。他充分认识到商业和手工业对充实国库的重要性，因而采取保护工商业的政策，鼓励商品输出，取消一部分内地关税。他还依靠中小封建主和上层市民的支持，加强了自己的权力。国王在宫廷官吏和顾问的辅助下统治国家，通过三级会议讨论的政事越来越少，等级代表制的封建君主政体演变为封建君主专制政体，法国成为中央集权国家。

查理七世肖像
法国瓦卢瓦王朝国王（1422~1461年在位）。他领导法国人民打赢了百年战争，为法国在接下来几个世纪的强盛奠定了基础。

■ 议会制的形成

12世纪至13世纪西欧城市的兴起，使西欧社会除了农民、封建领主和教士外，又增加了一个市民阶层。市民阶层虽然地位低下，但思想自由，富有钱财，不容忽视。当市民代表被召唤去和领主、教士一起参加国王

【百科链接】
议会制：
也称议会民主制，是民主政治制度的一种，特点是其政府首脑需要获得议会的支持才能工作，而这种支持一般通过信任投票的方式得到体现。议会民主制的政府一般拥有多个党派，而且政府首脑与国家元首分开。

的议事大会时，议会已经悄悄形成了。中世纪西欧的议会不代表民族、人民或个别的市民，而只代表"国土上的各个等级"，所以，它反映的是封建制下的等级概念，是贵族特权下放或普及化的结果，但又是连接中世纪封建制度和近现代西方民主制度的桥梁。

98

> 穆罕默德
> 世界三大宗教之一伊斯兰教的创始人。613年开始公开传教，信徒受到麦加贵族迫害。

中古世界篇

※ 德意志与意大利

从查理曼帝国分裂出来的东法兰克，逐渐发展为德意志王国。封建制度在这里发展得比较缓慢，直到11世纪末，德意志才基本封建化。意大利则长期陷在政治纷争之中，四分五裂，但其北部城市工商业很发达。

■ 神圣罗马帝国

公元936年8月7日，奥托一世在亚琛由德意志公爵们推选为德意志国王，他即位后坚决维护自己对公爵们的宗主权；947年亨利获得巴伐利亚公爵领地；950年波希米亚公爵博莱斯拉夫向他称臣纳贡。奥托一世抵制法国对洛林的主权要求，甚至把自己的势力扩展到勃艮第。951年他进军意大利，取得伦巴第国王的称号。954年马扎尔人侵入德国，次年8月奥托一世将马扎尔人彻底击败，随后发动了一系列战役，到960年已经征服了生活在易北河中游和奥得河中游之间的斯拉夫人。962年，奥托一世加冕为皇帝，建立"神圣罗马帝国"。1806年，神圣罗马帝国崩溃。

> 亨利四世的戒指
> 亨利四世，法兰克尼亚王朝第三位德意志国王和神圣罗马帝国皇帝（1084年加冕）。这位皇帝之所以这么出名，就是因为他与教皇格里高利七世之间围绕主教的叙任权展开的激烈斗争，而这一直是历史学家们最感兴趣的话题。

■ 卡诺沙事件

1075年，教皇格里高利七世宣称教权高于一切，世俗君主不得干预教皇选举和主教任职，打破了一百多年来皇帝批准教皇选举、任命主教的惯例。德皇亨利四世对此极为恼怒，双方斗争激烈。教皇宣布开除亨利四世的教籍，解除其臣民的效忠誓约，并煽动部分德国诸侯另立国王。亨利四世迫于形势，暂时屈服，并前往意大利卡诺沙向教皇请罪。亨利四世在卡诺沙身披悔罪衣，赤足冒雪哀求三天，最终取得了教皇的谅解，恢复了教籍和统治权。这便是历史上著名的"卡诺沙事件"。这件事表面上是教皇占了上风，但双方互不服气，政教冲突并未停止。直到1122年沃姆斯宗教会议决定由教皇或他的代表授予主教神职，而由皇帝授予封地，双方才算达成妥协。

■ 德意志的侵略扩张

德意志的侵略扩张主要体现在对西斯拉夫人和意大利的侵略上。早在萨克森王朝的亨利一世统治时期，德国封建主就开始了对西斯拉夫人的侵略。12世纪，德意志又发动了对西斯拉夫人的大规模侵略。到14世纪至15世纪，易北河沿岸的西斯拉夫人逐渐日耳曼化，丧失了自己原来的语言而讲德语。

1138年，霍亨斯陶芬王朝开始统治德国，红胡子腓特烈一世统治时期（1152~1190年）王朝达到极盛。腓特烈一世是一位野心勃勃的统治者，从1153年到1186年，他先后6次入侵意大利。其后继任者亨利六世、腓特烈二世继续对意大利征伐，整个意大利一度在德意志的管辖之下。

> 奥托一世画像
> 奥托一世是德意志萨克森王朝第二代国王，也是神圣罗马帝国首任皇帝。他长期奉行对外扩张政策，不仅给被侵略地区人民带来苦难，也影响了德意志的统一。

◆ 伊斯兰教历纪元开始

穆罕默德及其门徒被迫走到麦地那。此为穆罕默德人生转折点，以后信徒迅速增加。

■ 德意志的政治分裂

12世纪至13世纪，德意志的城市经济发展取得了显著成就，但其产品主要运往国外，与国内市场的联系不大，没有一个城市发展为全国的经济中心，各地区之间的经济联系也很薄弱。因此，城市的发展对德意志的政治统一没有起到多少作用。城市诸侯的势力非常强大，他们利用各种机会，特别是趁皇帝南行之机扩展自己的势力。尤其是在皇帝与教皇争夺主教叙任权期间，各地诸侯大肆网罗附庸，扩大实力，建立堡垒，导致了将近20年的内乱，加深了德意志的政治分裂局面。

中世纪诺曼骑士决斗图

■《金玺诏书》

1356年，德皇查理四世颁布《金玺诏书》，承认诸侯在领地内有权审判、征税、铸币、经营矿山，并规定皇帝由固定的七个诸侯选举产生。这七个诸侯称为选侯，其中有三个是大主教。《金玺诏书》事实上把德意志的分裂局面以法律形式固定下来，标志着诸侯对皇帝和中央集权的胜利。

■ 四分五裂的意大利

查理曼帝国分裂以后，意大利长期陷在政治纷争之中，一直没有产生统一的中央政权。北部后来成为神圣罗马帝国的一部分，中部是教皇的辖区，南部和西西里在12世纪时是诺曼人建立的西西里王国。13世纪末，南部成为那不勒斯王国的属地。意大利的各个地区主要是依靠对外贸易发展起来的，彼此的经济联系很少，并常有利害冲突，因此根本不关心政治统一。

■ 威尼斯共和国

威尼斯原是濒临亚德里亚海湾的渔村，10世纪开始发展，建立共和国。1082年，拜占庭皇帝允许威尼斯在帝国境内设立商站进行免税贸易。14世纪前后，威尼斯已经发展为意大利最繁忙的港口城市，成为整个地中海最著名的集商业、贸易、旅游于一体的水上都市。14世纪至15世纪为威尼斯的全盛时期，此时它成了意大利最强大和最富有的海上共和国、地中海贸易中心之一。16世纪，随着哥伦布发现美洲大陆及新航路的开辟，欧洲商路和商业中心西移到大西洋沿岸。这对威尼斯是个沉重的打击，从此，繁荣的威尼斯便逐渐走向了衰落。

【百科链接】

佛罗伦萨：

佛罗伦萨位于意大利中部。11世纪至12世纪，佛罗伦萨的工商业渐渐发展起来。1155年，佛罗伦萨获自治权，建立城市共和国。14世纪初，佛罗伦萨的制呢业中出现了资本主义生产关系——这是西欧出现最早的资本主义萌芽。15世纪末以后，佛罗伦萨工商业开始衰落。

十字军乘坐威尼斯船队舰船向东进发

富裕、精明的威尼斯人以善于航海闻名于世，让十字军乘坐其船队舰船东征的目的，主要是为了打败昔日的贸易竞争对手拜占庭商人。

◆ "大化改新"
日本一次自上而下的改革。废除豪族垄断体制，学习中国皇帝体制。

中古世界篇

※ 西班牙的统一

13世纪下半期，比利牛斯半岛上的卡斯提和阿拉冈通过王室联姻联合起来，两国合并，西班牙实现统一。

■ 西哥特时期的西班牙

419年，西哥特人在高卢南部和西班牙地区建国，其封建等级制是在瓜分古罗马帝国土地的基础上建立起来的。5世纪中叶，军事会议取代了人民会议，其版图从卢瓦尔河扩展到直布罗陀。最初，罗马人与西哥特人有着明显的界线，587年国王列卡列德宣布罗马公教为国教后，西哥特王国的统治者在基督教僧侣的支持下加速了封建化的进程。711年，西哥特人在瓜达拉维尔河战役中惨败，从此，西班牙成为阿拉伯国家的一部分。

■ 阿拉伯人的统治

后倭马亚朝阿卜杜·拉赫曼三世（912~961年）时代，阿拉伯人将东方的先进技术和科学文化知识带到了西班牙，如开凿运河、修筑灌溉渠道、养蚕和种植水稻、棉花、甘蔗、橘子等。其他如采矿、纺织和金属加工等先进技术，也在西班牙得到了推广。

同时，后倭马亚王朝的文化也日益繁荣，首都科多瓦的图书馆藏书达40万册，吸引着各国学者。10世纪时，科多瓦的居民已有约50万，清真寺700座，是当时欧洲最大的城市，与长安、君士坦丁堡、巴格达并称为世界的四大都会。后倭马亚王朝在阿卜杜·拉赫曼三世统治时期达到了鼎盛，不过这种繁荣是建立在残酷剥削劳动人民的基础上的。阿拉伯统治者对信仰基督教和犹太教的人每年都要征收严苛的人丁税。沉重的赋税加上残暴的统治，使后倭马亚王朝最终走向了覆灭。

■ 收复失地运动

1031年，后倭马亚王朝在西班牙的统治宣告结束。之后在科尔多瓦哈里发国家的废墟上，出现了23个小王国，他们彼此称雄厮杀，给西班牙北部的基

【百科链接】
罗德里戈·迪亚士：
罗德里戈·迪亚士（约1043~1099年）是反抗阿拉伯人统治的西班牙民族英雄，是传奇式的人物，通常被人们称为熙德（斗士的首领）。1094年，他率部攻占巴伦西亚，并不顾阿拉伯人的多次进攻，坚守这座城市，直到1099年去世为止。他的英勇战绩成为后来史诗《熙德之歌》的素材。《熙德之歌》是中世纪西欧最重要的几部长篇史诗之一。

督教国家收复失地创造了良好的机会。13世纪，比利牛斯半岛出现了卡斯提、阿拉冈和葡萄牙三个较大的基督教国家。其中卡斯提王国逐渐成为反阿拉伯人斗争的中心。此外，阿拉冈不断强大，逐渐成了反阿拉伯人斗争的第二个中心。1212年，信仰基督教的诸王国联军在拉斯那瓦斯德托罗萨之役中大败阿拉伯阿尔摩哈德王朝大军，取得决定性胜利。13世纪下半期，收复失地运动已呈瓜熟蒂落之势。

战场上的罗德里戈·迪亚士
罗德里戈·迪亚士是西班牙的民族英雄，为西班牙的独立做出了巨大的贡献。

101

◆ 朝鲜半岛统一
新罗联合中国唐朝军队作战，先后灭百济和高句丽，统一朝鲜。

■ 西班牙的统一

复杂的社会矛盾和未完成的收复失地运动，要求卡斯提和阿拉冈联合起来，这种联合是通过王室联姻实现的。1469年，阿拉冈王子斐迪南与卡斯提王位女继承人伊萨贝拉结婚，这为两国合并奠定了基础。1474年伊萨贝拉继位为卡斯提女王。1479年，斐迪南登上阿拉冈王位，两国正式合并，西班牙统一宣告完成。1512年，西班牙兼并半岛北部的那瓦尔王国。至此，除葡萄牙以外的整个比利牛斯半岛完全实现统一。

※ 中世纪西欧的封建制度

西欧封建制度是中古欧洲历史的一项核心内容，而其核心则是西欧封建等级制度。在整个中古时期，罗马天主教占据当时西欧土地的三分之一，并与世俗王权分庭抗礼，在思想文化方面也形成垄断的局面。

■ 西欧封建制的确立

9世纪时，国王、贵族、教会上层人物掌握了土地所有权和政治权力，农民被剥夺了土地所有权和人身自由，沦为农奴。由于土地所有制的改变和人身依附关系的形成，一种新的社会制度——封建制度开始在西欧确立。

中世纪欧洲庄园
封建庄园是一种自给自足的自然经济单位，庄园内的一切生产都是为了满足领主和依附农民的生活需要。只有庄园不能生产的物品，如盐、铁等，才从商人手中购买。

■ 封建庄园经济

中世纪时，西欧各地盛行庄园经济。庄园是这个时期西欧农业生产中的一种特定的组织形式。庄园农业生产实行三圃耕作制，土地一般分为领主自营地和农民份地，有的也包括部分自由地。农民份地由分散各地、相互交错的条田组成。

庄园是自给自足的自然经济形态，庄园里有手工作坊、磨坊和烤面包坊等，可以生产各种生活和生产用具。庄园生产主要是为生产者和领主提供生活资料，产品很少拿出去卖。

11世纪的欧洲农村
中世纪欧洲盛行封建庄园经济。许多农民由于封建主的残酷盘剥而破产，生活陷入了困境；而那些依附于封建主的农奴则完全丧失了人身自由，被无情地压榨。

■ 封建主与农奴

封建主掌握着武器和法庭，用暴力保证其经济剥削。封建主如果认为农奴没有好好为他种地，或者违反了庄园的规矩，就有权在庄园法庭里审判农奴。法庭由封建主本人或他的管事主持。封建主对农奴可以课以罚金或没收财产。罚金和没收的财产归封建主所有。

农奴处于被压迫地位，承担各种各样的税收，并且不能自由离开所耕种的土地。农奴每星期要抽出大约三天时间，用自备的农具和耕畜，在封建主管家的监视下，无偿为封建主耕种或收割。

◆ 第二次尼西亚公会议召开
由东罗马帝国君士坦丁六世及皇后主持，会议议定圣像可以被尊养但不可以被崇拜。

中古世界篇

■ 领主与附庸

随着封建制度的发展，封建主的内部也形成了一套等级制度。封建主通过层层受封，形成公爵、伯爵、子爵、男爵、骑士等不同等级。等级越低，人数越多。在封建等级金字塔内部，每一层的上下级之间都是领主（封主）和附庸（封臣）的关系，彼此负有义务。领主要负责保护附庸，附庸要向领主宣誓效忠。但是每个领主只能直接管辖自己的附庸，不能越级管辖附庸的附庸。

※ 中世纪的西欧城市

城市的出现标志着文明时代的开始。15世纪以后，西欧一些城市逐渐由政治、宗教和文化中心发展成地区性的经济中心，其中少数还成为全国性的经济中心或国际大都市。

■ 城市的兴起

中世纪西欧的城市有两个来源：一是幸存的罗马城市，二是新兴的城市。城市兴起的根本原因是生产的发展，特别是农业的发展。农业的进步促进了手工业的专业化，进而刺激了商业的发展。手工业者和商人往往聚集在交通便利和条件优越的地方，如渡口、海湾、城堡、寺院和政治中心等，久而久之这些地方就形成了城市，如法兰克福（美因）、伦敦等。还有些城市主要是靠商业和对外贸易发展起来的，如威尼斯、米兰等意大利城市和根特、布鲁日等尼德兰城市。在城市兴起的过程中，阶级斗争也起了重要作用。农奴只要在城市住满一年零一天，就可以摆脱领主的追捕，成为自由人，这些自由民就成了城市的最初居民。所以，中古城市往往是"由获得自由的农奴重新建立起来的"。

■ 争取自治权的斗争

中世纪西欧城市兴起之初，政治环境相当恶劣，市民处境非常悲惨。所以，西欧城市从诞生之日起就展开了反对领主权和争取自治权的斗争。市民巧妙利用国王同大封建主以及封建主内部不同集团之间的矛盾，获取自治权和其他好处。他们也会采用金钱赎买的方法摆脱某些封建义务，如果不能解决问题，就举行武装起义，成立城市公社，选举新的市政官。在米兰、威尼斯、科隆等城市都发生过类似的事情。

【百科链接】

行会：

西欧的行会产生于11世纪至12世纪，指同一行业的手工业者或商人，为保障本行业的利益而建立的封建性团体。行会有严密细致的章程，对内保证会员权利义务均等，对外实行垄断。但随着社会生产力的发展和市场的扩大，行会平均主义的原则越来越不能适应经济发展的需要。

领主和骑士们
中世纪时，欧洲土地上的大小封建领主和骑士构成了社会的主体，享受着崇高的地位和优厚的待遇。

城市暴乱
中世纪早期，欧洲城市控制在封建领主和僧侣手中，城市居民为争取自治权经常发动暴乱。

103

◆ 法兰克查理大帝加冕
他征服了西欧大部分地区,是西欧中世纪初期最强大的统治者。

■ "行会革命"

城市争取自治权斗争的胜利果实往往落入城市上层分子(城市贵族)的手里。他们控制着城市的立法、行政、财政和军事大权,盘剥

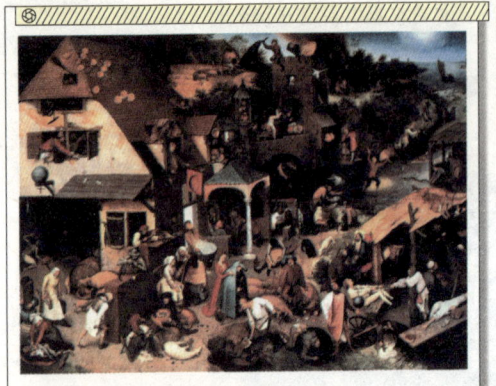

市井百态
中世纪欧洲的城市规模不大,建筑拥挤,人们从事着不同的行业,慢慢地,各行业之间形成了各自的行会。

市民,严重损害了广大手工业者和下层市民的利益。于是,行会里的手工业者又展开了反对城市贵族的斗争。13世纪至14世纪,西欧许多城市爆发了反对城市贵族的激烈斗争,历史上称之为"行会革命"。

■ 城市同盟

中世纪的德意志和意大利,封建分裂割据状况非常普遍,这一境况成为工商业发展的严重障碍。为求生存与发展,德意两国城市或采取城市共和国的形式自成一体,或结成同盟共同对付封建主的干扰破坏。著名的有莱茵同盟、士瓦本同盟和汉萨同盟。这些同盟没有执行机构和军队,也没有共同的金库和统一的法律,因而始终未形成政治实体。这些同盟内部虽然矛盾很多,但影响力还是很大的。

※ 中世纪的基督教会

中世纪欧洲教会情况甚为复杂。基督教会在发展过程中逐渐形成自己的组织,教皇地位逐渐加强,基督教会成为欧洲最强大的封建势力之一。它和封建国家的统治者勾结起来,共同维护封建制度,严重地阻碍了思想和文化的进步。

■ 教会势力的兴起

基督教会在发展过程中,逐渐形成了自己的组织。早期的教会通过法兰克诸王的大量施赠、信徒们的捐献和教会本身的巧取豪夺,成为大土地占有者,社会财富迅速增加。在国王们的支持下,通过传教士四处传教,基督教信仰广泛地传播开来。8世纪中期,法兰克国王把意大利中部包括罗马在内的地区赠给教皇,作为教皇领地。从此,在西欧出现了一个以教皇为首的封建国家——教皇国。12世纪至13世纪,特别是教皇英诺森三世时期,教皇和教皇国的势力达到鼎盛。

■ 精神统治的加强

教会模仿封建等级制度,逐渐建立起一套教阶制度。教皇之下有大主教、主教、神父(神甫)等。他们各有辖区,分别管辖城乡居民。教会通过各级组织和神职人员的活动,维持对人们的精神统治。教会垄断教育,推行愚民政策,让人们做到虔诚、禁欲、恭顺、服从,向他们灌输迷信思想。

推选教皇马丁五世
在一系列的教会闹剧之后,马丁五世在1417年的圣马蒂诺日被选为教皇,教会的"大分裂"时期结束。

◆ 吴哥王朝开始
柬埔寨北部兴起的真腊王国的王朝，是真腊历史上的极盛时期。

凡一切背离教会的说教、不合乎罗马教廷正统教义的思想，都被教会斥为"异端"。13世纪，教会设立了宗教裁判所，秘密审讯"异端"论者。许多"异端"论者被处以罚款、监禁，甚而在火刑柱上烧死。基督教会成为欧洲最强大的封建势力，它和封建主勾结起来，共同维护封建制度。

■ 教权的衰落

14世纪以后，随着中央集权国家的建立和人民反教会反封建斗争的蓬勃发展，教皇权力逐渐衰落。最明显的表现是教皇卜尼法斯八世与法王菲利普四世斗争的失败，其次是"阿维农之囚"，教廷被搬到法国南部的阿维农，成为法王的御用工具。1378年，教皇乘百年战争初期法国战败之机迁回罗马，但阿维农教皇继续存在，双方互不承认，互相驱逐出教，造成教会的"大分裂"。1409年又出现第三位教皇，形成三教皇并立的局面。1417年，康斯坦茨会议选出新教皇马丁五世，"大分裂"时期结束。与此同时，西欧又兴起宗教改革派，主张宗教会议的权力高于教皇，但教皇或拒不承认，或斥之为异端邪说。

奥古斯丁画像
奥古斯丁是古罗马帝国时期基督教思想家，欧洲中世纪基督教神学、教父哲学的代表人物，被教会奉为"圣人"。其观点在中世纪西欧基督教会中居于权威地位。

■ "异端"运动

初期"异端"运动以法国南部的阿尔比派、意大利北部的使徒兄弟派为代表。阿尔比派包括华尔多派和纯洁派两个支派，他们反对教会聚敛财富，否认以教皇为首的教阶制，坚持每个信徒都可宣传福音、举行圣礼的主张。这些主张受到底层群众欢迎，但引起教皇的愤怒。1208年，阿尔比派运动被镇压下去。1260年，悉加列利在意大利北部的帕尔马创立"使徒兄弟会"，成员以兄弟姐妹相称，并实行财产公有制。1300年，多尔奇诺和玛格丽特继续领导这个运动，宣传"私有制是罪恶的根源"，号召用暴力推翻一切僧俗政权，建立幸福千年王国，这是"异端"运动的重大发展。15世纪，捷克创立了西方第一个不受罗马教廷控制的捷克民族教会，对宗教改革运动产生了重大影响。16世纪初，德国爆发了轰轰烈烈的宗教改革运动。

《圣多明我和阿尔比教派》
圣多明我是西班牙教士，曾对"异端"进行残酷镇压。画面中显示的是圣多明我主持烧毁阿尔比教派书籍时的情景。佩德罗·贝鲁格特所画。

※ 中世纪西欧的农民起义

中世纪的西欧，战乱不已，洪水肆虐，黑死病流行，人口大减。战争又加重了人民的税收负担，封建领主盘剥苛刻，使人民陷入了绝望境地。在这种情况下，人民运动如火如荼地开展起来，给统治者以沉重的打击。

◆ 英格兰统一
英格兰韦塞克斯国王埃格伯特统一英格兰，史称"盎格鲁－撒克逊时代"。

■ 人民运动的背景

14世纪的西欧，随着商品经济的发展，货币地租逐渐盛行，农奴的人身依附关系开始松弛，但遭受的剥削却日益加重，阶级分化进一步加剧。战争、饥荒、疾病是中世纪具有毁灭性的三大灾害。百年战争加重了英国农民的负担，法国的乡村也遭到极大破坏。1300年，寒冷天气袭击英国，1315年至1317年，洪水和饥荒又降临英国，造成人口大量减少。1348年至1349年流行于西欧的黑死病导致人口锐减，西欧出现劳动力匮乏、物价上涨的局面。而英国政府颁布的"劳工法令"却强迫劳动者接受瘟疫流行前的低工资，英国农民生活在水深火热之中。人们深知与其等死，不如揭竿而起，于是，人民运动高涨起来。

理查二世登基
1377年，英王爱德华三世去世，黑太子的儿子、年仅10岁的理查二世即位。1399年，兰开斯特公爵拘捕并废黜了理查二世，并于次年将他秘密处死在伦敦塔中。

■ 巴黎起义

百年战争引起法国农村经济的衰退和工商业的凋敝，民不聊生。首都巴黎各阶层民众对政府十分不满，商人领袖艾顿·马塞领导市民起义，要求国王实行一系列改革，史称"巴黎起义"。

■ 1381年英国农民起义

百年战争开始以后，英国的封建主、雇佣军首领、银行家和投机商人都发了财，人民的负担却越来越重。后来战局变化，英国从胜利转为败退，英国议会决定靠征收人头税填补庞大的军费开支。1381年5月底，东南部埃塞克斯郡的农民抗缴人头税，发动起义。几天之内，起义在埃塞克斯郡和肯特郡全面爆发，瓦特·泰勒、保尔被推为起义领袖，分两路向伦敦进发。起义在英王理查二世的欺骗和镇压下，以失败告终。起义对英国农奴制度的取消起了重要作用。

■ "乡下佬"起义

扎克雷起义是中古时代西欧各国中影响较大的农民起义之一，扎克雷意即"乡下佬"。巴黎市民起义后，太子查理逃出巴黎，到农村招募军队镇压巴黎起义者，这引起农民的强烈不满。1358年5月，巴黎以北博韦地方的农民在富有军事经验的吉约姆·卡尔领导下举行起义。他们高呼"杀死全国贵族，直到最后一个"。起义很快席卷北部大部分地区。但是由于各地起义队伍没有统一起来，也没有斗争纲领，起义最后以失败告终。扎克雷起义是法国历史上规模最大的一次农民起义，震撼了交战中的法、英两国。

※ 中世纪欧洲文化

在中世纪，教会的横行和荒诞的迷信，以及文化上的专制主义和蒙昧主义，使哲学、科学、文学都成为神学的附庸，严重地阻碍了思想和文化的进步。

瓦特·泰勒之死
1381年6月15日，坚持斗争的起义民众再次和国王谈判，提出更激进的反封建要求。在谈判中，伦敦市长沃尔沃思和国王的随从发动突然袭击，杀死了瓦特·泰勒。

106

◆ 查理帝国分裂
国王路易的三个儿子签订《凡尔登条约》。法兰西、德意志、意大利三国雏形产生。

中古世界篇

■ 基督教蒙昧主义

在中世纪欧洲封建社会里，基督教不但在政治上对西欧各国加以控制，而且在意识形态领域也取得了支配地位，使哲学、科学、文学都成为神学的附庸。恩格斯指出："中世纪只知道一种意识形态，即宗教和神学。"宗教教条同时也是政治信条，《圣经》中的词句在法庭上具有法律效力。基督教会鼓吹神权至上，宣扬禁欲主义，推行蒙昧主义，否定世俗生活，强制推行"启示高于理想""知识服从信仰""哲学服从神学"等政策，排斥异教文化，妄图以神学美化封建统治，使广大人民忍受剥削压迫而不加反抗。这使得中世纪欧洲的精神生活极为枯燥，文化发展长期滞后。

■ 经院哲学

经院哲学是中世纪西欧占统治地位的基督教哲学。经院哲学主张理性服从信仰，哲学为神学服务，目的在于使基督教信条系统化，以维护教会和封建主的统治。经院哲学家认为，真理在《圣经》中已揭示无遗，他们的任务只是阐述《圣经》中的真理，并为其找到合理的依据。

经院哲学得名于经院。经院，原意为"学院"，始创于查理大帝时代，主旨是培养国家管理人才。由于学院教师必须兼有教士身份，教学内容也限定在《圣经》范围内，所以学院又有经院之称，学院教师也被称为经院学者。

托马斯·阿奎那是经院哲学集大成者，其代表作《神学大全》被奉为中世纪天主教神学百科全书。

■ 中世纪的文学

骑士文学和市民文学是教会文学之外西欧中世纪文学的两大组成部分，在西欧文学史上占有重要的地位。

骑士文学指中世纪西欧骑士制度盛行时代的文学作品，大多反映骑士的道德标准和理想追求。骑士抒情诗和骑士传奇是骑士文学的基本体裁。骑士抒情诗起源于法国南部，以爱情为主题且经久不衰，这无疑是对教会禁欲主义的挑战。骑士传奇的创作中心在法国北部，主要颂扬亚瑟王、查理大帝和亚历山大大帝等人的丰功伟业和传奇经历。骑士文学对近代欧洲诗歌和小说具有较大影响。"亚瑟王和他的圆桌骑士"是骑士文学的代表性题材之一。

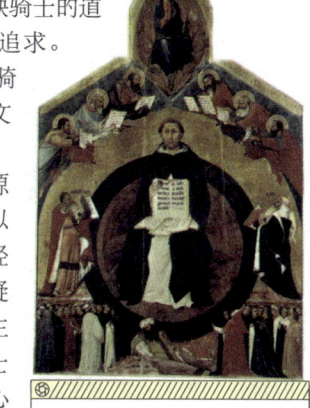

《阿奎那的胜利》
这幅木版蛋彩画由特莱尼·弗兰西斯科于1340年创作，现藏于比萨圣特琳娜教堂。托马斯·阿奎那（1225~1274年），13世纪意大利神学家，经院哲学家，所著《神学大全》被称为基督教神学的百科全书。

巴黎圣母院
法国天主教大教堂。位于巴黎塞纳河中城岛的东端，始建于1163年，1320年落成。该教堂以其哥特式的建筑风格、祭坛、回廊、门窗等处的雕刻和绘画艺术，以及堂内所藏的13世纪至17世纪的大量艺术珍品而闻名于世。

107

◆ 维京人进攻巴黎
维京人进攻巴黎，迫使巴黎人在城岛周围建起了城墙。

这类文学主要歌颂上层贵族所尊重的观念：首先是歌颂骑士的爱情观，以便于歌唱的诗歌形式出现，受到中世纪后期讨伐异教徒的影响，吟游诗人纷纷流落到各地，成为文艺复兴的先驱者；其次是描绘骑士对主人的效忠、勇敢之事，虽然受到了教义主义的影响，但这类作品总是带有浪漫主义的色彩，这种传说大多是没有根据的虚构，只是刻意去表现一种观念而已。

市民文学产生于中世纪城市复兴之后，内容主要叙述市民家庭和爱情生活的悲欢离合，抨击贵族的专横和教士的贪婪，反映了市民阶层的要求和愿望，有着较为强烈的反对封建割据和反对教会专制的色彩。有寓言、故事、笑话、诗歌和戏剧等多种形式。市民文学最早出现在11世纪左右的意大利，晚期市民文学开近代资产阶级文学之先河。法国的《列那狐传奇》是市民文学最引人注目的成就之一。

骑士精神
爱情在骑士的生活中占主要地位，骑士对贵妇爱慕崇拜，并为她们服务，常常为了爱情而去冒险。在他们看来，能获得贵妇的欢心，在历险中取得胜利，便是骑士的最高荣誉。

■ 大学的兴起

"大学"一词源自拉丁语，原意为"总和""联合"，即学生和教师组成的联合社团。随着城市的复兴和商品经济的活跃，新兴的市民阶层出于经济活动的需要，强烈要求开展世俗教育，大学由此兴起。教会为了在更大范围内研究和传播神学，也支持大学的创办。

11世纪末，意大利博洛尼亚大学首先登上历史舞台。12世纪以后，法国巴黎大学、英国牛津大学和剑桥大学等相继创建。到15世纪末，西欧各国已先后创建了80所大学。大学建立初期，由于拥有教皇和君主颁发的特许状，一般都能保持相对独立性，并享有不同程度的自治权。这对大学的创办和发展意义重大。

中世纪的大学与教会和地方政府都没有隶属关系，必须自筹办学资金，并由师生共同推选学校管理人员。

中世纪大学比较重视神学教育，教师也多享有神职人员待遇。大学的世俗教育性质有助于学术研究摆脱教会控制，有利于师生的自由探索，为日后的文艺复兴和宗教改革创造了条件。

■ 中世纪的音乐

中世纪，音乐由于基督教而取得了不寻常的发展。从《圣经》中可知，基督教源自犹太王国时期，是最重视音乐的宗教，其音乐深受希腊艺术的影响。希伯来人的宗教音乐由有乐器伴奏的歌舞组成，少有沉思默想的意味，而具有强烈的甚至粗暴的气息，这与赞美诗中洋溢的激情契合。制定音乐的体制并对乐谱加以研究的正是那些修道士。

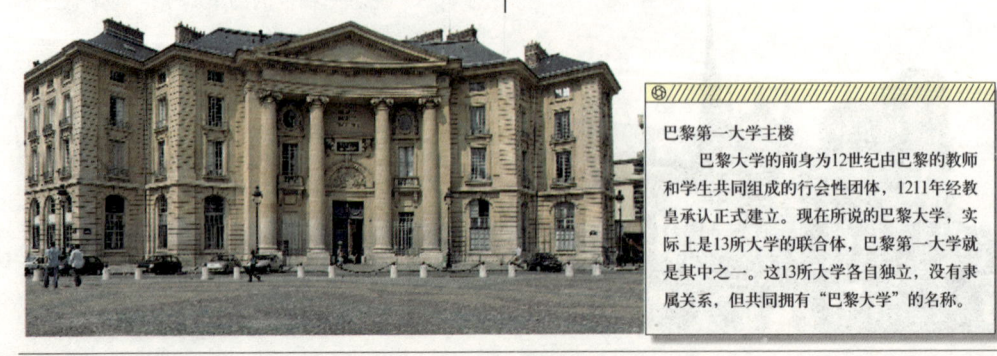

巴黎第一大学主楼
巴黎大学的前身为12世纪由巴黎的教师和学生共同组成的行会性团体，1211年经教皇承认正式建立。现在所说的巴黎大学，实际上是13所大学的联合体，巴黎第一大学就是其中之一。这13所大学各自独立，没有隶属关系，但共同拥有"巴黎大学"的名称。

◆ 瑞典人发现冰岛
瑞典人加达·斯瓦森最先发现了冰岛，并开始在那里定居。

中古世界篇

在早期音乐发展中，教会起了重大作用。文艺复兴以后，到了巴洛克和古典乐派时代，音乐艺术的推动力在某种程度上不再来自教堂或王公贵族，而是主要来自群众和宣传的需要。

■ 教堂建筑艺术

在神权至上的中世纪，辉煌的建筑大多是教堂和修道院。每个主教管区都有为主教而建的大教堂，每个修士团也都建有自己的修道院。中古西欧社会的宗教生活是以教堂为主要场所展开的，随着基督教的广泛传播，规模不一的教堂星罗棋布地出现在城乡各地。中古西欧教堂的设计结构和建筑风格都具有浓厚的象征主义色彩，在建筑样式上，罗马式和哥特式是最具代表性的风格。

罗马式教堂出现较早，从中世纪初期到12世纪一直占据着统治地位。它是由古罗马的"巴西里卡式"演变而来的，其外形像封建领主的城堡，以其坚固、敦厚、牢不可破的形象显示出教会的权威。在平面设计上，罗马式教堂通常被设计成十字架形式。或许为了在关键时刻把教堂变成避难所，罗马式教堂的外墙特意加厚了，窗户距地面较高，而且开得很小，显得易守难攻。法国的圣塞南教堂、意大利的比萨教堂等，都是罗马式建筑的典型代表。

自12世纪开始，城市已成为各个封建王国的政治、宗教、经济和文化中心，这一时期兴起了封建社会大发展的产物——哥特艺术。第一个哥特式建筑是在法国诞生的。此后，哥特式建筑遍布欧洲，形成了独特而神幻的艺术风格。哥特式建筑由罗马式建筑发展而来，但已经褪去了城堡式的影子，而是由尖角的拱门、肋形拱顶和飞拱构成一个完整的体系，形式比罗马式轻巧而更富于装饰意味。由于采用了尖券、尖拱和飞拱壁，哥特式教堂的内部空间高旷、单纯、统一，给人以接近上帝的感觉。装饰细部如华盖、壁龛等，也都用尖券作主题，建筑风格与结构手法形成一个有机的整体。

法国巴黎圣母院的立面、亚眠大教堂的本堂、意大利的米兰大教堂等，都是哥特式教堂的完美典范。

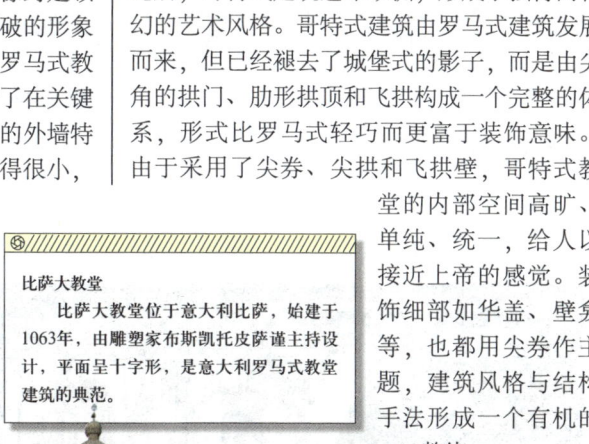

11世纪的博洛尼亚大学
博洛尼亚大学是公认的欧洲历史最悠久的大学，经考证，它诞生于1088年，至今已有900多年的历史。

比萨大教堂
比萨大教堂位于意大利比萨，始建于1063年，由雕塑家布斯凯托皮萨谨主持设计，平面呈十字形，是意大利罗马式教堂建筑的典范。

109

◆ 拜占庭帝国马其顿王朝
拜占庭帝国封建王朝，因王朝创始人巴西尔一世祖居马其顿而得名。

中古时代的东欧和东南欧

西罗马帝国灭亡后，由于其自身特点，东罗马帝国得以暂时保留奴隶制，延缓了向封建社会的转变，在经济发展、阶级关系、政治制度以及文化生活等方面，都和西欧的封建社会有所不同。东罗马帝国又叫拜占庭帝国，地处欧亚非三洲要冲，长期是东方与西方、亚洲与欧洲经济文化交流的桥梁。东欧许多国家的农奴制长期保存着，而西欧封建主对东欧的扩张、蒙古贵族的大规模入侵、奥斯曼土耳其的征服，则是影响东欧和东南欧各国社会发展的重要外部因素。

※ 拜占庭帝国

395年，罗马帝国分裂为东西两部分，东罗马帝国首都君士坦丁堡是古代希腊移民城市拜占庭的旧址，故又称"拜占庭帝国"。拜占庭帝国是古罗马时代工商业繁荣、城市众多、经济文化发达的地区。5世纪时，拜占庭帝国在经受"蛮族"入侵之后逐渐演变为封建制国家。

■ 查士丁尼的统治

查士丁尼大帝在统治期内采取一系列措施，积极革新内政：528年主持编纂了《查士丁尼民法大全》；532年镇压君士坦丁堡的尼卡起义，巩固了政权；533年他派兵侵入北非；534年灭汪达尔—阿兰王国；535年至554年征服意大利的东哥特王国；552年占领西班牙的西哥特王国东南部。经过20多年的努力，查士丁尼基本上恢复了原西罗马帝国的领土，并下令复辟已被推翻的奴隶制度。

■ 破坏圣像运动

8世纪初，教会和寺院占有拜占庭全国三分之一的土地，又享有免税特权，严重影响了国家的赋税收入，政府与教会之间的矛盾由此加深。拜占庭皇帝利奥三世和君士坦丁五世先后下令禁止供奉圣像，封闭寺院，没收教会土地，强迫僧侣还俗。这场斗争经过三个阶段，历时百余年，被称为"破坏圣像运动"。它是宗教外衣掩盖下的社会斗争。通过破坏圣像运动，封建军事贵族的势力更加强大，自由农民农奴化的步伐也加快了。

破坏圣像运动
拜占庭帝国时期的破坏圣像运动是历史上最早的破坏圣像运动，16世纪西欧加尔文教派也发起过这项运动。

《查士丁尼大帝与廷臣》
意大利镶嵌画。查士丁尼大帝身穿紫红色长袍，手捧献金宝盒。他的左边是身着华服的贵族和卫士，右边是大主教和祭师，后面是随从。

◆ 辛吉起义

阿拉伯帝国黑奴大起义，给阿拔斯王朝以沉重打击。辛吉，即阿拉伯语"黑人"之意。

中古世界篇

■ 巴西尔的政绩

马其顿王朝是拜占庭帝国的繁荣强盛时期，有"黄金时代"之称。867年巴西尔篡位称王，因其祖居马其顿，故名。此时封建关系已经确立，土地兼并日益严重，大批自由农民沦为农奴，农民起义多次爆发。为了保证税源和兵源，政府不得不限制大封建主侵占农民土地，以缓和矛盾。巴西尔为此颁布新法典，改建军队，特别是海军，努力提高战斗力。内政巩固后，巴西尔开始向外扩张。将东部边境推进到幼发拉底河，向西占据意大利南部，1018年灭保加利亚第一王国。通过征服和传教活动，拜占庭的文化渗入保加利亚、塞尔维亚和俄罗斯等斯拉夫人国家。

狄奥多拉女皇镶嵌画

圣索菲亚教堂中的镶嵌画。狄奥多拉（1042~1056年在位），拜占庭帝国第三位、也是最后一位女皇。

■ 拜占庭的衰亡

11世纪以后，拜占庭帝国受到突厥部落的侵袭，领土不断缩小。13世纪初，第四次十字军东侵攻陷了君士坦丁堡，侵略者建立了拉丁帝国。虽然后来拜占庭帝国又复国，但经过十字军的破坏，国势衰微，难振以往声威。从14世纪30年代起，奥斯曼土耳其不断蚕食拜占庭在小亚细亚和欧洲的领土。到15世纪30年代，土耳其最终兼并了除君士坦丁堡以外的所有拜占庭土地。1453年4月，奥斯曼土耳其军队包围了君士坦丁堡，并于5月29日攻陷该城。君士坦丁堡的陷落，标志着拜占庭帝国的灭亡。土耳其人随后以君士坦丁堡为都，并将其更名为伊斯坦布尔。

■ "东正教"的诞生

罗马帝国在4世纪末分裂之后，东西两部分在经济、政治、语言、文化等方面的差异，促成了基督教说拉丁语的西部派别和说希腊语的东部派别之间的分化。西部的罗马教会自认为是耶稣门徒彼得的继承者，坚持认为他们在各宗主教区拥有首席地位；而东部的君士坦丁堡教会则在东罗马皇帝支持下与罗马教廷争夺势力范围。加上东西两部在教义方面的分歧，双方终于在1054年相互开除教籍，正式分裂为天主教和东正教。由于该事件的起因与当时的君士坦丁堡主教阿卡西乌有关，故又称"阿卡西乌分裂"。

【百科链接】

君士坦丁堡：

330年，罗马皇帝君士坦丁一世在古希腊移民城市拜占庭旧址定都，并将其改名为君士坦丁堡。君士坦丁堡雄踞在欧亚两洲交界的博斯普鲁斯海峡的南口，三面环水，背靠大陆，地势十分险要，又经拜占庭帝国多年来的构筑经营，城防工事十分坚固。1453年，奥斯曼土耳其人攻陷君士坦丁堡，并迁都于此，将城名易为伊斯坦布尔（意即"伊斯兰之城"），这个名称一直沿用至今。

圣索菲亚大教堂

建于拜占庭帝国的鼎盛阶段，整个建筑恢宏无比，充分体现了拜占庭建筑艺术的卓越成就，成为了后来伊斯兰清真寺的设计模版。它的特别之处在于平面上采用了希腊式十字架的造型，在空间上则创造了巨型的圆顶，而且室内没有用到柱子做支撑。

◆ 中亚细亚萨曼王朝
中亚地区存在时间最长的一个，也是最后一个东伊朗语系伊斯兰王朝。

《皇后西奥多拉及随从》（局部）
这幅画与《查士丁尼大帝与廷臣》一样，是当今保存最完好的拜占庭镶嵌画名作，描绘了西奥多拉皇后（500~548年）手捧贡品朝拜的情形。

■ 拜占庭文化

拜占庭帝国融合罗马帝国的政治传统、希腊文化和东正教于一体，创造了具有独特风格的拜占庭文化，对东西方文化的交流起过重要作用。在哲学中占统治地位的是新柏拉图主义，其代表人物普洛科尔·迪亚尔赫还是一位数学家。建筑艺术方面，著名学者、建筑家依西多尔和安提密阿设计建造了君士坦丁堡圣索菲亚大教堂，它是拜占庭建筑艺术的结晶。

在地理和史学著述方面，西姆·印吉科普的《东方各国旅行记》、君士坦丁七世编著的《拜占庭帝国及其邻近各国记》都是具有参考价值的珍贵地理历史资料。

1045年成立的君士坦丁堡大学是当时东欧著名的学术中心。拜占庭帝国所保存的希腊、罗马古典文化，对意大利文艺复兴运动起了一定的作用。

※ 俄罗斯

斯拉夫人是东欧和巴尔干半岛上人数最多、分布最广的民族，俄罗斯人是东斯拉夫民族中最强大的一支。东斯拉夫人的第一个王朝留里克王朝绵延600余年，在俄罗斯及东欧历史上占有重要地位。东斯拉夫社会因生产力的发展水平落后而受到邻国社会发展的影响，在奴隶制的剥削形态尚未普遍的情况下，便形成了封建制度。

■ 俄罗斯的统一

6世纪，居住在第聂伯河两岸的斯拉夫部落在罗斯部落的领导下联合起来。这个部落因居住在第聂伯河的支流罗斯河而得名。加入这个联盟的所有斯拉夫人逐渐都被称为罗斯人。1497年，莫斯科大公伊凡三世建立了莫斯科大公国，后来，其子瓦西里三世继续扩张，完成了俄罗斯的统一大业。

■ 基辅罗斯的建立

古罗斯国建于9世纪中叶，第一个王朝是留里克王朝，最初几代王公都是瓦良格人。当时东斯拉夫人各部落内部矛盾激化，社会混乱。为了维持统治秩序，留里克应邀来到诺夫哥罗德，862年做了罗斯国第一任王公。从此，古罗斯国开始了留里克王朝的统治。留里克即位后，遭到当地保守贵族的反对，反对者掀起了"瓦丁姆暴动"。留里克迅速镇压了反对

《索贡巡行》
中世纪俄罗斯插画。索贡巡行是古代基辅罗斯时期统治者强行征收财物的一种方式，征收时往往伴随着武力进行。

◆ 基辅罗斯建国
古罗斯人的几个小公国以第聂伯河上的基辅为中心建立的封建制的大公国。

中古世界篇

伊凡三世肖像
伊凡三世·瓦西里耶维奇（1440～1505年）是使俄罗斯取得独立的莫斯科大公。

派，保住了新兴国家政权。另一支瓦良格人商队的首领阿斯科德和迪尔占领基辅，建立了基辅国家。879年留里克逝世，其子伊戈尔年龄还小，由其亲属奥列格摄政。奥列格决定沿"瓦希商路"南征，直逼基辅城下。在杀死阿斯科德和迪尔之后，奥列格于882年占领基辅，并将首都迁到这里。基辅遂被称为"罗斯诸城之母"。从此，基辅罗斯的统治开始了。

■ 金帐汗国的统治

1237年，拔都率领蒙古军队大举侵入罗斯，先后占领东北部的里亚赞、弗拉基米尔等城，继而夺取整个东北地区，然后转向南部，于1240年占领了基辅。1243年，拔都由中欧折回伏尔加河下游，建立金帐汗国（又名钦察汗国），以萨莱为都城，其统治地区包括整个东北罗斯。蒙古的统治使东北罗斯的社会经济遭到严重破坏。金帐汗唆使罗斯诸王公相互攻讦，然后分而治之，要他们分别接受册封和诏令，称臣纳贡，承担军役。于是，基辅罗斯彻底解体，以后逐渐由日益强盛的莫斯科公国取代。

■ 莫斯科公国的兴起

14世纪至15世纪，莫斯科公国的经济和政治地位不断提高。其统治者伊凡一世通过贿赂从金帐汗那里获得了"弗拉基米尔大公"的封号。德米特里·顿斯科伊则在库利科夫战役中确立了莫斯科公国在罗斯各国的领导地位。伊凡三世结束了蒙古人对罗斯人历时两个多世纪的统治，之后，开始采用"全罗斯大公"的称号。瓦西里三世（1505~1533年在位）最终完成了东北罗斯的统一。16世纪30年代，以莫斯科公国为核心的俄罗斯统一集权国家开始形成。

■ 沙皇专制制度的建立

伊凡四世于1550年至1556年在司法、行政、军事三方面进行改革，进一步巩固了王权，削弱了大贵族权力。1565年，他又推行新政策，将全国划分为由"杜马"管理的普通区和由沙皇直接管理的特辖区，还从中小贵族中挑选亲信组成特辖军团，以镇压大贵族的反抗。这些措施，摧毁了大贵族抗拒沙皇的军事基础，沉重打击了大贵族的割据势力，确定了沙皇专制政体。伊凡四世建立的中央集权制，使封建割据的残余势力受到约束，有利于俄罗斯封建社会的进一步发展。

【百科链接】

15世纪至16世纪的莫斯科大公国：
随着中央集权国家的形成，莫斯科大公国的阶级关系出现了一些新变化。大公政府的官僚多系商人出身，掌握行政大权，成为新兴国家的主要支柱。莫斯科政权成为全国性行政管理机构，并在15世纪末出现了"政厅"，分管各部门政务。封建土地所有制也发生了重大变化，旧的世袭领地制日趋衰落，以服役为条件而分封的采邑制逐渐发展起来。

■ 农奴制的加强

俄罗斯中央集权的封建国家完全建立在对农奴、自由农民剥削压迫的基础之上。为了保证

伊凡四世肖像
古代插画。伊凡四世是俄罗斯第一位沙皇，又被称为"伊凡雷帝"或者"恐怖的伊凡""伊凡大帝"。他竭力巩固专制政权，强化国家中央集权，实行军事改革，奠定了俄罗斯帝国的基础。

113

◆ 北非法蒂玛王朝开始
由叙利亚人阿布杜拉建立，中国古籍中称为"绿衣大食"，定都开罗。

伊凡四世在英国使者面前展示财宝
中世纪油画，现收藏于圣彼得堡国家博物馆。

地主的劳动人手，沙皇政府制定了种种法规以防农奴逃走。伊凡三世颁布限定农民离开地主的时间以及条件的法令；伊凡四世在1581年实施所谓的"禁年制"，规定凡宣布为"禁年"的年份，农民不准出走；1592年至1593年，沙皇政府重新调查土地和人口，一经登记，农民就永远不准离开地主，成为固定农奴，甚至自由人只要为主人做工半年以上就沦为对方的农奴。当时农奴制在西欧各国已经解体，而俄国却加强了农奴制。

■ **沙皇俄国的早期扩张**

沙皇俄国对西伯利亚的扩张开始于1581年。它最先吞并伏尔加河流域，逐步控制了伏尔加河中下游和乌拉尔山以西的广大地区。1586年初，沙俄以控制河流、步步为营的方式，两次派兵进犯失必儿汗国，1598年占领其领地。

1560年，伊凡四世以援助为名，派兵进驻卡巴达尔，对高加索地区长达300多年的扩张史从此开始。1638年至1685年，沙俄又对中国黑龙江流域不断侵略骚扰，遭到中国军民的英勇反击而一再失败后不得不同意签订《尼布楚条约》。俄国在东西两线的侵略扩张，重点在欧洲，并由沙皇政府亲自完成；对亚洲的侵略，前期主要由民间力量完成，后期由沙皇政府接手。

※ **东南欧其他国家**

中世纪东南欧的历史，在西方研究得还不是很透彻。这个区域经常被简单地认为是十字军去往圣地路过的地方，在奥斯曼土耳其入侵之前就已经分崩离析了。其实，中世纪的东南欧，已经建立了捷克、保加利亚、匈牙利等一度非常强大的国家。

■ **捷克**

捷克人属于西斯拉夫人的一支，居住在易北河上游一带。5世纪至8世纪，随着生产力的发展，国家开始形成。9世纪初，以莫伊米尔大公为首建立了大摩拉维亚国家，成为当时欧洲最强盛的国家之一。9世纪末，捷克从大摩拉维亚分离出来，逐渐形成独立的国家。996年，捷克大公依靠教会的支持，打败对手，统一了捷克各部，建立起普舍美斯王朝。捷克的封建化开始于大摩拉维亚时期，发展于10世纪，基本完成于12世纪末。

【百科链接】
伊凡雷帝：
即伊凡四世，俄罗斯历史上第一位沙皇，出色的政治家、军事家、外交家和作家。他执政后，于1549年建立重臣会议，编纂新法典，并着手对中央和地方的行政、法律、财政、军队、宗教进行改革，从而使俄罗斯走向强大。1547年开始，伊凡四世实行独裁统治，废除了领主政体，建立沙皇专制政体，打击地方割据势力，统一了俄罗斯，正式建立起中央集权专制统治。

波列斯拉夫一世肖像
波列斯拉夫一世（927～967年在位）统治期间，捷克完成了封建化进程。

114

◆ 高丽建国
高丽建国后统一朝鲜半岛，并向北扩张到鸭绿江下游东岸一带。

农业、手工业、采矿业和冶金业快速发展，出现了以工商业为中心的城市，对外贸易也有较大的发展。14世纪初，捷克开始了卢森堡王朝的统治。随着经济实力的不断增强，捷克在神圣罗马帝国的地位不断提高。

■ 波兰

波兰国家起源于西斯拉夫人中波兰、维斯瓦、西里西亚、东波美拉尼亚、马佐维亚等部落的联盟。966年，皮亚斯特家族的梅什科一世皈依基督教，其长子博莱斯瓦夫一世于1025年加冕为波兰国王。1138年博莱斯瓦夫三世死后，波兰进入分裂时期。14世纪初，弗瓦迪斯瓦夫一世重新统一波兰。1385年，波兰与立陶宛王朝合并，立陶宛大公亚盖洛成为波兰国王，称弗瓦迪斯瓦夫二世。1569年，波兰与立陶宛组成由波兰贵族统治的国家。

波兰的政治制度比较奇特：过分的民主使得王权比较疲软，一次次的王室更迭造成了前后政策的不连续性；而新上任的国王为了争取贵族们的支持，又不断给予贵族们新的特权，其结果是贵族（主要是大贵族）的权力越来越大，贵族会议的效率越来越低，陷入恶性循环。这种制度在波兰的统一过程中已经表现出一定的弊病，最终导致这个欧洲大国在18世纪被瓜分。

特多尼克奥尔多城堡
位于波兰马尔堡的特多尼克奥尔多城堡是中世纪城堡的代表作，在整个欧洲的同类建筑中堪称一流。该城堡建于1276年至1309年，是当时日耳曼大公的所在地，自1457年开始到1772年，一直掌握在波兰贵族手中。

西美昂大帝肖像
西美昂大帝在位时期是保加利亚历史上最强盛的时期，其间征服了许多邻国。

■ 保加利亚

色雷斯人是保加利亚地区最古老的居民。395年，保加利亚被并入拜占庭帝国。6世纪至7世纪，自多瑙河北岸南下的斯拉夫

中古世界篇

115

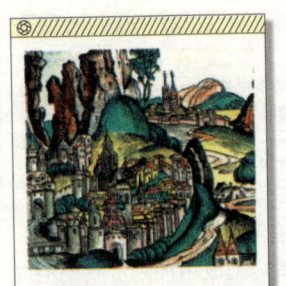

◆ 神圣罗马帝国
德意志国王奥托一世在罗马由教皇加冕称帝，是为神圣罗马帝国之始。

中世纪插画　描绘瓦拉几亚的图画

人和自高加索北部西迁的古保加利亚人在阿斯巴鲁赫率领下战胜拜占庭皇帝君士坦丁四世，于681年建立了斯拉夫－保加利亚王国，史称"保加利亚第一王国"。1018年，保加利亚再次被拜占庭占领，1186年又建立保加利亚第二王国，1396年被奥斯曼土耳其帝国侵占。

罗马尼亚

公元前70年，布雷比斯塔在罗马尼亚的土地上建立起第一个奴隶制国家达契亚国，106年被罗马帝国征服，后达契亚人与罗马人逐渐融合形成罗马－达契亚人。14世纪，东部的摩尔多瓦公国和南部的瓦拉几亚公国形成封建国家。15世纪，这两个封建国家臣服于奥斯曼土耳其帝国。1859年，摩尔多瓦和瓦拉几亚合并为一个国家，称罗马尼亚，但仍隶属于奥斯曼土耳其帝国。1877年5月9日，罗马尼亚宣告独立，1881年改称罗马尼亚王国。

【百科链接】
斯特凡：
斯特凡是中世纪罗马尼亚的民族英雄。执政期间（1457～1504年），他使摩尔多瓦的政治基础得到了巩固，国家逐步趋向安定和统一，成为东欧主要的政治力量之一。他对内消除封建割据，实行中央集权，对外维护国家独立，为保卫祖国身经百战。斯特凡于1504年与世长辞，后人把他看作正义和独立的象征。

塞尔维亚

塞尔维亚人是南斯拉夫人的一支，在7世纪时来到巴尔干半岛，9世纪处于拜占庭统治下，在拜占庭帝国的影响下改信东正教。12世纪时，尼曼雅王朝崛起，14世纪中叶沙皇（塞尔维亚早期的皇帝和保加利亚国王也自称"沙皇"）斯特凡·杜山在位期间更是把塞尔维亚国家发展到巅峰。奥斯曼土耳其帝国于此时开始征服巴尔干半岛，并于1389年在科索沃战役中击溃塞尔维亚人（该战役的结果现在尚有争议）。到15世纪末，奥斯曼土耳其帝国已完全征服了塞尔维亚，开始了长达5个世纪的统治。1829年，塞尔维亚成为在土耳其宗主国和俄国保护下国际承认的自治公国。1878年独立，1882年建立塞尔维亚王国。

匈牙利

匈牙利国家起源于东方游牧民族马扎尔部落。9世纪时，他们从乌拉尔山西麓和伏尔加河湾一带向西迁徙，896年在多瑙河盆地定居下来。公元1000年，圣·伊斯特万加冕为国王，正式建立封建国家。15世纪下半叶马嘉什国王统治时期是匈牙利历史上较为辉煌的时期。1526年土耳其入侵，封建国家解体。从1699年开始，全境由奥地利哈布斯堡王朝统治。

阿尔巴尼亚

阿尔巴尼亚人是巴尔干半岛上的古老居民伊利亚人的后裔。9世纪以后，阿尔巴尼亚分别受到拜占庭帝国、保加利亚王国、塞尔维亚王国和威尼斯共和国的统治，1190年建立独立的封建公国，1415年遭到奥斯曼土耳其入侵，后被奥斯曼土耳其统治了近500年。

布朗城堡
位于罗马尼亚中西部，传说是吸血鬼的聚集地。事实上，布朗城堡是由匈牙利国王于1377年开始兴建的，用来抵御土耳其人的防御工事。1382年建成后，这里逐渐成了集军事、经济、当地行政管理、司法于一体的政治中心。

◆ "医王"伊本·西拿（阿维森纳）
阿拉伯医学家、哲学家、自然科学家、文学家。

中古世界篇

中古时代的亚洲

中古时代，西亚和中亚的游牧部族崛起，对世界历史的进程产生了巨大的影响。强大的阿拉伯帝国地辖西亚、中亚、南欧和北非。而在远东地区，中国唐朝疆域也扩张到了中亚，朝鲜、日本成为统一的国家；13世纪强大起来的蒙古征服了欧亚的广大地域，客观上促进了各民族之间的融合沟通，使得丝绸之路更为畅通。这一时期，许多封建帝国仍长期保留奴隶制的残余。

帖木儿征战奥斯曼帝国
帖木儿帝国是突厥化的蒙古人帖木儿（又译贴木尔、帖木尔、帖穆尔，1370~1405年在位）开创的一个大帝国。以今天的乌兹别克斯坦为中心，鼎盛时期横亘从今天的格鲁吉亚到印度的广大地区。

■ 封建制度的建立

5世纪末至6世纪初，萨珊帝国的马资达克起义动摇了僧俗显贵的统治地位，推动了萨珊帝国从奴隶社会向封建社会的过渡。马资达克起义失败后，萨珊国王科斯洛埃斯一世进行了一系列改革。他实行新的土地制度，军事贵族私有土地随之出现。农村公社被保留下来，但大部分都依附于新兴的军事贵族。他还进行赋税改革，按土地面积、土质好坏、灌溉条件和收成多少核定土地税额，一年两次征收，用货币交纳，并征收人头税。赋税改革有利于提高农民的生产积极性和耕作效率，保证政府税收的稳定，加强王权。科斯洛埃斯一世还实行了军事改革和行政改革，把全国划为四大区，均由总督管辖，总督直接对国王负责，使中央政令易于在地方推行。上述土地制度和赋税改革、军事改革，明显具有封建性质，经过这些改革，萨珊帝国的封建制度逐渐建立起来。

■ 萨珊帝国灭亡

6世纪时，萨珊帝国为了夺取通往地中海和黑海的商路，控制东西方贸易，同拜占庭帝国进行了长期的战争。战争使萨珊王朝的中央政权渐趋衰弱。正当萨珊帝国与拜占庭帝国因长期交战两败俱伤之际，阿拉伯帝国在西亚兴起。637年，阿拉伯军队攻陷萨珊首都泰西封。642年尼哈温一役，萨珊帝国惨败，伤亡10万人以上，国王叶兹底格德三世逃往中亚，651年被人杀死。至此，萨珊帝国灭亡。

※ 伊朗

中世纪，伊朗已从奴隶制社会过渡到封建社会。从7世纪中叶至16世纪初，伊朗先后处于阿拉伯、塞尔柱土耳其、蒙古伊儿汗国、帖木儿帝国等外族国家的统治之下。在丧失独立的800多年里，伊朗人民进行了反抗外族统治的斗争。

银质角杯
银质角杯是波斯普遍使用的饮器，具有典型的波斯风格。

117

◆ 德意志法兰克尼亚王朝
法兰克尼亚王朝奉行对外扩张政策，将法兰克的封建制度的影响扩及英国、西班牙等地。

■ 反抗外族的斗争

阿拉伯统治时期，伊朗人民生活十分困苦，举行了一系列大规模的武装起义，反抗外族统治。8世纪中叶，在伊朗人阿布·穆苏里姆领导下，伊朗人民推翻了阿拉伯倭马亚王朝的统治。8世纪后期，伊朗东部和北部多次爆发人民起义。9世纪上半期，阿塞拜疆和西部伊朗地区的巴贝克起义坚持了21年，沉重地打击了阿拉伯阿拔斯王朝的统治。1380年至1393年，帖木儿占领伊朗全境，伊朗人民掀起了反对帖木儿统治的斗争。1441年，胡吉斯坦人民在赛义德·穆罕默德的带领下发动了大规模的起义，多次粉碎了帖木儿帝国的围剿，建立了一个类似塞尔白达尔的小国，一直存在到16世纪初。

■ 萨非王朝的建立

萨非王朝的始祖是萨非丁，他于14世纪时创立了萨非教团。其六世孙伊斯马仪，在忠心耿耿的土库曼部落"红帽军"的拥戴下横扫波斯大地，推翻了白羊王朝的统治，建立起萨非王朝。

■ 阿拔斯一世改革

阿拔斯一世（1587~1629年在位）是波斯萨非王朝的著名皇帝。阿拔斯一世统治期间，为加强皇权，他重建了萨非王朝的统治结构。其措施有：行政方面，中央设立咨询性机构——最高会议，由国王召集，代表由国王指定；撤除摄政和"红帽军"总司令两个职务，提高首相的地位；完善行省制，由王子或亲信任总督；逐步"削藩"，将部分土库曼贵族的私人领地置于皇帝本人控制之下。军事改革分为两大部分，一是"现代化"，在英国冒险家

伊斯法罕的清真寺
伊斯法罕城始建于波斯阿黑门尼德王朝时期，多次成为王朝首都。历史上为南北来往所必经之路，著名的手工业与贸易中心，以清真寺等辉煌建筑物著名。

谢利兄弟的帮助下，波斯军队从一支带着部落气息的军队发展为装备有火枪、铜炮等的新型军队，炮兵达1万多人，成为波斯大军的主力；另一方面是"皇权化"，改变了"红帽军"占主导地位的局面，吸收了大批高加索人入伍，土库曼贵族不再拥有特权，军队由皇帝全权控制。

■ 萨非王朝的衰落

16世纪，伊朗农民绝大多数处于封建依附地位，各种苛捐杂税和战乱让人民苦不堪言，因而他们不断掀起大规模起义。1571年，国内瘟疫流行，吉朗地区爆发了农民和城市贫民起义，占领城市达两年之久。1616年至1625年，在教士麦赫鲁·巴巴领导下，亚美尼亚和阿塞拜疆爆发了农民起义。起义军号召不对虚伪和腐化的教士捐赠任何财物，主张恢复原始基督教的平等。起义后来被镇压下去。1629年，养蚕业集中地拉希占和列什特地区，在阿迪尔·沙赫带领下爆发了更大规模的起义。萨非王朝的苛捐杂税是蚕农起义的导火线，这次起义虽然以失败告终，却沉重打击了腐朽的封建统治，萨非王朝从此走向衰落。

◆ 英国国王爱德华（忏悔者）
他建造了威斯敏斯特大教堂。临终前授意贤人会议选举哈德罗二世为王。

中古世界篇

■ 伊朗文学和史学

中世纪的伊朗，在文学、史学和艺术等方面都取得了卓越的成就。萨珊王朝末代皇帝伊嗣侯在位时编成的史诗《君王之书》，为研究前伊斯兰时期的伊朗历史提供了重要的线索和资料。

历史著作中，最早的一部是志费尼所著的《世界征服者史》，之后是艾卜都拉·伊本·法哲勒拉所撰的《土地之分割与世界之推移》，最重要的则是合赞汗的首相拉施特的《史集》，这是一部综合的世界史。文学方面，萨迪是13世纪的著名文学家，主要作品有故事诗集《果园》和《蔷薇园》。

中世纪插画 诗人萨迪在蔷薇园

■ 伊朗艺术

伊朗在造型艺术方面取得了杰出的成就，萨珊王朝建筑的特色是圆屋顶和半圆形拱门。工艺美术诸如金属细工、地毯、丝织品等，在萨珊王朝时期均有较高的成就。伊朗的绘画在蒙古伊儿汗国和帖木儿时期达到最高水平，这些作品一方面吸取中国画技法，另一方面又重视伊朗固有的装饰倾向，两者相结合，形成了介于东西方绘画之间的独特风格，世称"细画"。萨非王朝的主要艺术成就是建筑，贵族宅邸和清真寺都极其富丽豪华，尤其是首都伊斯法罕，被誉为"东方最美的城市"。

※ 阿拉伯帝国

阿拉伯半岛是世界第一大半岛，位于亚洲的西南部。伊斯兰教的创立和麦地那神权国家的形成，是阿拉伯政治统一的要求在意识形态上的反映。征服麦加，是阿拉伯统一国家形成过程中的关键。而阿拉伯帝国的建立，为阿拉伯半岛在政治、经济、文化方面的发展揭开了新的一页。

■ "沙漠之子"

阿拉伯半岛上的居民主要是贝都因人，贝都因意为"沙漠之子"。贝都因人是阿拉伯沙漠中逐水草而居的游牧民族，他们过着迁徙不定的生活，主要财产是羊、骆驼和马。

穆罕默德出走麦地那
622年，穆罕默德应麦地那人的邀请，令信徒分批秘密迁往麦地那，自己也于是年9月24日到达麦地那。伊斯兰教史把此年称为"伟大的迁徙之年"，定为伊斯兰教历元年。

■ 伊斯兰教的创立

伊斯兰教的创始人穆罕默德（570~632年）

119

◆ 基督教会分裂
发生在罗马教皇和君士坦丁堡大主教之间的大分裂。罗马天主教会和希腊东正教会完全分离。

出生在麦加古莱氏部落的一个没落贵族家庭，从小父母双亡，先后由祖父和伯父抚养长大。青年时代他放过羊，做过买卖，跟着商队到过叙利亚和巴勒斯坦。在去叙利亚等地经商过程中，穆罕默德熟悉了犹太教和基督教。他综合犹太教、基督教以及阿拉伯半岛上的原始宗教、哈尼夫教的主张，反对多神教和偶像崇拜，以古莱氏部落的主神安拉为唯一的宇宙之神，自称"安拉的使者""先知"，创立了伊斯兰教。他宣称凡是信仰"真主"，遵行天命施善行的人，将来要升入天堂，否则就会坠入火狱。"伊斯兰"一词的意思是"顺从"。信仰伊斯兰教的人被称为"穆斯林"，意即"服从安拉和先知的人"。

■ 麦地那国家

622年，穆罕默德在麦地那建立了第一个政教合一的伊斯兰教国家，自己不仅是宗教首领，而且是政治首脑、最高法官和军事统帅。他依靠"迁士"和"辅士"组成武装力量，由"迁士"任军事要职。"辅士"中敖斯和海兹勒支部落的贵族主要担任户籍、征税等官职。麦地纳国家的人以伊斯兰教作为共同的信仰。624年，穆罕默德把"天课"由自愿捐献改为法定征收；626年，开始对非伊斯兰教徒征收人头税，并制定成文法，规定了"八刑"，用以统治人民。

麦地那国家建立后，为了打败敌对的麦加贵族和犹太人部落，穆罕默德曾亲自出征20余次，命教徒讨伐近50次。627年的壕沟大战，他打败了麦加贵族阿布·苏非扬，取得了决定性胜利，其宗教和政治地位得到麦加贵族承认。此后，穆罕默德继续征服其他地区，632年大体统一了阿拉伯半岛。

■ 倭马亚王朝

倭马亚王朝（661~750年）是在伊斯兰教最初的四位哈里发执政结束之后，由叙利亚总督穆阿维叶建立的阿拉伯帝国的第一个世袭王朝。王朝初期镇压了伊朗、伊拉克的什叶派和哈瓦立及派的反抗，之后在"为安拉而战"的口号下继续向外扩张。至751年阿拔斯王朝时，阿拉伯帝国巩固了在中亚和阿富汗的统治，成为横跨亚、非、欧的大

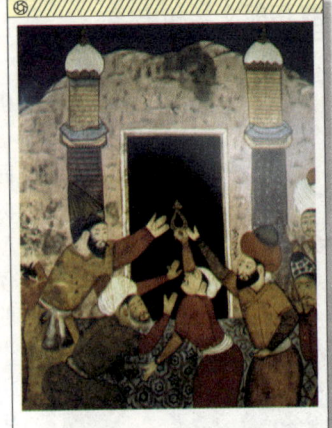

麦加朝圣的人
虔诚的穆斯林认为可通过朝圣祈福来为自己赎罪。每到重大的宗教节日，大批的穆斯林都会涌向圣地前去朝拜。

帝国。我国史书称之为"大食"。阿拉伯帝国在麦地那政教合一国家的基础上，承袭了东方的君主专制政体，建立了一套完整的统治机构。哈里发集政治、军事、立法和宗教的最高权力于一身，伊斯兰教也逐渐成为统治人民的工具。

■ 阿巴斯王朝

747年，奴隶出身的阿布·穆斯林领导呼罗珊人民举行起义，于750年推翻了倭马亚王朝，建立了阿巴斯王朝，定都库法，762年迁都巴格达。这是阿拉伯帝国的

◆ 曼西科特战役

拜占庭和塞尔柱帝国之间的战争，塞尔柱取胜，控制了包括耶路撒冷在内的整个小亚细亚。

中古世界篇

第二个世袭王朝。此时，君主专制统治空前膨胀，帝国凭借庞大的官僚机器对各族人民实行封建统治。政府机构的最高行政长官称"维齐尔（即宰相）"，军队则是阿巴斯王朝的有力支柱。阿巴斯王朝最初的百年间，帝国的对外扩张达到极致。国内政治稳固，社会安宁，农商发展迅速，文化昌盛，声威远播，是国势极盛的"黄金时代"。

【延伸阅读】

麦加是怎样成为阿拉伯宗教中心的？

壕沟大战后，自628年起，以穆罕默德为首的麦地那统治者和以阿布·苏非扬为首的麦加贵族进行谈判，双方暂时妥协。630年，穆罕默德率领1万大军进入麦加，麦加贵族被迫接受伊斯兰教，承认穆罕默德为"先知"，穆罕默德则承认麦加是伊斯兰教圣地，克尔白古庙和黑陨石为伊斯兰教圣物。从此，麦加成为阿拉伯的宗教中心，麦地那仍为新国家的首都。

■ 帝国的衰亡

8世纪70年代至80年代的蒙面人起义、816年至837年的巴贝克起义和869年至883年的辛吉起义，给阿巴斯王朝以沉重的打击。到10世纪中叶，王朝实际统治区域已仅限于巴格达及其周围地区。1055年塞尔柱土耳其人占领巴格达，哈里发失去了一切世俗权力，只保留宗教领袖的地位。1258年，成吉思汗之孙旭烈兀率领蒙古军队攻陷巴格达，杀死哈里发，阿拉伯阿巴斯王朝灭亡。

■ 阿拉伯－伊斯兰文化

阿拉伯文化以伊斯兰教为指导思想，以阿拉伯语为表达形式，因而又称阿拉伯－伊斯兰文化，在世界文化史上有着承前启后、沟通东西的重要地位。8世纪至11世纪是阿拉伯文化的繁荣时期，在数学、天文学、医学、地理、历史、文学等方面都取得了卓越的成就。数学方面，阿拉伯人改进并推广了印度人的数字系统，把"0"符号和十进位法及印度数字传播到欧洲。穆罕默德·伊本·穆沙把代数知识发展成为一门独立的学科。阿拉伯人还奠定了解析几何的基础，创造出中世纪最先进的天文仪器，如天球仪、地球仪、观象仪等。医学上，阿拉伯人已懂得消毒、使用麻醉剂。伊本·西拿著有医学百科全书《医典》，这是中世纪阿拉伯医学的代表作。地理著作有艾卜·宰德的《苏莱曼中国及印度行纪》、雅古特的《地理词典》、易德里西的《渴望周游各国者快览》。最重要的史学家是泰白利和麦斯欧迭，分别著有《先知与诸王纪年》《黄金草原》。诗歌选集有《穆阿莱葛特》及艾卜勒·费赖吉的《诗歌集成》21卷。文学名著《一千零一夜》也是这一时期出现的。阿拉伯人在建筑艺术上也有较高的成就。

倭马亚清真寺

倭马亚清真寺（始建于705年）是伊斯兰教最主要的清真寺之一，位于叙利亚首都大马士革。该寺被认为是伊斯兰教的第四大圣寺，也是阿拉伯文化遗存的典范。

121

◆ 沃尔姆斯宗教会议　拉特兰宗教会议
前者是德国皇帝宣布废黜教皇，后者是教皇宣布开除德国皇帝的教籍。

※ 蒙古帝国

13世纪初，蒙古统一国家的产生，为社会经济的发展创造了有利的条件。但其向亚、欧诸多国家进行的扩张，给被征服国家和地区的人民带来了巨大灾难。成吉思汗及其后继者在50多年的时间里，以总数不到40万人的军队，先后灭亡了40多个国家，征服720多个民族，消灭各国军队人数超过千万，征服各民族人口总数达6亿，建立了人类历史上版图最大的国家——蒙古帝国。

成吉思汗画像
成吉思汗在位期间，多次发动战争，征服地域西达多瑙河流域，东括几乎整个东亚，建立了横跨欧亚两洲的大帝国。

■ 成吉思汗统一蒙古

成吉思汗名铁木真，姓孛儿只斤。他出生于蒙古高原各部争霸、天下扰攘的乱世。从12世纪中叶起，他开始了统一蒙古高原的大业，历尽艰辛，征战无数，到1206年45岁时，将高原上互不统属、操各种语言的游牧部落和森林狩猎部落统一在自己的旗帜之下，建立了大蒙古国，被推戴为"成吉思汗"。他是蒙古民族的缔造者，也是维系民族精神的纽带。

蒙古骑兵
蒙古骑兵之所以无敌天下，主要靠弓箭。蒙古人拥有当时射程最远、杀伤力最大的组式弓。这种弓射出的箭杀伤范围可达300米，能穿透最厚的盔甲。

■ 成吉思汗西征

蒙古建国后，在1219年至1260年的40余年间，先后进行了三次大规模的西征，建立起庞大的帝国，对世界历史的影响既深且远。成吉思汗亲征（1219~1225年）属于第一次西征。为了肃清乃蛮部的残余势力，消灭西域强国花剌子模，成吉思汗亲率20万大军长驱直入中亚后，又派军西越里海、黑海间的高加索，深入俄罗斯，追击花剌子模国王。在印度河流域又打败花剌子模太子札阑丁。1225年，成吉思汗得胜东归，将本土及新征服所得的西域土地分封给四个儿子，后来发展为四大汗国。

■ 拔都西征

窝阔台继任大汗后，于1235年派遣拔都率50万大军再度西征（1235~1244年），史称第二次西征。西征军很快彻底灭亡花剌子模，杀死札阑丁，不久又大举进军俄罗斯，攻陷莫斯科、基辅诸城，并分兵数路向欧洲腹地挺进。1241年，北路蒙古军在波兰西南部的利格尼兹大破波兰与日耳曼联军。拔都亲率蒙军主力由中路进入匈牙利，大获全胜，其前锋直趋意大利的威尼斯，全欧震惊，称之为"黄祸"。正当西方各国惶惶不可终日之际，拔都忽接窝阔台驾崩的噩耗，于是急速班师回国，第二次西征结束。

◆ 十字军东征开始
法国克莱蒙城召开宗教会议，号召信徒参加圣战，十字军东征开始。

中古世界篇

■ 旭烈兀西征

蒙哥于1251年即大汗位后，令其弟旭烈兀率兵西征，史称第三次西征（1253~1260年）。这次西征主要方向是西南亚地区，主要目标是木剌夷国（伊朗伊玛目王朝）。1257年，蒙军荡平木剌夷之地后，继续挥师西进，攻陷报达（今巴格达），灭亡了历时五百余年的阿拉伯帝国。此后，旭烈兀又率兵攻陷阿拉伯圣地麦加，攻占大马士革，其前锋曾渡海收服富浪（今塞浦路斯）。旭烈兀正准备进一步攻打埃及时，得到蒙古大汗蒙哥伐宋阵亡的消息，蒙军主力遂班师回国。

■ 蒙古四大汗国

成吉思汗建立的蒙古帝国的版图在其孙辈统治时最后定型：以中国的元帝国为大汗辖区，另外还有四个承认大汗宗主权的相对独立的国家。钦察汗国，也称金帐汗国，起初为成吉思汗长子术赤的封地，后来术赤长子拔都在此建立金帐汗国，主要辖区东起额尔齐斯河，西至多瑙河，南起高加索山的地区，对于俄罗斯各公国享有宗主权。察合台汗国，成吉思汗次子察合台封地，主要辖区在天山南北。1314年，原本让位于自己哥哥也先不花的察合台汗怯伯复位，把国都从阿力麻里迁至撒马尔罕，在河中地区提倡农业，实行改革，而也先不花则坚持游牧传统，汗国开始分裂为东、西两部。窝阔台汗国，成吉思汗第三子窝阔台的封地，领有额尔齐斯河上游和巴尔喀什湖以东地区，建都叶密立（今新疆额敏县）。伊尔汗国，又称伊利汗国，成吉思汗孙子旭烈兀西征后建立，东滨阿姆河，西临地中海，北界里海、黑海、高加索，南至波斯湾。

■ 帝国的分裂

由成吉思汗及其后继者所建立的蒙古国家，是世界历史上疆域最广的国家，统治区各地经济文化、风俗习惯等均不同，因此蒙古统治阶级不得不因地制宜，分而治之，形成四大汗国。各汗国由最初对大汗的松散隶属关系，不久发展为独立的汗国。1259年蒙哥汗死后，蒙古帝国的短暂统一也随之结束。继任大汗的忽必烈，其权力仅限于东方，即中国的元朝政权。此后，元朝和西方的四大汗国按照各自不同的道路独立发展。

■ 中国文化的西传

随着蒙古帝国西征，东西方文化技术的交流也空前频繁起来。旭烈兀西征时，征调许多汉人工匠、学者随行。伊尔汗国建立后，这些人大都留驻该地，成为中国文化的传播者。在美索不达米亚的灌溉工程设计者中，就有中国

帖木儿大帝骑马像
　　帖木儿（1335~1405年），帖木儿帝国君主（1370~1405年在位），中东历史上最有名的征服者之一。关于他的出身有两种说法，一种认为他是成吉思汗的后裔，是一个突厥化的蒙古人；另一种认为他是个突厥人，只不过自称是成吉思汗的后裔。

123

◆ 耶路撒冷王国建立

十字军东征，攻占耶路撒冷，建立"耶路撒冷王国"。

专家。蒙古帝国建立后，东西交通畅通无阻，各地商人、使臣、僧侣、旅行家等来往更为频繁。元朝与蒙古各汗国、朝鲜、日本、东南亚以及欧洲都有广泛的政治、经济、文化联系，各地间的经济文化交流更为密切。中国的印刷术、火药、罗盘针以及纸币等，就是在这个时期传入西亚，进而传入欧洲的。中国的驿站制度为波斯、埃及和俄罗斯所采用。中国的天文、历算和医药传到西亚，伊尔汗国大臣拉施特哀丁曾编写过有关中国医药的百科全书。

※ 奥斯曼帝国

奥斯曼帝国是土耳其（即突厥）人创立的国家，始于奥斯曼一世。土耳其人最初生活在中亚地区，奉伊斯兰教为国教，后迁至小亚细亚，日渐兴盛。奥斯曼帝国极盛时势力达欧、亚、非三大洲，领有南欧、中东及北非大部地区，西达直布罗陀海峡，东抵里海及波斯湾，北及奥地利和斯洛文尼亚，南到苏丹。自穆罕默德二世灭拜占庭帝国后，奥斯曼帝国就以罗马帝国继承人自居，视自己为天下之主，东西方文明在其手中得以统合。

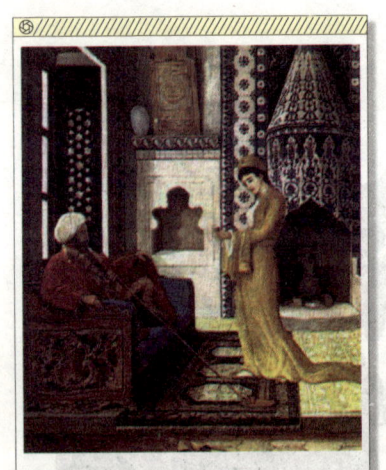

奥斯曼和他的儿子乌尔汗

奥斯曼雄才大略，建立了奥斯曼土耳其帝国。他的儿子乌尔汗更是卓尔不凡，不仅野心勃勃，而且富有智谋。图中描绘的是奥斯曼教育乌尔汗时的情景。

■ 奥斯曼土耳其的兴起

奥斯曼土耳其人原是一支在中亚游牧的西突厥部落。11世纪至13世纪，大批突厥人开始向西亚迁移。13世纪30年代左右，在酋长埃尔托格鲁尔率领下，其中一支突厥人深入小亚细亚，依附于塞尔柱土耳其人建立的罗姆苏丹国，后被赐予一块不大的、位于小亚细亚西北的塞古特作为采邑。埃尔托格鲁尔死后，其儿子奥斯曼一世继承其领地，宣布独立，自称"艾米尔"，并不断进行扩张，后趁罗姆苏丹国衰弱分裂之机，占领其大部分领土。1326年，他又从拜占庭手中夺取了布鲁萨城，定为首都，正式建立奥斯曼帝国。这支土耳其人被称作"奥斯曼土耳其人"。

穆拉德一世肖像

穆拉德一世是乌尔汗之子，即位后推行领土扩张政策，1362年率军夺取亚德里亚堡并将都城迁至此。在科索沃战役中被刺身亡。

■ 征服东南欧

1330年奥斯曼一世的儿子乌尔汗建立的常备军新军，在对外扩张中发挥了重要作用，伊斯兰教也成了他们的侵略工具。

1358年，乌尔汗在加里波里建立要

【百科链接】

奥斯曼土耳其的封建制度：

早在塞尔柱土耳其统治时期，土耳其已经出现了封建制度。在此基础上建立的奥斯曼帝国是一个政教合一的军事封建专制国家，拥有完备的统治机构和庞大的军队，并将封建制度进一步深化。土地制度以国有为主，另有苏丹家族所有、清真寺所有、贵族私有等。农民被称为"赖雅"（牲畜），不经过封建领主许可无权迁徙，向封建主交纳的地租以实物为主。

124

◆ "圣殿骑士团"成立
法国贵族德·帕英和其他8名骑士创立,保护从欧洲来到耶路撒冷的朝圣者。

中古世界篇

塞,开始向东南欧进攻。其子穆拉德一世正式称苏丹,继续进行侵略扩张,占领了整个色雷斯东部。1362年,穆拉德一世率军占领亚德里亚堡,1367年迁都于此。1371年,土耳其军队在马里乍河附近打败塞尔维亚。1389年的科索沃之役后,除门的内格罗外的全部塞尔维亚领土均被并入了帝国版图。巴耶塞特继位后继续向外扩张,1393年侵入保加利亚和阿尔巴尼亚。这样,巴尔干的绝大部分地区都处于土耳其的统治之下。

■ 攻陷君士坦丁堡

1453年,穆罕默德二世亲率30万大军进攻拜占庭首都君士坦丁堡。君士坦丁堡地形险要,且黄金海角有铁链封锁。土耳其人以保留君士坦丁堡城内加拉太区的商业特权为条件,和区内的热那亚人合谋,利用涂油滑板,把七十多只船拉过加拉太后面的陆地,得以绕过黄金海角,在海面上用船只搭造浮桥,由侧背攻城,使拜占庭守军两面受敌。激战53天后,土耳其军队于5月29日攻克君士坦丁堡,并迁都于此,将这座城市更名为伊斯坦布尔。这标志着延续了1300年的拜占庭帝国从此覆灭了,而奥斯曼帝国则成为东地中海的霸主。

■ 人民起义

15世纪初,奥斯曼帝国一度发生了严重的政治危机。帖木儿帝国入侵,土耳其军队惨败,加深了帝国内部的危机。内部统治者又因争夺王位而长期混战,造成农民负担不断加重。于是,在小亚细亚和色雷斯先后爆发了大规模的农民起义。其中最大的一次是1415年由西马维亚·贝德拉丁领导的农民和手工业者起义。起义者提倡一切财产公有,并宣布伊斯兰教、基督教、犹太教彼此地位平等。他们团结希腊农民,共同打败苏丹派来的军队。斗争持续了三年,后被残酷镇压。

■ 奥斯曼帝国的形成

15世纪,穆罕默德二世攻陷君士坦丁堡后继续扩张,确立了对瓦拉几亚、摩尔达维亚的宗主权,占领热那亚在黑海地区的殖民地及其重要商业城市卡发,并使克里米亚汗国臣服。16世纪,他又向东西两面进行扩张。苏丹塞里姆一世在位时于1514年占领伊朗首都大不里士,掠回许多财物和工匠,1517年灭埃及,并占领了当时属于埃及的汉志、麦加和麦地那等城市。苏莱曼一世在位时多次率军侵略欧洲,先后攻占贝尔格莱德和罗得斯岛,5次入侵匈牙利,并进入布达佩斯,在各地烧杀劫掠。1534年,他又进兵伊朗,攻下巴格达,占领两河流域,还吞并了亚美尼亚和格鲁吉亚的部分地区。1536年,苏莱曼一世征服了整个阿拉伯半岛和也门。在北非,苏莱曼一世于1529年控制了阿尔及利亚,1536年占领了的黎波里,1574年占领突尼斯。16世纪中叶,奥斯曼帝国成了地跨亚、非、欧三洲的大帝国。

苏莱曼大清真寺
苏莱曼大清真寺坐落在伊斯坦布尔城,俗称"蓝色清真寺",是奥斯曼帝国第十代苏丹苏莱曼一世敕建。苏莱曼一世和妻子胡月曼就葬在里面。该寺被认为是奥斯曼帝国建筑中"最富丽堂皇的纪念碑"。

125

◆ 葡萄牙建国
来自葡萄牙凯尔边境的贵族艾方索一世宣布独立，并自称第一任葡萄牙国王。

■ 奥斯曼征服的影响

奥斯曼历代统治者的侵略政策都十分残酷，洗劫占领地，大肆杀戮，给被侵略国家的人民带来了深重灾难。这些地区生产力遭到破坏，经济、政治和文化发展缓慢。土耳其占领巴尔干半岛与西亚，对亚欧商业贸易征收苛酷的捐税，严重阻碍了地中海地区贸易的正常发展，西欧与东方的贸易往来受到影响，促使西方国家寻找通往东方的新航路，从而催生了地理大发现。奥斯曼军事封建帝国的入侵，也促进了以哈布斯堡家族为首的多民族的奥地利国家的形成，使东南欧和中欧的国际关系发生了新的变化。

穆罕默德二世肖像
奥斯曼土耳其帝国第七代君主，被称为"征服者"，是一位典型的马上帝王，在位期间进行了26次远征，最大的战绩是1453年攻陷了君士坦丁堡，终结了维持千余年之久的拜占庭帝国。

■ 奥斯曼文化

中世纪土耳其的科学、文学和艺术深受伊斯兰教的影响。13世纪，土耳其出现最早的书面文学。苏丹·维列德是最早用土耳其语写作诗歌的诗人之一，著有《塞尔柱诗歌》。尤努斯·埃姆列开创了民间口头诗歌的创作形式，是民间诗歌的奠基人。15世纪至16世纪是土耳其古典文艺的极盛时期，抒情诗人涅札蒂、巴基是当时最杰出的代表。17世纪，讽刺作品在土耳其文学中得到发展，代表人物是诗人涅菲，著有《命运之箭》。

14世纪至15世纪流行一种"布鲁萨式"的建筑，以绿色清真寺为代表。16世纪建筑师锡南的作品代表着土耳其建筑艺术的高峰。当时实用装饰艺术和书籍的装饰画也广泛流行。16世纪后期，史学家萨阿德·阿尔丁父子著有奥斯曼帝国的通史《历史之皇冠》。17世纪，克亚提布·契列比关于世界历史、地理和哲学等著作最为著名，著有《世界志》《大事年代记》和《动物图书辞典》。

※ 印度

从笈多王朝到戒日王朝的300多年是印度封建社会从形成到最后确立的时期，社会经济和文化得到了进一步发展。随着封建制度的确立，综合各种宗教的印度教创立。玄奘西行访印，促进了中印两国文化的交流。

■ 笈多王朝的统治

3世纪30年代后期，贵霜帝国衰落，印度又回到了小国分立的局面。320年，摩揭陀国国王旃陀罗笈多一世建立了笈多王朝，后采用征服和联姻的办法逐渐统一了北印度。旃陀罗笈多二世统治时期势力臻于极盛。他实行中央集权制，以巴特里普他拉为首都，将全国划分为若干省，省下置县，分别派总督和县长治理。笈多封建帝国的建立，有利于印度北部经济和文化的发展，并且较长时间地保障了北部国境的安全，防止了中亚游牧部落的侵扰。超日王以后，笈多帝国由盛转衰，570年灭亡。

■ 戒日王朝的兴亡

7世纪，戒日王建立戒日王朝，其版图包括除克什米尔、信德、西旁遮普之外的北印度，首都为曲女城。戒日王朝是印度封建制度最后确立的时期。这一时期，印度建立起一套"刑政甚肃"的等级制官僚机构，文化上盛极一时，出现三大学术文化中心，那烂陀寺得到

华氏城
华氏城即今天印度比哈尔邦首府巴特那，《大唐西域记》里的波吒厘子城。

126

◆ 腓特烈一世（红胡子）
神圣罗马帝国皇帝。曾号召进行第三次十字军东征。

中古世界篇

【延伸阅读】

玄奘是什么时候访印的？

唐代著名高僧玄奘决心往天竺求经取法，以释所惑。他于贞观三年（629年）启程，历尽艰险，于631年辗转到达中印度摩揭陀国王舍城，进入当时印度佛教中心那烂陀寺，师从住持戒贤法师。5年后，玄奘游历天竺数十国，受到僧俗各界的敬重，并于642年至643年，两次主讲无遮大会，赢得"大乘天"的尊号。贞观十九年返回长安。玄奘求经归来撰写的《大唐西域记》，成为这个时期有关印度和中亚的珍贵的第一手资料。玄奘访印，促进了中印两国人民的交流。

扩建。约647年，戒日王逝世，国中大乱，宰相阿罗那顺篡位，戒日王朝崩溃，北印度表面上的统一宣告结束。

北印度封建制的形成

1世纪至2世纪，印度经济已有相当程度的发展。生产力的发展要求劳动者对生产有一定的积极性，奴隶制已经不能适应社会生产的需要，奴隶反抗压迫的斗争沉重打击了奴隶主的统治。在这种情况下，奴隶制必然为封建生产关系所取代。取代奴隶的劳动者是雇工、佃农和依附农民。当时法典中规定了对雇工的工作要求和待遇。另外，封建采邑制也得到发展。从笈多王朝到戒日王朝的三百多年，是印度封建社会从形成到最后确立的时期。

印度教的兴起

随着封建制度的确立，综合各种宗教的印度教创立。印度教崇拜三大主神：梵天、毗湿奴、湿婆，吸收了佛教的禁欲、不抵抗等内容，其基本教义是从婆罗门教和佛教那里吸取来的"法"和业力轮回学说。印度教得到封建统治阶级的保护和支持。9世纪以后，印度教成为印度占统治地位的宗教，佛教遂衰。

种姓制度

古代的种姓制度在进入封建社会后仍然被保留了下来，但也有所变化和发展。婆罗门和刹帝利还是居统治地位的种姓，但其主要成员已是封建主；商人、高利贷者和富裕的手工业者为吠舍；原来从事农业和手工业的吠舍已沦为封建依附农，成为首陀罗。随着社会分工的进一步发展，从事劳动的吠舍与首陀罗中又产生了一些不同职业的集团，叫作"阇提"。每一个阇提有着固定不变的世袭职业，并只能在本集团内部通婚。阇提制本质就是种姓制的发展。

德里苏丹国

1206年，阿富汗中部廓尔王朝的总督、奴隶出身的突厥人库尔布·乌丁·伊巴克自立为苏丹，统治以德里为中心的广大地区，史称"奴隶王朝"。此后三百多年更换了五个王朝，国王均称苏丹，历史上称之为"德里苏丹国"。卡尔吉王朝阿拉·乌德·丁·卡尔吉是德里苏丹国统治印度时期最强大的穆斯林君主，他打通了向德干高原扩张的道路。图格鲁克王朝的穆罕默德·伊本·图格鲁克四次派大军远征南印度，国家一度达到极盛。此后，由于维贾亚纳加尔王国的兴起和菲罗兹·图格鲁克皇帝权力的削弱，中央政府失去了对地方封建主的控制，德里苏丹国逐渐走向衰落。1398年，帖木儿帝国入侵，给本已分裂的德里苏丹国以致命打击。1526年，德里苏丹国被成吉思汗后裔建立的莫卧儿王朝所灭。

库杜布塔

于1199年兴建，1230年落成。塔高75.56米，呈平顶圆锥体，是印度最高的塔。塔用红砂石砌成，呈赭红色。全塔由精致的环形阳台及支撑它们的钟乳石圈分为五层，每层外形各不相同。

127

英国金雀花王朝
来自法国的亨利二世在英国建立的王朝。因为该王朝的纹章用金雀花的小枝做装饰，故名。

■ 莫卧儿帝国的兴起

15世纪末，帖木儿的后裔巴布尔率军南下占领阿富汗，1526年攻陷德里，结束了德里苏丹国在印度的统治，建立了印度历史上文治武功远胜于孔雀帝国、笈多帝国的第三帝国——莫卧儿帝国。其版图北起中亚南境，南达文迪亚山，东抵阿萨姆，西至信德。16世纪中叶至17世纪初，帝国领土进一步扩张，除南部部分地区外，几乎统一印度半岛。莫卧儿帝国经济繁荣，贸易发达，商船东通中国，西达非洲。

■ 阿克巴改革

阿克巴是印度莫卧儿帝国的第三代皇帝，著名的政治家和宗教改革家。他执政期间，在帝国局面相对稳定后，集中力量从事国内政治、经济、文化和宗教方面的改革。其主要措施有：建立君主专制的中央集权制；改革税制，促进农业和工商业发展；改革司法，实行伊斯兰教法和世俗法相结合的制度，规定司法系统独立，中央大法官任命各省法官；实行宗教宽容政策，倡导印度各宗教一律平等，各奉其事，消除相互间的对立；废除殉葬、童婚等陈规陋习；提倡和支持学术研究。在阿克巴的统治下，宫廷学者荟萃，文化教育事业得到发展，印度达到了空前的繁荣。

泰姬陵
泰姬陵是莫卧儿王朝第五代皇帝沙·贾汗为其爱妻修建的陵墓，2007年通过网络投票被列入古代"世界七大建筑奇迹"。泰姬陵由殿堂、钟楼、尖塔、水池等构成，全部用纯白色大理石建成，并用玻璃、玛瑙镶嵌成藤蔓花朵作装饰，有极高的艺术价值。

■ 中古印度文化

中世纪，印度最杰出的诗人和戏剧家是迦梨陀娑，其代表作是《沙恭达罗》。著名数学家和天文学家亚利雅巴达已经使用现今通行的数制——十进位制，精确地算出圆周率的数值，还断定地球是绕着自己的轴旋转的球体。最负盛名的阿旃陀石窟内的壁画也主要创作于这个时期。

※ 朝鲜

朝鲜在中世纪曾分裂为高句丽、百济和新罗三个国家，后新罗统一了朝鲜半岛大部分地区。935年，高丽王朝取而代之，封建集权统治得到加强。随着蒙古入侵及社会矛盾的激化，李氏王朝登上历史舞台。中世纪朝鲜的历史，也是光荣的反侵略斗争史，朝鲜人民先后进行了多次卫国战争。此外，他们在科学文化方面也显示出卓越的民族智慧。

高丽太祖王建画像
高丽太祖（918~943年在位），姓王名建，字若天，是中世纪时东亚朝鲜半岛国家高丽的开国君主。

■ 三国争雄与新罗统一

公元元年前后，朝鲜半岛北部兴起高句丽奴隶制国家，南部原马韩地区兴起了百济奴隶制国家，原辰韩地区兴起了新罗奴隶制国家。至此，半岛上形成了三足鼎立局面，史称"三国时代"。三国之间为扩张势力时常发生冲突。6世纪中期，新罗从百济手中夺取了汉江流域，又占领洛东江流域，大大便利了新罗的对外交通。新罗与中国唐朝联合，660年灭百济，668年

128

◆ "伦巴第联盟"
意大利北部米兰、维罗纳等富庶城市结成的联盟，受教皇支持，反抗神圣罗马帝国皇帝。

灭高句丽。后又与唐朝展开了对百济、高句丽旧地的争夺，不断取得胜利。676年，唐军撤退，新罗统一了朝鲜半岛大部分地区。

■ 新罗王朝的衰亡

9世纪，新罗王朝陷于严重危机。社会矛盾尖锐化，全国性的农民起义不断爆发。其中以梁吉和甄萱领导的起义军势力最为强大。897年，梁吉部下弓裔占据松岳郡，夺取了起义军的领导权。904年，弓裔建立摩震国，史称"后高丽"。甄萱则建立后百济。这样，新罗国被压缩到东南一隅。高丽王朝日益强盛，935年攻陷了新罗，新罗王朝灭亡。

■ 高丽王朝的统治

高丽王朝统一后，成宗竭力加强中央集权专制统治：设立三省六部；实行良人农民义务兵制，即府兵制；扩充御史台，创设国子监，强化科举制；颁布"田柴科"法令。此外，他还收集民间的武器改制成农具，以解除农民的武装。这一系列措施使新罗后期遭到破坏的社会经济迅速得到恢复和发展，封建集权统治大大加强。

■ 蒙古入侵与高丽灭亡

13世纪初，蒙古崛起，高丽王朝被迫向蒙古纳贡。1232年至1259年，蒙古先后五次大举侵略朝鲜，兵锋所至，烧杀劫掠，破坏甚烈。1368年元朝灭亡，高丽王朝继续依附于蒙古残余势力，与明朝对立。1388年，高丽派兵进攻辽东，右军都统李成桂发动兵变，班师回国，肃清以崔莹为首的亲蒙古派势力，掌握了实权。1392年，李成桂废高丽王朝恭让王自立，1396年改国号为朝鲜，高丽王朝灭亡。

佛国寺
位于韩国庆尚北道，建于535年，全盛时期的范围是现在的10倍左右，在壬辰倭乱时惨遭焚毁。其后经过复原重建，仅有石造部分真正保持了原状，由此也可以看出新罗文化的繁盛。

■ 朝鲜封建制的发展

1388年李成桂掌权后，就着手实行田制改革，重新丈量登记土地，烧毁原来的公私田籍。1391年他实行科田法，将京畿一带的土地按照等级授给文武官僚，称为"科田"。这样做有利于国家对官吏就近加以监视。国家又以服军役为条件，将一定数量的土地授予在地方上有一定势力的所谓"闲良官吏"，此谓"军田"。科田和军田都是私田，可以世袭。其余的土地为公田，由国家管辖和收租。李氏朝鲜实行科田法，暂时抑制了兼并，增加了封建国家的税收和兵源，从而巩固并加强了中央集权的封建专制统治。

景福宫庆会楼
景福宫是朝鲜王朝时期的五大宫殿之一，也是朝鲜王朝的正殿，是朝鲜王朝的始祖——太祖李成桂（1392~1398年在位）于1395年建造的。

◆ 第三次十字军东征
德皇腓特烈一世、法王腓力二世与英王理查一世发动第三次十字军东征。

东莱府殉节图
壬辰卫国战役中,东莱府(今韩国釜山)府使宋象贤率军2万登城防守,但难以抵抗日军锐利的火器,东莱府失陷,宋象贤英勇就义。

■ 抗倭卫国战争

1592年,日本权臣丰臣秀吉率水陆两军约20万人侵略朝鲜。朝鲜人民和爱国的文官武将奋起保卫祖国。水军将领李舜臣在南部海面抗击日军,打破了日军水陆并进的计划。同时,明朝政府应朝鲜的请求,于1592年底派大将李如松率领军队援朝。1593年,朝中军队收复平壤、开城、汉城,并乘胜追击,日军退守南部沿海一带。1597年,日本水陆两路大军又大举进犯。第二年,明朝增派援军,朝中军队多次获胜,日军全线溃退。1598年11月,朝中水军在露梁海面与侵略者展开激战,日军彻底战败。

■ 臣服清政府

1627年,清太宗皇太极准备大举进攻明朝,夺取全国政权。为了解除后顾之忧,他决定先出兵打败朝鲜。1636年皇太极称帝,改国号为清,率10万大军入侵朝鲜。翌年,朝鲜国王被迫请降,接受了做清朝藩属的条件。清初,清政府在形式上与朝鲜之间继续保持自明朝洪武、正统以来的鸭绿江、图们江边界。

■ 中古朝鲜文化

朝鲜人民在科学文化方面显示出卓越的智慧。公元前12世纪,他们已开始炼铁;公元前7世纪,在世界上最先依靠高温冶炼法生产了碳素工具钢,而且创了民族文字——神志文字。2世纪初,朝鲜人开始系统观察天体运动,5世纪末6世纪初绘制出了详尽的天文图。新罗在7世纪前期修建了世界闻名的天文台——瞻星台。三国时期的高句丽古墓壁画、黄龙寺的9层塔、佛国寺的多宝塔和释迦塔等,均显示出了很高的艺术水平。12世纪前期,他们制造了色彩和纹样独特的、被世人视为珍宝的高丽青瓷。1441年,朝鲜最先使用金属测雨器。1444年,朝鲜仿效古代神志文字创制了现用的民族文字——训民正音。

丰臣秀吉画像
日本战国时代末期封建领主,是继室町幕府之后,又一次统一日本的日本战国时代大名。为1590年至1598年期间日本的实际统治者。

◆ 日本镰仓幕府
日本幕府政权的开始。其建立者是武将源赖朝。

※ 日本

进入中世纪的日本，逐渐从奴隶制向封建制过渡。日本民族在继承自己古代文化的基础上，继续大力吸收中国的先进文化，并加以再创造，形成了自己独特的文化。

【延伸阅读】

武士是怎样兴起的？

武士是在日本封建制度确立过程中形成的军事贵族阶级。藤原氏摄关政治极端腐败，封建剥削严酷，农民起义此起彼伏。各地庄园主为保护庄园，扩充势力，往往组织武装家兵。这些家兵由主人供应装备、给养，效忠主人，并受主人的保护，这就是日本历史上"武士"和"武士团"的起源。11世纪时，皇室与摄关家族藤原氏展开了争夺政权的斗争，双方都竭力争取武士的支持，武士的地位提高，逐渐参与到争夺中央政权的政治斗争中来。

■ 大化改新

大化二年（646年），孝德天皇颁布"改新"诏书，仿照隋唐的经济、政治制度进行改革，史称"大化改新"。改新诏书是天皇政府施行改革的基本纲领，主要内容有：废除皇室和贵族的私有土地和部民（部曲），将其收归国家，是为公地、公民，对大夫以上高官贵族赐予食封；改革统治机构，建立京师和地方行政机构（国、郡、里），设置关塞、防人（戍边军）及驿站，各置职官；造户籍、计账（赋税簿账），施行班田收授法，凡田长30步、广20步为1段，10段为1町；改革租税制度，施行租庸调新税法。大化改新加强了中央集权，促进了国家的统一，是日本进入封建社会的起点。

■ 奈良平安时期

710年，日本迁都奈良（平城京），奈良时代由此开始。794年，迁都平安京（今京都），直到1192年，史称"平安时代"。奈良平安时期，日本社会经济显著发展。统治者重视农业生产，农田规范化管理达到相当高的水平。养蚕业也逐渐发展起来，官营手工业生产有较大的提高。但这一时期的日本，自然经济仍占主导地位，商品生产和商品经济还没有完全发展起来，铜钱和银钱流通不广。

■ "摄关政治"

所谓"摄关政治"，是代替年幼的天皇执政的政治体制，简称"摄政"。大贵族藤原氏家族掌握大量庄园，逐渐独揽朝政，世代为皇室外戚。858年，藤原良房替9岁外孙清河天皇"总摄庶政"，866年正式取得"摄政"的称号。后藤原良房之子藤原基经又做了阳成天皇的"摄政"。887年，宇多天皇把政权交给藤原基经，下诏"万机巨细，皆先关白"于藤原基经，于是又有了"关白"这一称号。此后，藤原氏家族的代表人物大都推选本族女子做天皇后妃，以便在下一代天皇幼年时当摄政，天皇成年后改任关白，史称"摄关政治"。

日本封建时代的武士

武士的雏形是平安时代律令体制下产生的武官，是桓武天皇为巩固政权而设立的，原本是一些领主建立的私人武装，后逐渐成为一种专业军事组织，成为特权统治阶级。

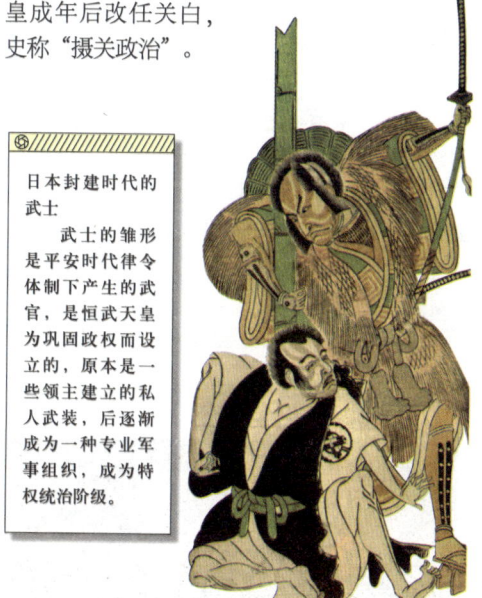

131

◆ 拉丁帝国
第四次十字军东征攻陷拜占庭帝国都城君士坦丁堡后建立的封建帝国。

■ 幕府统治的开始

约1192年，武将源赖朝建立镰仓幕府（1192~1333年），标志着日本天皇成为傀儡，幕府成为实际的政治中心。从此，日本由王室掌握实际统治权的时代结束，而平安时代地位很低的武士登上了历史舞台。武士鄙视平安时代贵族萎靡的生活，崇尚以"忠君、节义、廉耻、勇武、坚忍"为核心的思想，这种思想与儒学、佛教禅宗、神道教相结合，形成日本军国主义的精神支柱"武士道"。镰仓幕府后期，社会矛盾激化。1336年，镰仓幕府部将足利尊氏占领京都，重建新幕府。因幕府位于京都市内室町，故称"室町幕府"（1336~1573年）。室町幕府在大名（诸侯）的支持下于1392年合并了南朝，取得了全国的统治权。15世纪时，由于大名等地方割据势力的进一步增强、农民反封建斗争的蓬勃发展，室町幕府走向衰落。

■ 丰臣秀吉统一日本

16世纪，日本从战国时期大名的分裂割据走向统一。织田信长死后，其亲信丰臣秀吉继续对外扩张。丰臣秀吉以大阪作为根据地，进行多次战争，至1590年结束了持续百年的分裂局面，并于1593年在日本历史上首次把北海道地方置于日本中央政权统辖之下，实现了日本的统一。

■ 德川幕府的专制统治

1603年，德川家康在江户（今东京）建立"德川幕府"，开始统治日本。德川幕府初期，极力强化幕府统治，巩固中央集权，把全国大部分土地设为"天领""藩领"，控制经济命脉。为防止大名叛乱，德川幕府公布"武家诸法度"和"参觐交代"制度，还在农村推行"五人组"连保制度，监视农民的行动，并实行严格的封建等级制度，大力宣扬忠、义、勇的"武士道"精神，将其作为统治者驱使武士为自己效劳的一种基本手段。

德川家康画像
日本战国时代末期杰出的政治家和军事家，德川幕府的第一代将军。

平安时代的日本江户
日本明治时代绘制的木版画，反映了平安时代江户民间的生活百态。

■ "锁国"政策

德川幕府对外采取"锁国"政策，严格限制外国贸易船只到日本。岛原起义后，德川幕府进一步加强锁国。1639年，幕府颁布最后一道"锁国令"：禁止对外贸易，外国商人和传教士均被赶出国境，只许中国和荷兰的商人在长崎通商；除了医药和航海技术的外文书籍以外，其他书籍一律禁止进口。幕府的锁国政策实行达200年，妨碍了日本吸收先进国家的科学技术，阻碍了日本资本主义萌芽的发展。

■ 中古日本文化

中世纪时，日本民族在实践中逐渐形成了自己的文化。751年淡海三船汇编的《怀风藻》是一部最古的汉诗集。8世纪末编成的《万叶集》（20卷）是最早的一部日语诗歌总集。10世纪时，假名文字逐渐盛行，格调独特的和歌出现，并有代表作《古今和歌集》。10世纪至15世纪是日本贵族文学的全盛时期，著名

◆《金玺诏书》
匈牙利颁布，规定了各种民事、政治、经济和社会的权利，推动了西欧法制现代化的进程。

中古世界篇

作品有《源氏物语》《今昔物语集》；《枕草子》《日记》则是日本随笔文学的开端。德川幕府初期出版的《伊兽保物语》（《伊索寓言》）为翻译西方文学作品首开先河。平安时期除佛教艺术继续发展外，还出现了以山水、人物、风俗为题材的绘画。奈良时期，统治者模仿中国唐朝制定贵族教育制度，着手编修史书，《六国史》就是其中的代表作。中古日本的历代统治者都尊奉佛教，兴修佛寺。天主教也曾在日本一度流行，后被禁止。

《源氏物语》插图

《源氏物语》中充满着"物哀"的思绪。在那个繁华的时代，贵族女子们在流水山石的庭园里等待着她们的源氏公子。春花秋露，夏雨冬雪，寄托了她们的缕缕情思，吟风弄月，吟不完的是离愁别绪。

※ 东南亚诸国

东南亚诸国历史悠久，民族众多，物产富饶。中世纪时东南亚诸国的社会发展并不平衡，从原始社会末期直接过渡到封建社会却具有普遍性，柬埔寨、越南、缅甸、泰国以及满者伯夷王朝时期的印度尼西亚，都处于封建中央集权制度的统治之下。印度佛教文化对东南亚各国影响巨大，佛教成为许多国家的国教。与中国密切的经济文化交往，以及16世纪后相继遭到欧洲殖民国家的侵略和压榨，使中世纪东南亚诸国的历史发展具有许多共同性。

■ 柬埔寨

柬埔寨的主体民族是高棉族，约于1世纪建立了扶南王国。扶南王国是东南亚地区最早的封建国家之一，从1世纪至7世纪初，经历了混氏王朝、范氏王朝和跋摩王朝。范氏王朝统治时期国力强盛，成为东南亚地区强大的王国。扶南王国的农业、手工业都很发达，且建筑艺术水平较高。扶南王国深受印度文化的影响，引进了南印度文字和新的历法，并将婆罗门教定为国教。6世纪中叶，多山的属国真腊兴起，高棉社会发展到一个新的高度。到7世纪中叶，真腊国的政治、经济、文化都有很大发展，封建制度已日臻完善，军事力量强大，引进了骑兵兵种。8世纪初，由于国内政治动荡不安，真腊国分裂，787至802年间处于爪哇人的控制之下。

吴哥窟古迹

12世纪时的吴哥王朝国王苏耶跋摩二世在平地兴建的一座规模宏伟的石窟寺庙，是吴哥王朝的国都和国寺。吴哥窟的建造花费了大约35年时间。

133

◆ 钦察汗国（或金帐汗国）
蒙古四大汗国之一，由成吉思汗的孙子拔都建立。

■ 越南

李朝和陈朝是越南历史上统治时间最长的两个封建王朝，共持续了将近4个世纪，是越南封建国家巩固和发展的时期。建立越南李朝的是李公蕴，建国后迁都至升龙城（今河内），使其成为政治、经济、文化中心。1054年，李朝第三代国王李日尊（圣宗）将国号改为"大越"，统治机构和官僚体制是效法中国封建王朝建立的。统治者鼓励农业发展，但在"重农抑商"的政策下，手工业和商业的发展受到阻碍。李朝末年，朝政腐败。1225年冬，陈日煚篡夺王位，开始了陈朝统治时期，越南封建王朝进入盛世。陈朝实行"上皇制"，完善科举制，崇尚儒学，设立国学院，奉祀周公、孔子、孟子，还设立国史院，撰修国史。陈朝实行征兵制，并实行"寓兵于农"的政策，士兵轮流回乡种田。因为非常重视农业，陈朝时期越南的社会经济获得了长足发展。

■ 缅甸

缅甸是一个历史悠久的文明古国，1044年形成统一国家，经历了蒲甘、东吁两个封建王朝。蒲甘王朝是阿奴律陀国王于1044年建立的，是缅甸历史上第一个统一全国的早期封建国家，以小乘佛教为国教。蒲甘的历代统治者笃信佛教，广建佛塔寺庙，故有"建塔王朝"之称。僧侣在当时地位很高，其领袖有左右国王的大权。1287年，元朝皇帝忽必烈率军入侵缅甸，结束了蒲甘王朝，此后缅甸进入了掸族时期。

16世纪，缅甸的封建制度进一步发展，农村公社逐渐解体。1531年，缅人莽瑞体统一缅甸，建立东吁王朝，于1546年定都勃固城。之后东吁王朝多次与实力强大的泰族阿瑜陀耶王国（大城王国）交战，劳民伤财，1599年因勃固城被阿卡族占领而迁都阿瓦。1752年，孟族军队攻占阿瓦，东吁王朝的统治宣告结束。

■ 泰国

泰国古称"暹罗"。238年，泰人建立起泰国历史上第一个独立王朝——素可泰，该王朝被称为泰国的黄金时代。其第三代国王朗堪罕大帝有"泰国之父"的美誉，他创造出了独立的泰文字，崇尚佛教，缔造了"万佛之国"的雏形。1281年，另一个泰人王国在北方清莱建立，史称"拉那王朝"，1296年迁都清迈。与此同时，泰人还建立了帕尧王朝。这三个王朝结成联盟，共同巩固了

【百科链接】

仰光大金塔：

仰光大金塔建于公元前588年，位于缅甸首都仰光市区北部的一座小山上，这里是东南亚的佛教圣地。大金塔塔身金碧辉煌，阳光照耀塔上，反射出万道金光。该塔同印度尼西亚的婆罗浮屠、柬埔寨的吴哥窟齐名，是佛塔之国缅甸的象征，也是仰光市区的著名旅游景点。

◆ 马可·波罗

意大利旅行家，著《马可·波罗游记》，记述自己在东方旅行的见闻。

中古世界篇

泰人的统治。1350年，位于湄南河下游的阿育塔雅建国，第一代国王拉玛提波底一世在短短数年内统一泰国中部（包括素可泰），并把势力扩大到马来半岛和下缅甸，后统一北方。阿育塔雅王朝延续了400余年。16世纪时，阿育塔雅成为亚洲最大和最富有的城市之一，文化艺术也步入黄金时代，产生了许多文学、艺术精品。1767年缅甸人入侵，阿育塔雅王朝灭亡。

■ 印度尼西亚

印度尼西亚位于亚洲东南部的马来群岛上，地跨赤道，岛屿众多。3世纪至7世纪建立了一些分散的封建王国。13世纪末至14世纪初，爪哇地区出现了印尼历史上最强大的麻喏巴歇封建帝国。15世纪，葡萄牙、西班牙和英国先后侵入。1596年荷兰入侵，成立具有政府职权的"东印度公司"，1799年底改设殖民政府。

■ 老挝

8世纪中期建立的澜沧王国是老挝历史上最辉煌的一段时期。14世纪时，澜沧王国达到鼎盛时期，成为东南亚最繁华的国家之一。1353年，国王范甘统一了老挝，首都琅勃拉邦，1545年迁都万象。1706年至1713年，老挝分裂为琅勃拉邦、万象和占巴塞三个王国，到18世纪70年代末，这三个王国都沦为暹罗（今泰国）的属国，各王国虽然保留原有的统治制度，

婆罗浮屠

婆罗浮屠位于印度尼西亚爪哇岛中部，是一座巨大的阶梯式实心佛塔，建于8至9世纪，现有高度31.5米，其上布满精美的佛像与浮雕，被称为"东方四大奇迹"之一。

但王位继承和高级官员的任命皆由暹罗一手操纵。1825年，万象国王起兵反抗暹罗的统治，遭到镇压，万象王国也随之灭亡。

■ 菲律宾

菲律宾人的祖先是亚洲大陆的移民。西班牙入侵之前，菲律宾存在许多土著部落和马来族移民建立的割据王国。14世纪后，随着伊斯兰教的传入，苏禄和棉兰老岛等地出现了封建苏丹政权，实行政教合一的政治制度，苏丹成为最高的统治者。这些政权中最著名的是14世纪70年代兴起的海上强国苏禄王国。1521年3月7日，麦哲伦奉西班牙皇室之命，率领西班牙远征队到达菲律宾群岛。1565年西班牙侵占菲律宾。1571年，西班牙在马尼拉建立殖民政府，自此统治菲律宾300多年。

曼谷的泰国大王宫

大王宫是泰国曼谷王朝一世王至八世王的王宫，位于曼谷市中心，依偎在湄南河畔，总面积21.84万平方米，是曼谷市内最壮观的古建筑群。

135

◆ 英国颁布《牛津条例》
英国议会正式确定为对国王实行决策监督的机构，同时也是全国最高立法机构。

中古非洲和美洲

中世纪时，非洲各族的社会发展很不平衡。北非的埃及和马格里布、东非的苏丹和埃塞俄比亚、西非的马里地区、中南非洲和马达加斯加岛都建立了早期封建国家，但在西非沿海、东非内陆和南非地区还有一些部落处于原始社会的不同发展阶段。

美洲是"亚美利加洲"的简称，包括北美洲和南美洲两大部分。15世纪以前，美洲有其独立发展的历史，印第安人在这里形成了许多不同语言和文化的部落集团，创造了辉煌的印第安文明。16世纪，南美洲的印加帝国达到极盛，成为美洲空前繁荣的大国。

※ 埃及

4世纪末，拜占庭帝国统治埃及，赋税加重，隶农制和庇护制迅速发展起来。7世纪，阿拉伯人征服埃及后，封建生产关系进一步发展。11世纪至16世纪，埃及人民先后奋起反抗西欧十字军、蒙古贵族、土耳其的入侵。

艾兹哈尔清真寺
艾兹哈尔清真寺是法蒂玛王朝大将玖海尔于972年建成的，取名"艾兹哈尔"是为了纪念穆罕默德的女儿法蒂玛·扎海拉。

■ 法蒂玛王朝时期

法蒂玛王朝是北非的一个阿拉伯封建王朝，中国史籍称之为"绿衣大食"。909年，伊斯兰教什叶派首领奥贝德拉在突尼斯自称哈里发，建都马赫迪亚，法蒂玛王朝建立。973年，哈里发穆伊兹迁都开罗，王朝的统治中心遂转到埃及。哈里发阿齐兹执政时国势强盛，与阿拔斯王朝、后倭马亚王朝形成三足鼎立的局面。11世纪后期，法蒂玛王朝开始衰落。1171年，法蒂玛王朝大臣萨拉丁在近卫军支持下发动政变，推翻法蒂玛王朝哈里发阿迪德的统治，建立阿尤布王朝，法蒂玛王朝灭亡。

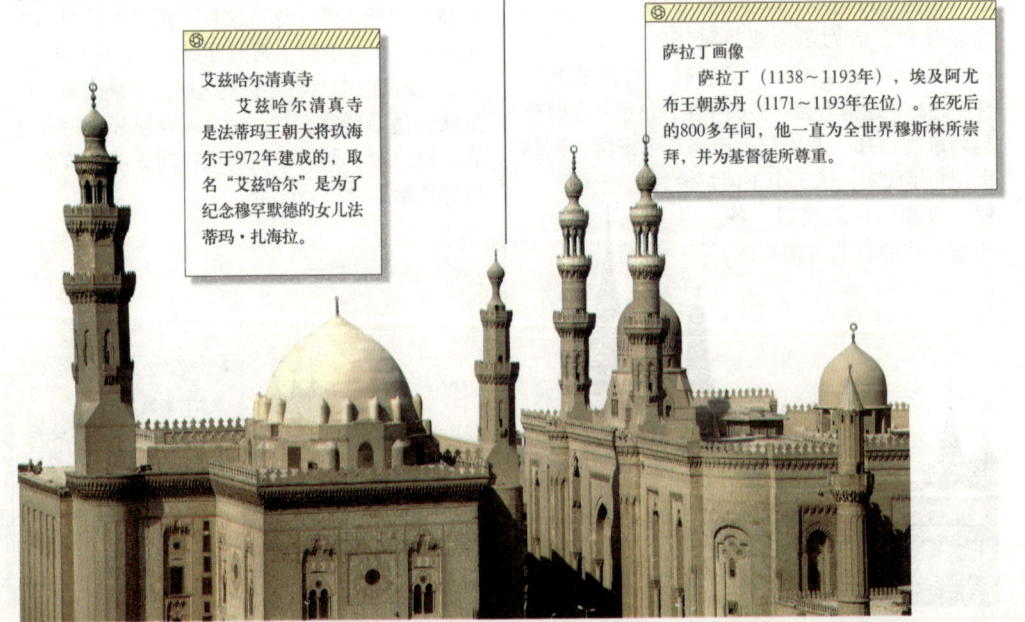

萨拉丁画像
萨拉丁（1138～1193年），埃及阿尤布王朝苏丹（1171～1193年在位）。在死后的800多年间，他一直为全世界穆斯林所崇拜，并为基督徒所尊重。

136

◆ 拉丁帝国灭亡
尼凯亚的迈克尔人赶走耶路撒冷的拉丁人，恢复了拜占庭帝国。

中古世界篇

■ 阿尤布王朝的统治

阿尤布王朝是一个穆斯林王朝，由萨拉丁所建。萨拉丁为反击十字军的侵略发动"圣战"，1187年收复耶路撒冷，统一汉志、巴勒斯坦、叙利亚和美索不达米亚北部。萨拉丁实行军事分封制，把大批土地分给贵族和将领；注意发展灌溉事业，鼓励贸易。1250年，阿尤布王朝的苏丹萨立赫死去，王朝结束。

■ 马木路克王朝

【百科链接】
马格里布的封建制度的发展：
9世纪时，马格里布地区的封建大土地占有制发展起来，至哈马德王朝（1008~1152年）时期，马格里布的封建大土地占有制进一步发展。11世纪中叶，又出现了一种新的封建大土地占有制——马赫曾部落土地。直到16世纪，这种土地占有制在马格里布仍占有重要地位。

阿尤布王朝组建了一支由奴隶构成的骁勇善战的马木路克近卫军。1249年，由法国国王路易九世率领的十字军进行第七次东侵，入侵埃及。马木路克领袖艾别克在混乱中乘机推翻了阿尤布王朝，成为埃及的第一位马木路克苏丹。马木路克王朝的历代苏丹多数是军人，他们通过军事政变夺取政权，对战争有着近乎疯狂的迷恋，从而导致国家不断陷入战争之中。通过与十字军、蒙古人、土耳其人进行的一系列战争，马木路克很快强大起来，版图一度扩张到整个阿拉伯东部。1517年，马木路克王朝在与奥斯曼土耳其的战争中失败，随即灭亡。

■ 中古埃及文化

从法蒂玛王朝开始，埃及文化重新繁荣起来。972年兴建的开罗艾兹哈尔清真寺，1005年发展为伊斯兰大学，成为当时阿拉伯文化的中心。阿里·伊本·约鲁斯是中世纪最著名的天文学家，他制定的哈基木历表比当时通行的历表都准确。十二三世纪，埃及出现了许多著名的眼科医生，曾成功地割治过白内障。名医伊本·阿尔·纳菲斯著有《〈医典〉注释》，明确提出了血液循环的概念。

※ 马格里布

马格里布意为"日落的地方""西方"，是古代阿拉伯人对今突尼斯、阿尔及利亚和摩洛哥所在地区的总称。大马格里布还包括利比亚西部。

■ 早期历史

30多万年前，马格里布境内已有人类活动。公元前30世纪前后，柏柏尔人为此地居民。公元前10世纪，在同迦太基的长期斗争中，柏柏尔人逐渐建立了努米底亚、毛里塔尼亚等王国，其中努米底亚王国曾是地中海区域的强盛国家。公元前2世纪，罗马帝国入侵，在马格里布设立行省，任命总督进行统治。5世纪下半叶，汪达尔人统治马格里布，后又为拜占庭帝国所征服。

■ 阿拉伯人的统治

7世纪中叶至8世纪，阿拉伯人逐渐统治了马格里布，在摩洛哥北部建立了独立的封建国家伊德里斯王朝。柏柏尔人皈依伊斯兰教，讲阿拉伯语，渐行伊斯兰化。阿拉伯人的统治促进了马格里布封建社会的形成，柏柏尔人在反抗阿拉伯封建主的斗争中建立起自己的国家。11世纪后，以今摩洛哥为中心，马格里布相继出现了阿尔摩拉维德王朝和阿尔摩哈德王朝。

古城凯鲁万
凯鲁万位于突尼斯中部偏东地区，670年兴建。800年至909年，阿格拉布王朝在此定都，凯鲁万从此声名四起，并成为伊斯兰四大圣地之一。城中拥有大量古迹。图中是著名的凯鲁万大清真寺。

137

◆ 但丁

文学巨匠，意大利文艺复兴的先驱。代表作是《神曲》。

■ 阿尔摩哈德王朝的统一

1146年，阿卜德·阿尔·穆明夺取阿尔摩拉维德王朝的西班牙领土。1147年，他攻占马拉喀什城，建立阿尔摩哈德王朝。1152年，阿卜德又灭亡了残存在贝贾亚的哈马德王朝，1160年，收复诺曼人从1148年起侵占的突尼斯沿海城市，消灭了东马格里布的地方政权，统一了整个马格里布。阿尔摩哈德王朝在较长时期内拥有一支强大的陆军和舰队，1196年曾大败西班牙的基督教骑士军，使西班牙的收复失地运动遭到挫折。马格里布的统一局面使经济一度得到恢复和发展，西班牙安达卢西亚地区经济重新繁荣。

■ 反侵略的"圣战"

1415年至1520年，葡萄牙入侵马格里布。在"圣战"的号召下，当地人民以札维亚为中心开展了近百年的斗争。1525年，苏斯的萨阿德部落首领打败葡萄牙，夺回马拉喀什，掌握了"圣战"的领导权。1554年，萨阿德人推翻马林王朝，建立了萨阿德王朝。1578年的马哈津河战役，摩洛哥大胜，葡萄牙侵略军被歼灭。同时，摩洛哥还打败了土耳其人的多次入侵。反侵略斗争的胜利，使摩洛哥成为马格里布唯一长期保持独立的国家。

※ 其他非洲诸国

苏丹和埃塞俄比亚都是有着悠久历史的东非古国，都创造了较先进的文明。从7世纪起，这两个国家开始向封建社会过渡，但奴隶制经济仍占有重要地位。加纳、马里和桑海是中世纪西非的著名古国，它们同北非地区有着频繁的

木制面具 这个木制面具造型独特，以贝壳作为装饰，是努比亚时期的遗物。

贸易往来，是西苏丹重要的文化中心。到17世纪中叶为止，南非的柯伊萨族还处于原始社会阶段，刚果和津巴布韦等已形成国家，并创造了较为先进的文明，它们对葡萄牙的殖民掠夺进行了英勇的反抗。马达加斯加岛上的早期封建国家伊默里纳后来成为统一全岛的中心。

■ 苏丹诸国

苏丹在古埃及时期被称为"努比亚"，境内古老的库施国家在4世纪中叶被阿克苏姆王国灭亡。6世纪中叶，基督教传入苏丹。6世纪末，阿克苏姆王国衰落，建都于栋古拉的穆库拉、都城在索巴的阿勒瓦等王国兴起。16世纪初，达尔富尔苏丹国和芬吉苏丹国又先后兴起。

■ 埃塞俄比亚

10世纪末，埃塞俄比亚高原上的阿加乌部落发动起义，阿克苏姆国王被迫将都城迁往绍阿，随后出现了扎格维王朝。1270年，阿姆哈拉人推翻扎格维王朝，建立了所罗门王国，统治着今埃塞俄比亚中部和北部地区。13世纪至16世纪，阿姆哈拉人建立了

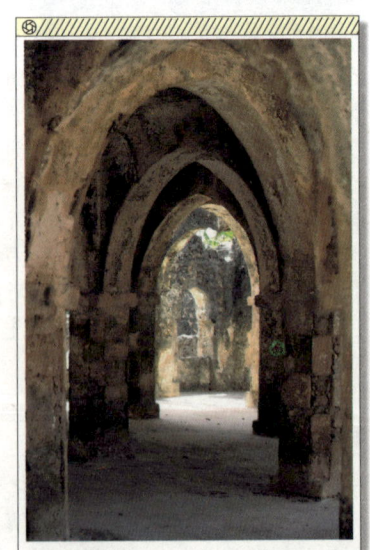

基尔瓦遗迹 东非著名古城，建于975年，是东非海岸的一座穆斯林贸易城镇。1843年，基尔瓦穆斯林苏丹国灭亡后，只留下了一些古遗迹。

138

◆ 第八次十字军东侵
法王路易九世为报兵败之仇而发动。因无人响应，他独自领兵进攻突尼斯。

中古世界篇

强盛的阿比西尼亚王国。16世纪初，王国版图已从红海之滨的马萨瓦一直伸展到西南的阿巴亚湖。17世纪初，西班牙耶稣会教士以盟友身份涌入埃塞俄比亚进行侵略活动，激起人民起义。由于人民的坚决斗争，埃塞俄比亚成为非洲少有的长期保持独立的国家。

■ 索马里

索马里地区长期遭受阿克苏姆的统治。从7世纪起，阿拉伯人不断移居索马里，逐渐与当地部落通婚，对索马里的语言、宗教和文化发展有很大影响。阿拉伯人大多信奉伊斯兰教，他们建立起一系列穆斯林城邦国家。16世纪初，阿达尔王国强大起来，伊玛目艾哈迈德·易卜拉欣·加齐在统一北索马里人部落后，停止向埃塞俄比亚纳贡，并展开了一系列战斗，阻止了埃塞俄比亚的扩张，保卫了索马里的独立。

■ 东非"桑给帝国"

10世纪至15世纪，东非海岸处于桑给帝国时期。"桑给帝国"并不是一个真正统一的国家。当时，各城市国家普遍实行奴隶制，对外贸易繁荣，基尔瓦苏丹国在各城邦中长期居于霸主地位。正当兴旺之际，东非各国遭到葡萄牙殖民主义者的侵略，文明发展的脚步中断。当地人民英勇斗争，直到1699年，他们终于将葡萄牙人赶出了莫桑比克以北地区。

■ 加纳王国

加纳是非洲西部古国，兴起于3世纪至4世纪，全盛时期约在8世纪至11世纪，统治地域大体在尼日尔河北岸和塞内加尔河上游，主要居民是曼丁戈族的索宁克人。加纳王国以生产黄金著称，黄金生产和贸易促进了加纳王国的繁荣。1076年，摩洛哥阿尔穆拉比特王朝征服加纳，破坏了加纳的农牧业生产

【延伸阅读】

阿克苏姆王国是怎样由盛而衰的？

1世纪初，阿克苏姆成为独立国家，4世纪时，在埃扎纳统治下进入极盛时期。埃扎纳将基督教定为国教，并创制了埃塞俄比亚文字。525年，国王加列布出兵征服也门地区，进一步巩固和扩大了对阿拉伯半岛南端的控制。7世纪阿拉伯帝国兴起后，阿克苏姆与海外的联系全被隔绝，国家趋于衰落。10世纪被扎格王国所代替。阿克苏姆农业、手工业和商业比较发达，已使用金属铸币。基督教在国家的政治、经济、文化生活中起着重要的作用。著名的阿克苏姆圆顶石碑，反映其建筑艺术的成就。

及其同北非的贸易关系。加纳的藩属相继独立，加纳也从此一蹶不振。1200年前后，苏苏族国王苏曼古鲁征服了加纳王国的残余部分，把它变为自己的藩属。1240年，加纳王国最终为马里帝国所吞并。

■ 马里帝国

马里帝国是13世纪上半叶至17世纪初的非洲西部王国，首都为尼亚尼。其全盛时期的版图南起热带雨林，北至撒哈拉大沙漠，西抵大西洋沿岸，东达豪萨人居住地区。马里由凯塔氏族组成，一向臣属于加纳王国，以黄金贸易著称。11世纪中叶，马里人逐渐强大起来，并建立了帝国。第九位国王曼萨·穆萨在位时，帝国进入黄金时代，版图空前辽阔。1360年后，马里发生内乱，国势由此日趋衰落。17世纪上半叶，马里末代国王被塞古军队打败，马里从西苏丹政治舞台上消失。

杰内古城

马里南部的杰内古城正式建于765年，兴起于奴隶贸易和黄金交易的繁荣时期，是古代的商业中心。杰内古城以其独特的摩尔式建筑和灿烂的伊斯兰文化而驰名世界。

139

◆ 十字军东侵结束

十字军在东方的领地先后被埃及攻占，在丧失最后一个据点阿卡后，东侵结束。

■ 桑海帝国

桑海帝国是15世纪中叶桑尼·阿里所建的帝国。最强盛时，其统治范围西达大西洋沿岸，东抵豪萨地区，向北接近摩洛哥南部，称霸整个西苏丹。1492年，高级将领穆罕默德·杜尔发动兵变，建立阿斯基亚王朝，推行一系列改革，使桑海帝国进入鼎盛时期。1590年至1591年，摩洛哥王国的入侵使桑海帝国解体。桑海帝国的繁荣主要依靠对穿越撒哈拉沙漠的商路的控制，奴隶劳动在社会经济生活中起着重要作用。廷巴克图是桑海帝国的文化中心，在当时的伊斯兰教世界享有盛誉。

■ 刚果王国

刚果王国是约14世纪出现的非洲中南部国家，是班图语系的巴刚果人在刚果河下游建立的政权，15世纪中叶国势极盛，形成安定繁荣的农业社会，并出现专业化分工。1482年葡萄牙人侵入，给刚果带来深重的灾难。1641年加西亚二世即位，他利用葡、荷殖民者之间的矛盾，整顿内部，使国势有所恢复。1665年葡萄牙殖民军卷土重来，国王安东尼奥一世在安布依拉战役中战死，王国军队瓦解。但不屈的刚果人民奋起反抗，使殖民者狼狈逃离刚果。然而刚果统治集团频繁发生王位之争，国家四分五裂。1709年彼得罗四世即位后局势略微稳定，但统治范围已大大缩小。1885年，刚果王国被比利时及法、葡殖民者瓜分。

■ 马达加斯加

公元前3世纪至10世纪期间，马达加斯加岛上的安卡腊特腊山区居住着许多麦利那人部落。1300年，安德里亚讷里纳统一各部落，建立了伊默里纳政权。16世纪初，伊默里纳发展成中央集权的世袭君主制国家。17世纪前期，伊默里纳迁都塔那那利佛，大规模修筑灌溉工程，扩大了稻田面积，使首都地区成为王国的谷仓。1794年，伊默里纳发展为中央集权的封建国家，19世纪初统一全岛，建立了马达加斯加王国。19世纪30年代，马达加斯加遭到法国殖民者的入侵，逐渐沦为法国的殖民地。

※ 玛雅文明

玛雅人是中美洲印第安人的一支，属蒙古人种美洲支，他们所使用的玛雅语，属印第安语系玛雅-基切语族。他们分布在墨西哥尤卡坦中部和北部，伯利兹、洪都拉斯南部及塔瓦斯科的一部分，危地马拉低地和高地及恰帕斯和萨尔瓦多的最南端。由于所在地区历史、

【百科链接】

津巴布韦：
3至4世纪，绍纳人从北方迁居津巴布韦，11世纪前后开始形成中央集权国家。13世纪，马卡伦加人建立了莫诺塔帕王国，15世纪初进入极盛，16世纪开始衰落。津巴布韦自然资源丰富，工农业基础较好，但近年来通货膨胀十分严重。

大津巴布韦古遗迹

"津巴布韦"一词源于绍纳语，意为"石头建筑"或"石头城"。大津巴布韦文化是南部黑非洲古代文明的杰出代表，以其巨石建筑群闻名于世。

◆《正义法规》颁布
《正义法规》由佛罗伦萨制定，进一步加强七大行会对政府的控制，且把一切贵族豪门列为专政对象。

社会、文化、经济背景不一，各国玛雅人在社会、经济、文化方面也各具特色。

■ 玛雅的社会经济

大约公元前1000年，玛雅人已学会烧林耕作，从野生植物中培植了玉米、南瓜、番茄、甘薯、豆类、辣椒、可可等作物，过上了定居的农业生活。他们还栽种棉花、龙舌兰，培植制作蓝靛的植物。畜牧业方面，玛雅人集体从事狩猎和捕鱼活动，开始饲养火鸡、狗和蜜蜂等。手工业方面，玛雅人用陶土、木头和石头制作器皿，用燧石和黑曜石制造武器和工具，也能用金、银、铜、锡等合金制成金属器具和装饰品。

玛雅人的商品交换较发达，每个城市和村落都有作为交易场所的广场，市场上有各种食物和日用品，并开始用可可和豆子作为交换的媒介。

玛雅人形陶俑
这种陶俑通常被用做祭奠亡人的祭品。它们活灵活现地反映了玛雅人的日常生活状况。

■ 玛雅城邦

公元初期，玛雅人已在尤卡坦半岛南部的贝登伊查湖东北建立起许多奴隶制城邦。考古工作者在玛雅地区发现了上千座古代城邦遗址，其中最大的有瓦沙克敦、科潘和蒂卡尔等。9世纪末，玛雅城邦突然衰落。10世纪后，奇琴·伊察西南兴起了乌斯马尔和玛雅潘两个城邦。1485年的大瘟疫使城邦进一步衰败。玛雅人建立城邦时，已由原始社会进入奴隶社会，到玛雅潘成为政治中心

时，奴隶制已相当发达。

【延伸阅读】

玛雅早期的奴隶制度有哪些具体规定？

战俘是奴隶的主要来源，奴隶从事一切劳动。自由民已分化为贵族和祭司。最高统治者职位世袭，掌握一切大权，由他任命的地方长官管理各个村庄。"村长"是终身职位，必须对最高统治者绝对服从。祭司是贵族中的特殊阶层，掌管全部宗教仪式，最高祭司还是玛雅最高首领的顾问和社会诉讼的裁决者。农村公社是玛雅社会的基本单位，土地归公社所有，分给各家使用。村民们负担沉重的徭役和贡赋，社会矛盾十分尖锐。

■ 玛雅文化

玛雅文明是世界著名的古代文明之一，也是印第安人各部落中最发达的文化。

公元前后，玛雅人创造了象形文字。玛雅人很重视历史，每隔20年就立石记事，因而玛雅文化是美洲古代史上唯一有明确年代可考的文化。

由于农业生产的需要，玛雅人在天文、历法、数学方面都取得了杰出的成就。他们设有天文观象台，创造了以365天为一年的太阳历和二十进位计数法，这在当时世界上是很先进的。

◆ 模范国会召开
英王爱德华一世召开。其国会构成和选举方式成为以后历届国会的榜样。

此外，玛雅人在艺术领域也取得了令人瞩目的成就。玛雅人6世纪至8世纪创造的波南帕克彩色壁画堪称世界古典壁画艺术宝库中的瑰宝。

※ 阿兹特克帝国

阿兹特克是古代中美洲文化舞台上的谢幕者，他们创造了辉煌的阿兹特克文明，这个文明最后毁于西班牙殖民者之手，阿兹特克的历史从此被拦腰截断。

■ 阿兹特克人

阿兹特克人最早居住在墨西哥西北的阿斯特兰岛上。大约在12世纪，阿兹特克人为了逃离饥荒，从北方的故乡迁徙到墨西哥高原中部。传说有一天，战神对正在寻找栖息地的阿兹特克人说："你们去寻找一只鹰，它栖息在一株仙人掌上，口中衔着一条蛇。找到之后，那个地方就是你们居住的地方。"阿兹特克人遵照战神的指示，来到了特斯科科湖畔的一个岛上，果然看到一只鹰叼着一条蛇站在仙人掌上，于是他们便开始在岛上建造新的城市，并把这个城市命名为"特诺奇蒂特兰"（今墨西哥城），意为"仙人掌之地"。

1426年，阿兹特克领袖伊茨夸特尔率众战胜邻近各部落，并与特斯科科人、特拉科班人结成三部落联盟。之后，他们不断向外扩张，疆域向西达到瓦哈卡和特万特佩克，北部达到圣路易斯波托西，东南达到危地马拉，盛极一时，号称"阿兹特克帝国"。1518年至1521年，西班牙殖民军占领特诺奇蒂特兰，可以说，阿兹

阿兹特克的太阳历石
石刻的中心位置是太阳神形象，代表着第五个太阳纪，周边四个长方形代表着以往的四个太阳纪，几个同心环上雕刻着代表日期的符号。

特克帝国的统治告终。阿兹特克人对墨西哥历史、文化和民族的形成做出了巨大贡献。

■ 都城特诺奇蒂特兰

16世纪初西班牙人入侵美洲之前，阿兹特克发展到鼎盛时期，全国有人口600万。都城特诺奇蒂特兰有人口30万，是当时世界上最繁华的城市之一。

阿兹特克人以擅长城市建筑而著称。他们在特斯科科湖畔定居不久，就开始建造都城，到1487年才正式竣工，前后用了200余年的时间。阿兹特克人在岛中央的制高点建起庙宇作为祭祀区，然后以此为中心修筑两条南北、东西交叉的大道，大道将全城分为四个区。阿兹特克人还在祭祀区建筑了以神庙为主体的建筑群，附近有许多国王和贵族居住的宫殿和房屋。

特诺奇蒂特兰城中心广场上屹立着20座大小不等的庙宇，被称作美洲金字塔。这些庙宇全用石块垒成，造型与埃及金字塔不同，顶部不是尖的而是平的，四面均是等腰梯形。

特诺奇蒂特兰城地图
阿兹特克首都特诺奇蒂特兰深埋在今天的墨西哥城地下，原本是特斯科科湖心的一个小岛。阿兹特克人在此定居后，利用填湖的方法把都城逐渐扩大，用水道和桥梁把小岛和湖岸连接起来。1519年西班牙人到来时，特诺奇蒂特兰已经是一座拥有30万人口的大城市。

■ 精美的手工艺

阿兹特克人很重视自己的外表穿戴。男人大多披挂宽大的斗篷和绶带，妇女则穿着拖到地面的长袍。他们的衣服大多数是用野鸡、鹦鹉和蜂鸟等珍禽的羽毛精心编缀起来的，也有少数棉布的。阿兹特克人不论男女都戴

◆142

◆《重行保障特权令》签署
英国国王爱德华一世被迫签署《重行保障特权令》，规定未经议会同意，不得征收捐税。

中古世界篇

头饰、手镯、脚镯、耳环和鼻环。这些饰物一般都用金银珠宝制成。金匠的工艺技术十分精湛，他们铸造的金鸟，头、舌和四肢都可以活动。他们还制作一种花边状的项圈，用珍珠、绿松石珠、红色小贝壳和小金珠穿成，每隔一段距离就用一个金环连接起来，最外圈是24只小金铃。当人们集会的时候，举目一片金光银影，令人眼花缭乱。

■ 热血献祭

阿兹特克人有用活人作为祭品的传统。他们在战场上勇往直前，抓获俘虏作为祭神的供品。

阿兹特克人的宗教是多神崇拜。他们认为神创造人时做出了自我牺牲，所以人类也应不断牺牲自己来祭祀神灵，只有这样才能延缓世界末日的到来。他们长年四处征战，把抓获的俘虏当祭品押上祭坛，用刀挖出心脏敬献给太阳神，以致他们圣殿的四壁和台阶上蒙着一层厚厚的凝固的血和人体脂肪，连远道而来的欧洲殖民者都对此不寒而栗。

阿兹特克人的祭祀仪式
据估计，16世纪初叶，整个阿兹特克帝国每年杀死用于祭神的民众高达25万人。

这一做法使阿兹特克人陷入一个恶性循环中：为了免除灾难，需要用活人来献祭，献祭用的人只有通过战争才能得到。于是，阿兹特克人为了免灾不断地发动战争，而战争又给阿兹特克人带来了更大的灾难……

■ 科尔特斯的征服

1519年，西班牙殖民者荷南多·科尔特斯率领110名水手和553名士兵踏上了阿兹特克人的土地。是战是和？当时的阿兹特克皇帝蒙特苏马二世在入侵者面前举棋不定，结果沦为西班牙殖民者的傀儡。1520年6月，皇帝在对人民劝降时被群众击伤致死。科尔特斯在所谓"悲惨之夜"侥幸逃命后，于1521年卷土重来。阿兹特克人在新国王夸乌特莫克率领下，与围城的西班牙殖民者展开殊死搏斗，最后由于粮食和水源断绝，加之天花肆虐而惨败。1521年8月，西班牙人占领特诺奇蒂特兰，在城中大肆屠杀，并将该城彻底摧毁，后在其废墟上建立了墨西哥城。从此，墨西哥进入长达300年的殖民统治时期。

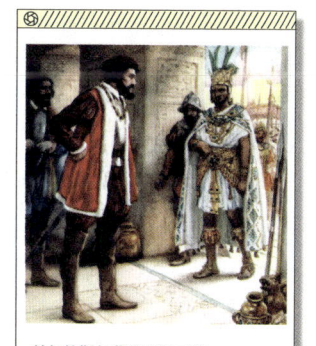

科尔特斯与蒙特苏马二世
西班牙殖民者科尔特斯初到特诺奇蒂特兰时，受到阿兹特克皇帝蒙特苏马二世的欢迎。但科尔特斯施展阴险手段，把蒙特苏马二世监禁起来，索取大量赎金。

※ 印加帝国

印加文明是在南美洲西部、中安第斯山区发展起来的又一著名的印第安古代文明，以拥有一套完整的国家机器而闻名于世，有"美洲的罗马"之称。

■ 帝国的建立

印加人原为印第安人中克丘亚人的一支，居住在秘鲁南部高原，以狩猎为生。据传，其最早的统治者曼科·卡帕克于10世纪左右率领部落从的的喀喀湖地区向北迁移，最后定居库斯科地区，并以此为中心逐渐向外扩张，占领整个安第斯山区。

传说印加在亡国前共经历12个统治者。到

143

◆ 马可·波罗入狱
马可·波罗加入威尼斯舰队，在与热那亚的战争中战败被俘。

15世纪初的第八代王维拉科查时，印加人的势力在安第斯山区逐渐强大。第九代王帕查库蒂征服秘鲁高原的大部。其子托帕·印加·尤潘基在位时，又征服奇穆文化地区（今厄瓜多尔），后又扩张到秘鲁南部沿海地区。第十一代王瓦伊纳·卡帕克时，印加人征服整个安第斯山区，建立起强盛的国家，帝国疆域南北长达4800千米，东西由太平洋沿岸直到亚马孙丛林，国土面积80多万平方千米，人口600万以上，是南美洲历史上疆域空前的大帝国。

印加人的陶制容器
这种锥形底的小罐子是印加陶器中最典型的样式。它是用来盛水的容器，质地坚硬，打磨得很光滑，长颈，两侧有耳，可用绳子穿起来背在背上。

■ 印加人的宗教

印加人主要崇拜太阳，自称太阳的后代。国王称为"萨帕印加"（独裁执政者），是政治、军事和宗教的最高首脑，被尊为太阳神在人间的化身。月亮、土地及其他星宿也受印加人崇拜，但地位较低。印加人仍保持图腾崇拜和祖先崇拜的传统，各氏族公社的成员以动物命名，视祖先为公社保护神。

印加人已确立国家信仰及祭司教阶制度，祭司阶层享有特殊地位。全国的宗教中心是库斯科城的太阳神庙（金宫），每逢农事周期的重要节日都要来此举行祭典。

■ 都城库斯科

库斯科古城位于秘鲁安第斯山脉间海拔3410米的东安第斯山谷中。11世纪印加帝国建立初期，皇帝曼科·卡帕克主持兴建了这座城市。经过一系列的战争和征服之后，库斯科发展成为帝国的首都和神圣的城市，是印加帝国的政治、经济、文化及宗教中心。1533年西班牙殖民者入侵后，城市受到很大破坏，但城内一些印加帝国时代的街道、宫殿、庙宇和房屋建筑仍保留至今。

距库斯科城1.5千米处，有世界闻名的举行"太阳祭"仪式的萨克萨瓦曼圆形古堡。它由数以十万计的巨石建成。大石来自数十千米外，尽管运输和雕凿都十分艰难，但每块大石之间锯齿形接口仍能天衣无缝。

■ 云中的马丘比丘

马丘比丘古城在印加语中意为"古老的山巅"，位于库斯科城南部112千米处的高原上，海拔2560米。大约1450年，印加统治者帕查库特克·印加·尤潘基建造了该城。1532年，西班牙殖民者攻占了马丘比丘，但最终将它遗弃。如今该城遗址虽然只剩下残垣断壁，但当初兴盛时期的壮观风貌依稀可见。古城街道狭窄而有序，建筑多用巨石堆砌而成，没有灰浆等黏合物，石缝间甚至连一个刀片都插不进去。据考古学者推断，马丘比丘并不是普通的城市，而是举行各种宗教典礼的活动中心。平时有一些人在这里照料寺庙和祭坛，大部分人只有在宗教节日才到这里来。

■ 印加的末日

1531年，印加皇帝瓦伊纳·卡帕克死后，他的两个儿子瓦斯卡尔与阿塔瓦尔帕发生内战，加上当时瘟疫流行，国家元气大伤。1532年，西班牙殖民主义者皮萨罗入侵印加帝国，除掉国王阿塔瓦尔帕后，立曼科·卡帕克二世为印加王。次年11月，西班牙军队占领库斯科。1536年，曼科·卡帕克二世发动反对西班牙人的起义，起义于1537年遭到镇压而失败。但其他起义者的反殖民斗争一直延续到1572年。

印加皇帝阿塔瓦尔帕像
阿塔瓦尔帕是印加帝国的末代皇帝，于1532年战胜兄弟瓦斯卡尔，夺取了王位。1533年8月，他被西班牙殖民者皮萨罗以谋害兄弟、篡夺王位的罪名处死。

◆ 奥斯曼帝国建立
奥斯曼一世率领伊斯兰教战士攻占拜占庭帝国在瑟于特的领土并宣布独立。

中古世界篇

新航路的开辟与殖民侵略

西欧早期的印刷机

大约在1440年至1448年,德国人谷登堡发明了欧洲最早的活字版印刷术。他在活字材料的改进、脂肪性油墨的应用及印刷机的制造方面都取得了巨大的成功,从而奠定了现代印刷术的基础。

15世纪末至16世纪初,随着封建社会生产力的发展、商品货币经济的急剧增长以及西欧各国和东方国家贸易联系的扩大,开辟新航路成为西欧人迫切的需求。面对东西方传统商路被奥斯曼土耳其帝国阻断的困境,西欧的封建主、贵族、大商人为了加强同东方的直接贸易和获取更大的财富,积极鼓动和支持探寻新的航路。社会生产力的发展、地理知识的丰富和科学技术的进步,特别是航海、造船等科技的发展,为新航路的开辟提供了必要的条件。新航路的开辟,打破了长期以来世界上许多国家、地区和民族之间相对隔绝的状态,为世界市场的形成创造了条件,促进了西欧封建制度的解体和资本主义的发展。与此同时,欧洲殖民者开始对亚、非、美洲进行殖民活动,最终导致了欧洲资本原始积累的完成和殖民地人民的极端落后。

※ 开辟新航路的背景

西欧上层社会有着对东方商品的强烈需求及对黄金的狂热崇拜,而奥斯曼土耳其帝国却对东西方贸易往来课以重税,使欧洲市场上东方商品的价格猛涨,迫使西欧国家亟须开辟一条直通东方的新商路。

■ 16世纪初的经济繁荣

15世纪时,西欧已编制了精确的天文表,出现了千吨的快速帆船。16世纪初,西欧各国生产力快速发展。自动纺车、立式织布机在纺织业被广泛使用。在采矿业中,人们开始使用畜力或水力推动的抽水机、提运矿石的绞车以及矿井中的通风等设备。中国的火药、指南针和印刷术等重大发明,这时已在欧洲广泛传播。科学发明和技术进步,推动了经济的发展和新生产部门的出现。火器的应用扩大了对生铁、铜和钢的需要,促进了冶金业的发展,加速了铸造技术的改进和新式机床的出现。生产力的发展还表现在农业技术的进步上,16世纪尼德兰北部和英国已开始实行多圃轮种、深耕细作,水车和风车也有所改进。同时,人们还对畜种(特别是羊)注意改良,农牧产品的总量在这一时期有较显著的增加。

荷兰磨坊的风车

荷兰的风车最早从德国引进,开始时仅用于磨制面粉。到了16世纪至17世纪,风车被用于碾谷物、粗盐、烟叶,榨油,轧滚毛呢、毛毡,造纸以及排除沼泽地的积水,对当地的经济发展具有重大意义。

145

● 三级会议
法王腓力四世为对抗教皇，首次召开"三级会议"，是为法国国会之始。

■ 商业资本的活跃

生产力的快速发展，使越来越多的手工行业脱离农业，促使商品生产和商品交换快速发展起来。15世纪时，西欧各地的手工业细分为许多专业部门，行业数目明显增多，逐渐形成了一些工业中心和著名的农业区。商品的生产和流通，加速了欧洲经济的发展。商品货币经济的发展，冲击了农村的自然经济。15世纪至16世纪，货币地租已成为主要的地租形式。16世纪时，西欧各地货币流通更加频繁。在安特卫普等地，商业资本和高利贷资本以及信贷和银行业都相继发展。这一切，加速了封建生产方式的解体。

指南针
14世纪，中国发明的指南针经阿拉伯人传入欧洲后被普遍使用，使航行不致迷失方向。

■ 手工工场的出现

在产业革命以前，手工工场一直是工业生产的基本形式。它最早在纺织业和金属制造业中盛行。手工工场的劳动分工和协作有不同的形式，一种是由不同种类的劳动方式联合起来，另一种是同一种类的劳动形式按工序的差别进行分工的联合。这为后来的机器生产创造了条件。

■ 航海与造船技术的完善

中国发明的指南针经阿拉伯人传入欧洲后，在欧洲航海业中已被普遍使用。海船的制造技术也有显著进步，出现了新型的轻便、多帆、快速的大海船。托勒密所著的《地理学》在15世纪初已被译成拉丁文，地圆学说在欧洲日益流行。1410年，法国主教皮埃尔·达里伊所著的《世界的面貌》一书，论述了大地为球形的观点。佛罗伦萨的地理学家托斯堪内里绘制的《世界地图》，把中国和印度画在大西洋对岸，并推断从欧洲西航即可直达东方。这份地图就是哥伦布远航时所用的航海图。

※ 通往印度的新航路

从15世纪初起，葡萄牙统治者积极参与新航路的开辟，经过迪亚士、达·伽马等几代人的努力，探寻新航路获得突破，绕道非洲南端直达印度的新航路终于被开通。

■ 葡萄牙的"海上远征队"

1415年，葡萄牙占领了非洲西北角的重要港口休达，休达成为葡萄牙人在非洲大陆上的立足点。亲王亨利（1394~1460年）预料到征服非洲南部的土地会带来巨大的利益，于是大力支持对非洲的探险。他创办了一所航海学校，组织力量培训海员，绘制海图，研究如何克服航行上的困难。葡萄牙人制成一种坚固的轻快帆船，便于逆风迂回行驶。这一切推动了航海事业的发展。亨利屡次组织由骑士、商人和传教士组成的"海上远征队"，在

迪亚士雕像
巴尔托洛梅乌·缪·迪亚士（约1450~1500年）的探险为后来另一位探险家达·伽马开辟通往印度的新航线奠定了基础。

146

> "阿维农之囚"
> 法王腓力四世把罗马教廷迁到法国阿维尼翁，教皇受制于法王70年，标志着教廷的没落。

中古世界篇

非洲西海岸一带航行，贩卖奴隶，寻找黄金和象牙，获得了巨大的利润。

■ 迪亚士与好望角

葡萄牙航海家巴尔托洛梅乌·缪·迪亚士接受葡萄牙国王约翰二世的命令，于1487年8月从里斯本出发，率领两条载重达100吨的双桅大帆船，沿着非洲西海岸向南驶去。1488年3月12日，船队到达非洲最南端。1488年12月，船队在经过一年零五个月的航行之后，安全回到里斯本。这是葡萄牙人探寻新航路的一次突破。葡萄牙国王认识到发现非洲南端的重要性，因此将其命名为"好望角"。迪亚士受到了国王的嘉奖。1497年，迪亚士受命于国王曼纽尔一世，再次率领4条大船沿着非洲海岸航行，沿途进行殖民与贸易活动，并开发黄金输出港口。1500年5月，船队在好望角附近遇到大西洋飓风，迪亚士及其伙伴葬身大西洋海底。然而，新的航路已被打通，西方殖民势力从此开始从非洲向亚洲延伸。

※ 达·伽马的航行

达·伽马是15世纪末至16世纪初的葡萄牙航海家，是从欧洲绕过好望角通往印度的航路的开辟者。达·伽马在1497年7月率领4艘帆船离开里斯本，沿着非洲海岸向南航行，绕过好望角，然后沿非洲东海岸北上。后来他靠阿拉伯人领航，从非洲到达印度的卡里库特。1499年，达·伽马的船队满载香料、宝石、丝绸回国，这些物资带来的收益是航行费用的60倍。1502年2月，达·伽马再度率领船队开始了第二次印度探险，目的是建立葡萄牙在印度洋上的海上霸权地位。1503年10月，达·伽马的船队满载超过第一次航行数十倍的财物返回葡萄牙。达·伽马完成了第二次远航印度的使命后，得到了葡萄牙国王的额外赏赐，1519年受封为伯爵。1524年4月，达·伽马以葡属印度总督身份第三次赴

达·伽马的画像
瓦斯科·达·伽马（约1460～1524年）是葡萄牙航海家。他开辟了从欧洲绕道好望角到印度的航海路线，同时推进了葡萄牙统治者的殖民扩张。

【百科链接】

黄金海岸：
15世纪，葡萄牙人在探寻直通东方航路的过程中，在非洲西岸建立了许多殖民据点，四处劫掠黄金，贩卖奴隶。几内亚湾沿岸（特别是今加纳一带）是非洲盛产黄金之地，葡萄牙殖民者把它称为"黄金海岸"。

印度，9月到达果阿，不久染疾，12月死于柯钦。达·伽马的航行开通了西欧直通印度的新航路，促进了欧、亚两洲商业和航运业的发展，同时也为西方殖民者对东方进行血腥的殖民掠夺大开方便之门。

※ 哥伦布航抵新大陆

葡萄牙人在非洲西海岸的航行和殖民扩张活动，促使西班牙人积极寻找另一条通往东方的新航路。他们资助哥伦布一行从欧洲向西航行，最终抵达美洲，开辟了通往美洲的新航

哥伦布离境首航
1492年8月3日，哥伦布受西班牙国王派遣，带着给印度君主和中国皇帝的国书，率领3艘载重100吨左右的帆船，从西班牙巴罗斯港扬帆起航，直向正西航去。

147

◆ 薄伽丘
意大利文艺复兴运动的杰出代表，人文主义作家，著有《十日谈》。

路，结束了美洲与世隔绝的状态，并为西班牙的海外掠夺和殖民统治奠定了基础。

■ 远航的准备

哥伦布是一位意大利热那亚水手，年轻时经常在地中海和北海航行，随船队到过西班牙、葡萄牙、法国、英国和冰岛一带，这些经历使他熟悉了地中海和大西洋东岸的航路。根据地圆学说，他认为如果在大西洋上向西航行，可以开辟出一条连接欧亚两大洲的捷径。1479年，哥伦布与森特岛（马德拉群岛）总督、著名航海家佩列斯特列劳的女儿结婚后，得到了岳父的航海手稿和海图，又随船访问了黄金海岸的葡萄牙要塞米那。1486年，哥伦布举家迁往西班牙，希望西班牙国王支持他的航行计划。经过一番周折，1492年，哥伦布终于与西班牙国王签订了著名的《圣大非协定》，其航行计划有了实现的可能。

■ 发现"新大陆"

在第一次航行中，哥伦布于1492年10月12日发现了巴哈马群岛中的萨马纳小岛礁（即今华特林岛）。当时哥伦布把这个岛定名为"圣萨尔

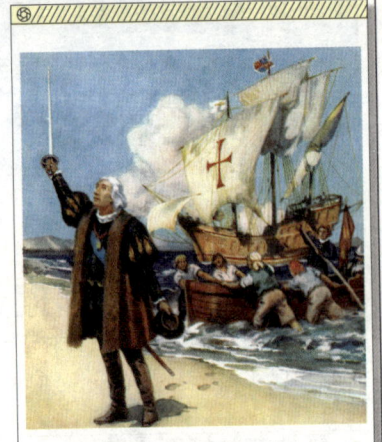

哥伦布登上圣萨尔瓦多岛
1492年10月12日，哥伦布的船队出海70天后第一次遇到陆地。他们把这个岛命名为圣萨尔瓦多岛，意为"救世主"，也就是现在加勒比海巴哈马群岛中的华特林岛。

瓦多"，即"救世主"之意。直至逝世前，哥伦布还误以为他所到之处是亚洲的一个海岛，认为自己已经到达印度，所以当时他称当地居民为"印第安人"（印度人），这个名称从此一直沿用下来。后来意大利航海家亚美利哥在1499年至1504年间几次到南美洲沿岸进行考察，在其游记《海上游行故事集》中断定这一地区不是印度，而是"新大陆"。从1507年起，人们以他的名字命名新大陆为"亚美利加洲"，即美洲。

■ 另外三次远航

1493年至1504年，哥伦布又三次出航，往来于欧美两大洲之间，先后到达加勒比海上的一些岛屿、南美大陆北岸的奥里诺科河口和中美洲的东岸，并在海地岛建立了西班牙在美洲的第一块殖民地。哥伦布发现了西半球的美洲大陆，发现了加勒比海中几乎所有重要的岛屿，开辟了横渡大西洋的新航线，并带回了在这个大陆的另一面存在着一个"南海"的消息。所有这些重要的地理发现，都大大开拓了人们的视野，打破了长期禁锢人们头脑的传统地理概念。

■ 影响

哥伦布航行拉开了地理大发现的序幕，欧洲新兴的资产阶级纷纷步哥伦布的后尘，踏上了新发现的美洲大陆，促进了世界市场的形成，推动了欧

哥伦布纪念塔
位于西班牙巴塞罗那，为纪念哥伦布发现美洲400周年而建，落成于1888年。纪念塔全部用赭红色大理石建成，塔身高达60米，顶端的哥伦布立像是世界上最大的哥伦布像。

◆148

◆ 英法百年战争
起于两国王室争夺富庶的佛兰德斯及英王在法国的领地。

中古世界篇

【百科链接】

麦哲伦之死：
1521年，麦哲伦船队到达菲律宾群岛。为了侵占这块新"发现"的土地，4月初，麦哲伦参与了土著居民间的内讧。他在攻打马克坦岛的战斗中，于4月27日夜被当地土著领袖拉普拉普领导的部落战士杀死。

洲资本主义的发展，加速了封建制度的崩溃。哥伦布发现美洲以后，殖民者在拉丁美洲建立起殖民奴役制度，给印第安人带来了深重灾难，但也加速了美洲的开发和资本主义进程。总之，哥伦布的远航是大航海时代的开端。新航路的开辟，改变了世界历史的进程，使海外贸易的中心由地中海转移到大西洋沿岸。从那以后，西方终于走出了中世纪的黑暗，开始迅速崛起，并在之后的几个世纪中成为世界霸主。随后，一种全新的工业文明变成了世界经济发展的主流。

方。1514年至1515年，人们为寻找那个未知的海峡先后南航到了阿根廷的拉普拉塔河口和圣马提阿斯湾。麦哲伦密切注意这些航海动态，随时准备完成这个任务。

■ 环球航行

1518年3月18日，麦哲伦晋见西班牙国王查理一世，叙述了自己的航海

麦哲伦画像
费尔南多·德·麦哲伦虽然在菲律宾被杀，但他的船队继续西航回到西班牙，完成人类第一次环球航行，用实践证明了地球是一个球体，不管是从西往东，还是从东往西，都可以环绕地球一周回到原地。这是人类历史上不可磨灭的伟大发现。

计划。3月22日，查理一世和麦哲伦签署了远洋探险协定。之后，麦哲伦组成了一支探险队，分乘5艘大船，于1519年9月20日从塞维利亚的圣卢卡尔港起航。船队越过大西洋，沿巴西海岸南下，在1520年10月21日到达美洲南端海峡（后人命名为"麦哲伦海峡"），又继续西航入"南海"，因航途风平浪静，"南海"被称为"太平洋"。历经九死一生的航行，麦哲伦于1521年到达今菲律宾群岛的马索毕岛。麦哲伦从西方绕到东方的理想终于实现了。

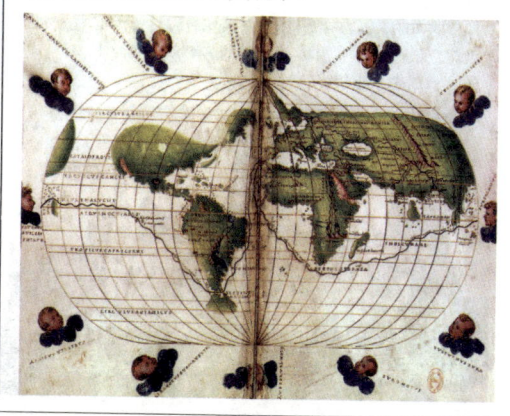

※ 麦哲伦的环球航行

麦哲伦等人用了整整三年时间完成了人类历史上第一次环球航行，无可辩驳地证明了地圆学说的正确性，为人类地理知识的丰富和科学的发展做出了重大贡献。

■ 航行的起因

哥伦布虽然开辟了通往美洲的新航路，却没有到达富庶的东方，也没有给西班牙带来想象中的可观财富，西班牙因而继续支持远洋探险活动。亚美利哥曾经设想，绕过新大陆的南端可以到达盛产香料的摩鹿加群岛。1513年，西班牙美洲殖民地总督巴尔波亚率领探险队越过巴拿马地峡，在美洲西边发现了"南海"（即太平洋）。他也相信，如能找到与"大南海"沟通的海峡，就可以到达盛产香料的东

149

◆ "黑死病"蔓延欧洲
　　欧洲变成了死亡陷阱，损失了三分之一的人口。

■ 麦哲伦航行的影响

　　从1519年9月到1522年9月，麦哲伦和他的船员们花了整整三年的时间，终于完成了人类第一次环球航行，充分证实了地圆说：不管是从西往东，还是从东往西，毫无疑问，都可以环绕我们这个星球一周回到原地。这对科学技术的发展和人们宇宙观念的改进均有重要意义。

※ 葡萄牙、西班牙的殖民侵略

　　哥伦布抵达美洲后，葡萄牙和西班牙都加紧了对海外殖民地的掠夺，并为争夺新土地而发生激烈争执。通过签订《托尔德西里雅斯条约》和《萨拉哥撒新条约》，西班牙几乎独占了美洲，葡萄牙则将亚洲与非洲划入自己的势力范围，这是欧洲列强对世界殖民地的第一次划分。

■ 葡萄牙入侵东南亚

　　1501年，葡萄牙人的小船队抵达印度后炮击卡利库特。1502年，达·伽马以"印度总督"的统治者身份再次前往印度，并在莫桑比克等地建立了商站。1506至1508年，葡萄牙完全控制了连接红海和亚洲南部的海路，开始垄断东方的贸易。1509年，葡萄牙又侵占了印度西海岸和东海岸的部分地区。1510至1511年，葡萄牙占据果阿、马六甲等地，将其作为向东南亚扩大殖民侵略的主要根据地，又先后侵占了科伦坡、爪哇岛、加里曼丹岛、苏拉威西岛和摩鹿加群岛等地，从而占领了"香料之国"。

墨西哥大教堂
　　墨西哥最大的天主教堂，位于墨西哥城索卡洛广场北侧，始建于1573年。其极具装饰性的浮雕外墙是墨西哥殖民时代宗教建筑的代表。

澳门大三巴牌坊
　　这个"牌坊"实际上是葡萄牙殖民者在澳门建造的圣保罗大教堂的前壁。它糅合了欧洲文艺复兴时期与东方的建筑风格，成为澳门的标志性建筑。

■ 西班牙侵占西印度群岛

　　哥伦布一踏上美洲土地，就代表西班牙殖民者迈出了掠夺美洲的第一步。哥伦布等人在到达加勒比海中的部分岛屿之初，即宣布该地属于西班牙领土。1493年和1496年，海地和多米尼加先后沦为西班牙的殖民地，进而成为西班牙向美洲扩大侵略的据点。1511年，西班牙在塞维利亚专设"印度事务部"，总管对殖民地的统治事务。1513年，西班牙殖民者巴尔波亚横跨巴拿马地峡抵达太平洋海岸后，公然宣布"南海"（太平洋）中的一切大岛屿均归西班牙所有。1514年，西班牙又相继侵占了巴拿马和古巴。

■ 西班牙侵占中南美洲

　　16世纪20年代，西班牙殖民者以古巴为基地，占领了墨西哥和中美洲各地。1523年至1524年，中美洲的危地马拉、洪都拉斯、尼加拉瓜、萨尔瓦多诸地区均被西班牙占领。墨西哥城成为西班牙美洲殖民地的首府，科泰斯被任命为第一位总督。16世纪30年代至40年代，西班牙侵略者以侵占秘鲁为目标，陆续征服了南美洲的广大地区。1531年至1533年，皮萨罗把秘鲁变成了西班牙殖民地，并于1532年侵占了厄瓜多尔。1535年至1541年，阿尔马格罗先后征服了玻利维亚、智利的沿海地带。奎沙达率领部队

◆ 150

◆ 土耳其人占领亚德里亚堡
奥斯曼帝国攻陷了亚德里亚堡并迁都于此，切断了君士坦丁堡与巴尔干半岛的联系。

于1536年至1538年征服了哥伦比亚。多萨则率领另一支侵略军在1535年侵占了乌拉圭和巴拉圭，并于1549年侵占了阿根廷地区。到16世纪中叶为止，中、南美洲的广大地区（除葡属巴西外）均被划入西班牙庞大殖民帝国的版图之内。

※ 荷、英、法的殖民侵略

在巨大的财富利润刺激下，继西班牙、葡萄牙之后，16世纪末，荷兰、英国、法国也对外发动了殖民侵略。17世纪中叶，西欧殖民诸国展开了激烈的殖民争夺战。经过多次战争，英国逐渐取得殖民霸权。

■ 荷兰的侵略活动

荷兰的早期殖民侵略，是在国家支持下直接通过对外侵略机构进行的，如西印度公司、东印度公司。荷兰东印度公司取得了由好望角向东至麦哲伦海峡的贸易垄断权，在东南亚与葡萄牙展开殖民地的争夺。1605年至1619年，东印度公司逐渐掌握主动权，安汶岛等地香料贸易的控制权落入荷兰手中，且锡兰（今斯里兰卡）和马六甲也被荷兰独占。荷兰的西印度公司则垄断了美洲和西非洲的殖民与贸易特权，进行贩卖奴隶和海盗式劫掠。荷兰从西班牙手中夺得西印度群岛的一些岛屿，并占领了美洲东岸的哈得孙河口一带；1623年又从葡萄牙人手中夺得巴西。1648年是荷兰殖民活动的高峰，葡萄牙被荷兰从非洲南端的开普敦排挤了出去。

■ 英国入侵北美和印度

16世纪末，英国开始对外进行殖民侵略，并于1588年成立"几内亚公司"，专门从事殖民活动。1600年成立的英国东印度公司，从英国女王手中获得"特许状"，"有权"垄断从好望角到东方所有国家的贸易，并在所占领殖民地中拥有军政大权。1584年，英国在北美建立了弗吉尼亚殖民地。在东方，英国的主要侵略目标是印度，最初采用"经济渗入"等手段从莫卧儿王朝

骗取各种贸易特权。1609年，英国殖民者在印度拉特建第一个商站，并于1613年占领该城，以后逐步向印度内地渗透。

约翰·史密斯肖像
英国殖民者，北美早期的开拓者之一及第一个英国人永久居住地的主要建立者。史密斯还是一个多产作者，作品包括《新英格兰概览》《弗吉尼亚简史》《约翰·史密斯船长在欧亚非美的所见所历》。这些作品极大地鼓动了欧洲人参加到新世界殖民探险中的热情。

■ 法国的殖民侵略

17世纪初，法国把目光投向加拿大，成立诺曼底商人公司，开展殖民贸易。1608年，法国殖民者在北美圣劳伦斯河下游建魁北克城；1644年，开始向南美的圭亚那殖民，并侵略非洲的马达加斯加和塞内加尔等地。但法国在东南亚地区，最初是以传教和经商名义逐渐深入到越南等地的。

佛朗西斯科·皮萨罗肖像
佛朗西斯科·皮萨罗（1475～1541年），西班牙探险家，同时也是一位殖民者，开启了南美洲（特别是秘鲁）的西班牙征服时期，并成为现代秘鲁首都利马的建造者。

■ 荷、英、法的殖民争夺

西、葡两国16世纪控制的殖民霸权到了17世纪初逐渐被荷兰夺取。17世纪中叶，西欧殖民诸国展开了激烈的殖民地争夺战。1652年至1674年，英国与荷兰先后爆发过三次殖民战争，荷兰战败，从此一蹶不振。英国取得殖民霸权后，英法之间的殖民争夺又逐渐加剧。

> "汉萨同盟"
> 德意志北部城市之间形成的商业、政治联盟，于1367年成立了以吕贝克城为首的领导机构。

文艺复兴

文艺复兴是14世纪在意大利兴起、16世纪在欧洲盛行的思想文化运动，是一场科学与艺术的革新时期，揭开了现代欧洲历史的序幕，被认为是中古时代和近代的分界。

文艺复兴是欧洲新兴资产阶级与知识分子在文学、艺术、哲学、自然科学以及政治学、法学、历史学、教育学等领域开展的一场思想文化革命运动。它以资本主义经济萌芽为前提，以反封建、反教会的斗争为主要内容。恩格斯评价说："这是人类以往从来没有经历过的一次最伟大的、进步的变革。"

※ 意大利文艺复兴

文艺复兴发源于14世纪初的意大利，意大利是文艺复兴的摇篮。资产阶级学者通过吸收古希腊古罗马文化，创造出符合资产阶级利益的新文化，使意大利在文化方面出现了前所未有的繁荣景象，开启了"现代世界的曙光在那里升起的伟大时代"。

■ 但丁与《神曲》

阿利格里·但丁（1265~1321年）是意大利文艺复兴的先驱，恩格斯称他是"中世纪的最后一位诗人，同时又是新时代的最初一位诗人"。他的代表作《神曲》的问世，标志着意大利文艺复兴运动的开始，同时代表了中世纪文学的最高成就。《神曲》是

但丁画像
阿利格里·但丁（1265~1321年），欧洲文艺复兴时代最伟大的开拓者之一，以长诗《神曲》震烁万古。

但丁在流放期间创作的不朽诗篇，共一百曲，分《地狱》《炼狱》和《天堂》三部分。主要描写诗人在古罗马诗人维吉尔和恋人贝雅德丽采的引导下，幻游地狱、炼狱和天堂三界的经

薄伽丘像
薄伽丘是意大利文艺复兴运动的杰出代表，他的代表作《十日谈》批判宗教守旧思想，主张"幸福在人间"，被视为"文艺复兴的宣言"。

过。作者以隐喻象征的手法，描写了当时的社会现实以及政治、思想意识和文化等各方面的情况。《神曲》用意大利托斯坎尼方言写成，开创了用民族语言写作的先河。但丁其他作品还有《新生》《宴飨》《论俗语》《帝制论》等。

■ 彼特拉克与《歌集》

意大利文艺复兴的另一个代表人物是彼特拉克（1304~1374年），他首先提出"人学"和"神学"的对立，用人文主义观点研究古典文化，是历史上第一个人文主义者，被称为"人文主义之父"。其代表作为抒情诗集《歌集》，相传是诗人于1327年见到美丽少女萝拉后，陆续写下的300多首十四行诗及1347年萝拉死后诗人所写的一些哀思之作的结集，用意大利语写成，主要是爱情诗。1341年，彼特拉克获得"桂冠诗人"称号。在他的诗中，诗人已克服了抽象和隐晦的寓意，直言不讳地抒发自己的爱憎、苦乐以及渴望、忧伤，表现了新的人文主义精神。

◆ 库利科沃会战
莫斯科军队击败钦察汗国军队，俄罗斯开始摆脱蒙古人的统治。

中古世界篇

■ 薄伽丘与《十日谈》

薄伽丘（1313~1375年）是一位博学的人文主义者，在翻译和用人文主义观点诠释、传播古代典籍方面做出了重要贡献。晚年，他致力于《神曲》的研究，并撰写了《但丁传》。薄伽丘一生作品甚丰，著有长篇小说、史诗、叙事诗、十四行诗等，其代表作是短篇小说集《十日谈》。这部小说集叙述了1348年佛罗伦萨黑死病肆虐时，十名男女青年到乡村避难，借欢宴歌舞和讲故事消遣时光，十天里每人每天讲一个故事，共得一百个故事。薄伽丘在故事中无情地揭露教士和贵族们的荒淫伪善，抨击封建道德，斥责封建特权，主张人类平等，反对禁欲主义，提倡个性发展，称赞商人和手工业者的机智勇敢。《十日谈》具有明显的民主主义倾向和现实主义特点，在思想上比彼特拉克又前进了一步。

■ 一代大师达·芬奇

列奥纳多·达·芬奇（1452~1519年）是意大利文艺复兴时期最负盛名的画家、雕塑家、建筑师、工程师、科学家、文艺理论家、哲学

《康那斯圣母像》
拉斐尔创作了大量的圣母像，展现了其非凡的艺术天赋。他的圣母画像都以母性的温情和青春健美体现了人文主义思想。

家、诗人、音乐家和发明家，是现实主义绘画理论的奠基人之一，著有《绘画论》一书。壁画《最后的晚餐》、祭坛画《岩间圣母》和肖像画《蒙娜丽莎》，是达·芬奇一生的三大杰作，也是世界艺术宝库中的珍品和欧洲艺术的拱顶之石。

■ "画圣"拉斐尔

拉斐尔·桑西（1483~1520年）是杰出的画家和建筑师，有"画圣"之称，与达·芬奇、米开朗琪罗齐名，是"文艺复兴美术三杰"之一。他以擅长画圣母像著称，所画的圣母年轻、美丽、端庄、温柔、恬静，眉宇间洋溢着母性的慈爱和幸福，丝毫没有禁欲主义和神秘主义的气息。其代表作是《西斯廷圣母像》。他所创造的许多理想美，特别是女性美的形象，令后人难以逾越。拉斐尔其他作品有《订婚》《坐着的圣母》《卡尔代利诺的圣母》《金丝雀圣母》《雅典学院》《圣礼辩论》《圣塞西利亚》等。

《最后的晚餐》
《最后的晚餐》是达·芬奇为米兰的一所修道院的餐厅呕心三年而作的壁画。这幅画着重刻画了耶稣对门徒们说出"你们中间有一个人要出卖我"这句话时所有人的不同反应。在众多同类题材的作品中，此画被公认为空前绝后，尤以构思巧妙、布局卓越、细部写实和结构关系的严格而引人入胜。

◆ 科索沃战役

土耳其击败塞尔维亚等国联军。此战是奥斯曼帝国向外扩张中的著名战役。

《创世纪》

《创世纪》是米开朗琪罗画在梵蒂冈西斯廷教堂礼拜堂天花板上的壁画。作品场面宏大，人物多达300多个，刻画得震撼人心，是米开朗琪罗的代表作之一。本图是该壁画的正面全景。

■ 雕塑巨匠米开朗琪罗

米开朗琪罗·波纳罗蒂（1475~1564年）是著名的雕刻家、画家、建筑师和诗人，其雕塑作品是文艺复兴时期雕塑艺术的杰出代表。他所创作的艺术作品具有雄浑、豪放、宏伟和充满激情的特点，所刻画的人物形象雄伟庄严、刚劲有力，充满英雄气概，因此被誉为"市民英雄的创造者"。其最有名的代表作是雕塑《大卫》《摩西》及天顶画《创世纪》、壁画《最后的审判》。

■ 马基雅弗利与《君主论》

尼柯罗·马基雅弗利（1469~1527年）是杰出的政治思想家、历史学家、文学家和军事家，近代资产阶级政治学的奠基人，被称为"政治学之父"。其著述中最著名的有《君主论》《罗马史论》《战争的艺术》和《佛罗伦萨史》。《君主论》是他的代表作，全书清晰而完整地提出了资产阶级的国家学说，系统地阐述了君主统治的种种方式和君主夺权治国的思想策略与政治权术。他的政治学说主要有：国家至上论；反对教皇和教会干预世俗政权；肯定君主共和制是最好的政体形式；主张利用宗教和教会作为统治国家的有力武器；保护私有财产和私有制；君主应以夺取权力和保持权力为目的。

■ 意大利文艺复兴的影响

意大利文艺复兴时期，意大利的艺术家、建筑师多被招聘到西欧各国，而欧洲诸国的学者、文人和青年学生纷纷前往意大利访问、学习。在各国经济发展和资本主义萌芽的基础上，欧洲资产阶级的新文化运动也随之兴起。

※ 德国文艺复兴

15世纪中叶，在德国的许多大学里出现了人文主义思潮，这种思潮在16世纪发展到最高峰。德国人文主义思想家的主要代表人物是勒克林和胡登，艺术家的代表人物是丢勒和小汉斯·霍尔拜因。

■ 人文大师勒克林

约翰·勒克林（1455~1522年）是一位精通希腊语、拉丁语和希伯来语的语言学家。1506年他编成第一部希伯来语文法著作，1516年写成《希伯来语提要》，1517年又完成了《卡巴拉哲学论》。在反对科隆大学经院哲学家焚烧犹太书籍的斗争中，一些知识分子还组成了"勒克林学派"，并编纂了两卷本的讽刺文集《蒙昧者书简》。

马基雅弗利像

马基雅弗利是一位深受文艺复兴影响的法学思想家，他主张建立统一的意大利国家、摆脱外国侵略、结束教权与君权的长期争论。在他看来，君主国是最理想的。

154

◆ 朝鲜李朝
李成桂灭高丽，迁都汉城，建立李朝。翌年改国号为朝鲜。

中古世界篇

■ "桂冠诗人"胡登

乌尔利希·封·胡登（1488~1523年）是一位爱国主义诗人，为德国的统一献出了生命。1517年，德皇在奥格斯堡赠予胡登"桂冠诗人"称号。胡登很崇拜意大利人文主义史学家洛伦佐·瓦拉，并把其著作《论君士坦丁大帝赠赐的伪书》带到德国出版，在思想上动摇了罗马教皇的地位。表达其人文主义观点的代表作是他1520年完成的《罗马的三位一体》，这部作品指出罗马教皇是德国一切灾难的祸根。

小汉斯·霍尔拜因自画像
小汉斯·霍尔拜因是德国卓越的水粉画、肖像画和写生画家，尤以肖像画见长，善于以出色的技巧、流畅的线条，重点刻画人物的个性和神态。

■ 大画家丢勒

阿尔勃莱希特·丢勒（1471~1528年）是德国杰出的油画家、版画家、雕刻家和建筑师，擅长小型传统宗教画，尤其是木版画和铜版画。木版画代表作为木刻组画《启示录》，共16幅，以《四名骑士》和《天使斗恶龙》两幅最为杰出；铜版画代表作品有《骑士、死神和魔鬼》《在书斋里的圣哲罗姆》和《忧郁》等。丢勒有"名手版画"之称，其著名油画《四使徒》长期享有世界声誉，堪称德国绘画艺术的经典之作。而他为佛罗伦萨奥尔桑梅克教堂雕塑的《圣乔治》大理石像，则是其雕刻艺术的代表作。丢勒的艺术理论作品是四卷本的《人体解剖学原理》。

■ 小汉斯·霍尔拜因

小汉斯·霍尔拜因（1497~1543年）是德国卓越的肖像画、水粉画和写生画家，他继承和发展了佛兰德尔的绘画传统，被托马斯·莫尔赞为奇才的画家"。主要绘画作品有《巴塞尔市长迈耶尔像》《伊拉斯谟》《英王亨利八世》《外交家莫列特》等。

※ 法国文艺复兴

法国的文艺复兴受意大利和北欧人文主义思潮的影响很大。北欧人文主义者伊拉斯谟和一些意大利人文主义者都曾在法国游历、讲学，传播人文主义文化。意大利战争中，法国国王和贵族从意大利带回大量人文主义作品、艺术珍品和古代作家手稿，深深影响了法国文化艺术。法国文艺复兴是在继承和吸收国内外优秀文化的基础上发展起来的。法国文艺复兴开始于15世纪末，繁荣于16世纪。人文主义运动鲜明地形成两派，一是以"七星诗社"为代表的贵族派，一是以拉伯雷为代表的民主派。

《四使徒》
木版油画《四使徒》使丢勒名扬世界。丢勒的作品包括木刻版画及其他版画、油画、素描草图以及素描作品。此外，丢勒还是一位美术理论家，著有《绘画概论》和《人体解剖学原理》。

155

◆ 尼科堡战役
土耳其击败十字军，拜占庭帝国危在旦夕。

■ "七星诗社"

"七星诗社"是16世纪法国著名的人文主义团体，以大贵族龙沙和杜贝雷为首。他们以建立法兰西民族语言风格的文学和诗歌为己任，主张用民族语言写诗，要求诗歌韵律和谐、形式自然，反对浮夸和用拉丁语或其他外国语写作，在语言和诗歌理论方面做出了突出贡献。他们的这些主张，反映了法国民族意识的觉醒，促进了法国民族语言和民族文学的发展。

■ 拉伯雷与《巨人传》

拉伯雷（1494~1553年）是继薄伽丘之后享誉欧洲的杰出的人文主义作家，是法国文艺复兴时期民主派的代表。他历时20年完成的长篇讽刺小说《巨人传》，主要写卡冈都亚、庞大固埃父子两代巨人的活动史，这两位巨人象征着人要有强健的体魄，以智慧和力量战胜愚昧和黑暗，并以夸张的手法歌颂人的力量，嘲讽了宣传禁欲主义的教会和饱食终日、无所事事的贵族。拉伯雷的小说具有深刻的平民性，内容通俗易懂，语言丰富多彩，比喻生动活泼。《巨人传》是一部现实与幻想交织的现实主义作品，在欧洲文学史和教育史上占有重要地位。它初步确立了小说体裁在文学上的地位，其现实主义与浪漫主义相结合的讽刺艺术，对后来欧洲许多作家都产生了不同程度的影响。

■ 波丹与《论国家》

波丹（1530~1596年），法国政治思想家，是法国文艺复兴运动的另一位代表人物，主要著作为《论国家》。他主张维护君主专制制度，巩固统一的民族国家。他认为国家权力至高无上，主权是统一不可分的，君主是国家主权唯一的拥有者，任何臣民不能与之分享。波丹的主权论，矛头直指觊觎世俗权力的教皇和闹分裂的封建贵族。波丹还竭力维护资产阶级的财产私有制，他声称，任何君主都无权侵占别人的财产，无权擅自征收捐税。

※ 英国文艺复兴

16世纪，由于新航路开辟后海外贸易发达，英国国力逐渐强大起来，民族主义情绪高涨。这一时期的英国，在文化上出现了一个活动频繁、佳作竞出的局面。一如14世纪的意大利，文艺复兴在英国是以重新发现古希腊、古罗马的古典文化开始的。英国文艺复兴运动虽然稍晚于西欧大陆，但取得的成就很高。其主要代表人物有托马斯·莫尔和莎士比亚。

《巨人传》中的插图
《巨人传》以其神话般的人物、荒诞不经的故事情节、妙趣横生的语言风格，几个世纪以来赢得了广大读者的厚爱，在世界文学史上占据重要的地位。

拉伯雷肖像
拉伯雷是文艺复兴时期的法国文学家、人文主义者。他费时20多年，完成了举世闻名的长篇小说《巨人传》。

◆ 安哥拉战役
奥斯曼土耳其被蒙古帖木儿击败，苏丹巴耶塞德被俘，奥斯曼帝国一度衰落。

中古世界篇

■ 约翰·柯列特的人文主义

约翰·柯列特（1467~1519年）是英国牛津大学人文主义小组的核心人物。这个小组受伊拉斯谟的影响很大，初期的活动主要是研读意大利文艺复兴"文学三杰"但丁、彼特拉克、薄伽丘等人的作品。柯列特在意大利学过希腊语、法学及教皇的著述，自1496年起，连续6年在校内开设轰动英国学术界的"保罗书简"专题讲座课。柯列特不仅解释字义、语法，而且从文献学、语言学角度，在深入钻研的基础上讲解圣书。1508年，柯列特创办了名为"圣保罗中等学校"的新式学校，这是一所完全不受教会控制、接受伦敦商会和纺织工厂主资助的学校，也是传播人文主义思想、主张宗教改革的学校。

■ 莫尔的"乌托邦"

托马斯·莫尔（1478~1535年）是英国著名人文主义思想家和空想社会主义的奠基人。其代表作《乌托邦》是空想社会主义史上第一部光辉杰作。这部作品借一个旅行者谈海外见闻的方式，描绘了一个没有私有制和宗教压迫、崇尚学术的理想社会，对为了能多产羊毛而大规模圈地、迫使贫苦农民流离失所的"羊吃人"的英国社会现实进行了有力的谴责。

■ 莎士比亚的戏剧

威廉·莎士比亚（1564~1616年）是英国著名戏剧家和诗人，同荷马、但丁、歌德一起被誉为欧洲划时代的四大作家。其创作可分为三个时期：第一时期（1590~1600年），是他的人文主义世界观和创作风格的形成时期，主要作品是历史剧、喜剧和十四行诗，代表作有历史剧《约翰王》《亨利六世》《理查三世》等，喜剧《仲夏夜之梦》《威尼斯商人》等；第二时期（1601~1608年），是他的思想和艺术创作高峰阶段，创作了一些著名悲剧，如《哈姆雷特》《奥赛罗》《李尔王》《麦克白》《雅典的泰门》等；第三时期（1609~1613年），他集中创作悲喜剧和传奇剧，主要作品有《泰尔亲王里克里斯》《辛白林》《冬天的故事》《暴风雨》等。莎士比亚的作品集中代表了欧洲文艺复兴文学的最高成就，对欧洲文学特别是戏剧体裁的发展有着深远的影响。

托马斯·莫尔肖像
托马斯·莫尔，文艺复兴时期英国的空想社会主义者，以著作《乌托邦》一书闻名于世。

■ 西班牙文艺复兴

西班牙文艺复兴运动始于16世纪初，16世纪末进入全盛时期，最杰出的代表人物是塞万提斯和维加。宗教文学和骑士文学对西班牙人文主义文学的影响较大。人文主义者热心于办大学，介绍古代希腊、罗马文化和意大利文艺复兴时期的艺术作品。

■ 修道士拉斯·卡萨斯

拉斯·卡萨斯（1474~1566年）是西班牙人文主义者、多米尼克派修道士，其代表作为《印度被毁灭的梗概》《西印度史》等。作者

◆ 贞德

法国女民族英雄,被称为"圣女"。

根据耳闻目睹的事实,通过这些作品揭露了殖民者在西印度、美洲一些地区(古巴、墨西哥、秘鲁)的骇人罪行。他虽然身为传教士和行政官,但同时又是一位支持印第安人争取自由的人文主义者和历史学家。他敢于揭露宗教法庭罪恶的精神难能可贵。

■ 塞万提斯与《堂吉诃德》

塞万提斯(1547~1616年)是西班牙伟大的现实主义作家、戏剧家和诗人。其代表作《堂吉诃德》是宝贵的文化遗产,对后世的长篇小说创作具有典范意义。书中通过堂吉诃德在游侠生活中的遭遇,反映了当时西班牙政治、经济、道德、文化和风俗等各个方面的情况,揭露了社会的黑暗,抨击了教会的专横,揭示了人民的困苦。他塑造的堂吉诃德和仆从桑丘,是西方古典文学中的两个典型形象。另外,他还创作了优秀短篇小说集《训诫小说集》。

堂吉诃德与桑丘像
位于西班牙首都马德里的西班牙广场,该广场是1930年为纪念塞万提斯而修建的。

■ "西班牙戏剧之父"

洛普·德·维加(1562~1635年)是西班牙民族戏剧的奠基人,被誉为"西班牙戏剧之父"。其剧本题材、形式多样,有喜剧、宗教剧和幕间剧、历史剧等。欧洲学者赞其为"戏剧大师"。他最杰出的作品是《羊泉村》,该剧根据1476年羊泉村农民起义的历史事件创作而成,一直激励着西班牙人民为争取自由而奋斗。另外,他还有《舞蹈教师》《塞维勒之星》等剧作。

※ 尼德兰文艺复兴

文艺复兴时期,欧洲阿尔卑斯山以北的各个国家和地区,以城市为中心出现了新文化、新艺术的曙光。就绘画艺术而言,当时的尼德兰已成为欧洲文艺复兴时期绘画艺术的又一个繁盛之地。15世纪中叶至17世纪,尼德兰发生文艺复兴运动,其中最著名的代表人物是伊拉斯谟和勃吕盖尔。此时,尼德兰的艺术虽仍处于哥特艺术的晚期阶段,但这并未妨碍尼德兰民族艺术的发展,而且还为欧洲油画艺术的产生和发展做出了重要的贡献。

■ "人文主义的泰斗"

德西得乌·伊拉斯谟(1467~1536年),尼德兰著名神学家、思想家,被誉为"人文主义的泰斗"、"欧洲文艺复兴的纪念碑"。他精通希腊文和拉丁文,将拉

西班牙风车
堂吉诃德骑着瘦马、手持长矛挑战风车的情节,成为小说中最为津津乐道的段落。与秀美的荷兰风车不同,西班牙的风车大多竖立在光秃秃的山上,显得质朴而零落。

◆ 英、法《特鲁瓦条约》签订
法国王子查理被剥夺王位继承权，退居南方，英王亨利六世兼领法国王位。

中古世界篇

【百科链接】

反教会的名著：
《愚人颂》于1511年春出版。伊拉斯谟在世时，此书曾重印27版，被译成欧洲多国文字。书中集中批判天主教会和经院哲学，指出"教会是在血的基础上建立起来的"；僧侣们是些傲慢无礼、贪婪欺诈和荒淫放荡的家伙，"他们的脑子装满了愚蠢"；罗马教皇是惯用"刀剑毒药"来维护其特权的阴谋家；号召废除禁欲主义和形式主义的宗教仪式。

丁语的格言整理为希腊文的《格言集》，并补以注释和说明，他所修订的《新约圣经》纠正了教会通用本中的许多错误。1509年夏，伊拉斯谟完成了其传世名著《愚人颂》。他的其他作品还有《自由意志论》《知己谈话录》等。伊拉斯谟最突出的贡献是把人文主义在文学艺术中表现出的世俗气息、人性色彩带入欧洲思想界，他因此成为当时人文主义运动的一面旗帜。

民的舞蹈》《农民的婚礼》和《冬猎》散发着浓郁的泥土芳香。在《虐杀婴儿》和《绞刑架下的舞蹈》中，画家揭露了西班牙侵略者对尼德兰人民的血腥统治。勃鲁盖尔还是一位卓有成绩的风景画高手，在他表现尼德兰风光的四季图——《夏牧》《冬猎》《秋收》《春耕》中，我们感受到他那宁静安详的笔触中流露出眷恋故土的世俗情怀。勃鲁盖尔画风朴实，重视反映现实生活，感染力强，有民族特色，体现了尼德兰独特的绘画风格。17世纪后，荷兰以鲁本斯和伦勃朗为代表的现实主义画派就是在勃鲁盖尔的绘画风格基础上进一步发展起来的。

※ 人文科学的新发展

在近代自然科学发展的基础上，人们的思想开始从神学桎梏下解放出来，出现了新哲学，法学和教育学等人文科学也有突破性的进展。其中杰出的代表人物是培根、笛卡儿和斯宾诺莎等人。

■ 培根与新哲学

新哲学克服了古代唯物主义的朴素性，使哲学进入形而上学的唯物主义阶段，并宣布经验是检验真理的唯一标准。弗兰西斯·培根（1561~1626年）是新哲学杰出的代表人物，是近代科学的

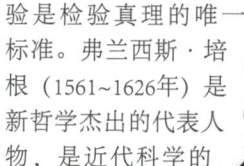

《农民的婚礼》
勃吕盖尔的艺术创作以塑造农民形象、反映农民生活为主。他的画风朴实，构图无拘无束，塑造的农民形象极其憨厚质朴，具有浓郁的乡土气息。这幅《农民的婚礼》真实地反映了尼德兰农村生活的景象。

■ 农民画家勃鲁盖尔

勃鲁盖尔（约1525~1569年）是伟大的爱国主义者和农民画家，其画作特别重视农村生活和社会习俗的描绘，以及风景与人物的搭配，以素描、油画和铜版画著称。其名作《农

伊拉斯谟肖像
荷兰哲学家伊拉斯谟知识渊博，一生始终追求个人自由和人格尊严。不过他在政治上对反动势力只投以口诛笔伐，而没有像路德那样发动人民。

159

◆ 佛罗伦萨僭主政治开始
在美第奇家族统治下,佛罗伦萨成为欧洲文艺复兴运动的发源地和中心。

奠基人和第一个唯物论哲学家。他推崇科学、发展科学的进步思想和崇尚知识的进步口号,一直推动着社会的进步,马克思称他为"英国唯物主义和整个现代实验科学的真正始祖"。培根尖锐地批判了中世纪的经院哲学,提出了唯物主义经验论的原则和经验归纳法,主张全面改造人类的知识,使整个学术文化从经院哲学中解放出来,实现伟大的复兴。培根著有《学术的进展》《新工具》和《论科学的价值与增长》等。

弗兰西斯·培根画像
弗兰西斯·培根(1561～1626年)是英国哲学家和科学家。他一生都致力于追求真理,被马克思称为"英国唯物主义和整个现代实验科学的真正始祖"。

■ "近代科学的始祖"

笛卡儿(1596～1650年)是法国伟大的哲学家、物理学家、数学家、生理学家,是解析几何的创始人,主要哲学著作有《方法论》《形而上学的沉思》《哲学原理》等。他采用理性演绎法,否认感性认识的作用,并熔唯物主义与唯心主义为一炉,提出"二元论"哲学观点,在哲学史上产生了巨大的影响。其唯心主义观点被法国神学家发展为僧侣主义,而唯物主义观点则为18世纪百科全书派奠定了基础。笛卡儿堪称17世纪及其后欧洲哲学界和科学界最有影响的巨匠之一,被誉为"近代科

学的始祖"。

■ 斯宾诺莎的哲学

斯宾诺莎(1632～1677年)是荷兰伟大的唯物主义哲学家和无神论者,主要著作有《神学政治学论》《伦理学》和《知性改进论》等。他继承和发展了布鲁诺的自然哲学和笛卡儿的新哲学观点,提出"实体"概念和"自因说"。斯宾诺莎的哲学思想对近代欧洲哲学产生了重大影响,费尔巴哈继承和发展了他的唯物主义观点,而黑格尔则吸取了他的辩证法思想。

■ "罗马法"热潮

12世纪初,法学领域掀起了研究和采用"罗马法"的热潮。14世纪以来,法国学者根据罗马法的体系,对法国的传统法加以调整和改革,并形成学派。这个新的法学派成员多是人文主义者,他们探讨罗马法的历史沿革,试用本民族语言写出新法律,废止古拉丁文。新法学的代表人物有居查西、唐内留等。"罗马法"热潮的兴起并不是偶然的,其根本原因在于当时西欧的法律状况同商品经济发展及社会生活极不适应,而罗马法是资本主义社会以前调整商品生产者关系的最完备的法律,可以满足社会财产契约关系发展变化的需要。

笛卡儿画像
笛卡儿是西方近代资产阶级哲学的奠基人之一,他的哲学与数学思想影响深远。人们在他的墓碑上刻下了这样一句话:"笛卡儿,欧洲文艺复兴以来,第一个为人类争取并保证理性权利的人。"

160

◆ 达·芬奇
意大利文艺复兴时期最负盛名的艺术大师、科学家，代表作有《蒙娜丽莎》等。

中古世界篇

观察天象的哥白尼

哥白尼是近代天文学的奠基人，他的"日心说"冲破了中世纪的神学教条，改变了人们的宇宙观念，引起了自然科学的一场大革命。

※ 近代自然科学的兴起

近代自然科学形成于15世纪末，它的兴起是从天文学革命开始的。哥白尼的"日心说"是天文学革命之始，也是自然科学摆脱神学控制而独立发展的标志。近代自然科学的兴起，既是文艺复兴运动的一项重大成就，也是文艺复兴运动的重要内容，更是科学技术史上一场重大的革命。

■ 哥白尼与天文学革命

尼古拉·哥白尼（1473~1543年）是波兰伟大的天文学家。哥白尼根据自己多年来对日、月、行星运动的观察和推算，总结以前天文学家的研究成果，写成《天体运行论》一书，提出了"太阳中心说"或"地动说"，开创了近代天文学。作为近代自然科学的奠基人，哥白尼的历史功绩是伟大的。他确认地球不是宇宙的中心，而是围绕太阳运行的行星之一，掀起了一场天文学上具有划时代意义的革命，是人类探求客观真理道路上的里程碑。哥白尼的伟大成就，不仅铺平了通向近代天文学的道路，而且开创了整个自然科学向前迈进的新时代。从哥白尼起，脱离教会束缚的自然科学和哲学开始获得飞速发展。

■ 科学斗士布鲁诺

乔尔丹诺·布鲁诺（1548~1600年）是意大利著名的天文学家和哲学家。他继承和发展了哥白尼的学说，提出新的宇宙理论。他在《论无限、宇宙及世界》一书中提出了宇宙无限的思想，认为宇宙是统一的、物质的、无限的和永恒的，地球只不过是无限宇宙中一粒小小的尘埃。布鲁诺的天才论述，弥补了哥白尼"日心说"的缺陷，推动了天文学的进一步发展。布鲁诺否定神的存在，认为宇宙是一个统一的物质世界，宇宙万物都处在普遍联系和不断的运动变化之中。他发展了古代朴素的唯物论和辩证法，在哲学史上也同样有着深远的意义。布鲁诺的新宇宙观遭到教会的极端仇视，他本人于1600年被判处火刑，在罗马鲜花广场被活活烧死，为捍卫科学真理献出了生命。

■ 开普勒

开普勒（1571~1630年）是德国杰出的天文学家、数学家，被誉为"天体力学的奠基人"。他曾是著名天文学家第谷的助手和合作者。1604年，他发现和持续观测了出现在蛇夫座的一颗新星（现在被命名为开普勒新星），并深入研究火星的运动轨迹，分别在

布鲁诺铜像

布鲁诺于1600年被烧死在罗马鲜花广场，到了1889年，罗马宗教法庭不得不为布鲁诺平反并恢复名誉。人们在他殉难的地方竖立起他的铜像，作为永久纪念。

161

- 拜占庭帝国灭亡

  奥斯曼土耳其攻陷君士坦丁堡，拜占庭帝国皇帝君士坦丁十一世战死，帝国灭亡。

《新天文学》《宇宙和谐论》中公布了行星运动的第一定律、第二定律和第三定律。在1611年出版的《光学》中，他提出把伽利略式凹透镜目镜改为小凸透镜的看法。他于1618年至1621年出版的《哥白尼天文学概要》成为17世纪欧洲影响最广的天文学著作。1627年，他发表了《鲁道夫星表》，在后来一个多世纪中被视为天文学中的标准星表。另外，他还揭示了行星运转速度与轨道的相互关系，为后来牛顿发现万有引力打下了基础。1615年他发表的《测定酒精体积的新方法》一文，对微积分的诞生有重要意义。

■ 物理学的发展

意大利文艺复兴时期的艺术家达·芬奇曾研究过动力学、机械学、光学等实用科学，而英国的科学家威廉·吉尔柏特在其名著《磁石论》中论述了地球的磁现象。意大利人伽利略是近代动力学的奠基人，他的代表作《两种新科学的对话》，研究了惯性运动和落体运动的规律，为牛顿第一定律和第二定律的研究铺平了道路。伽利略的学生托里拆利在液体和气体动力学方面有很重要的发现，制成了水银气压计。法国学者帕斯卡发现了液体和气体中压力的传播定律。英国学者玻义耳发现气体容量与外部压力成反比例的定律。

开普勒肖像

德国天文学家，在1609年发表的伟大著作《新天文学》中，提出了著名的"开普勒定律"，被誉为"天空立法者"。

■ 数学的成就

16世纪以来，在对天文学和力学的研究中，数学有了新的发展。文艺复兴时期，在艺术家所创建的透视法的基础上，射影几何学逐步形成。在斐波纳契《算盘书》之后，欧洲也出现了一些数学著作，从而促进了十进分数理论的发展。16世纪初期最出色的数学成就，包括意大利数学家卡尔达诺发现了三次方程、四次方程的代数解法（"卡尔达诺公式"）。在三角学发展方面，欧洲人把三角学从天文学中独立出来，使之成为一门独立的学科，并重新定义了各种三角函数的概念，编制了非常精密的三角函数表。法国数学家韦达对三角学有突出贡献，著有《数学公式和三角法及附录》《分析术入门》，首次用字母表示已知数和未知数，促进了代数学的发展，被称为"代数学之父"。1614年，英国数学家耐普尔制定出第一个对数表。著名法国学者勒奈·笛卡儿创立解析几何，为17世纪后半期牛顿和莱布尼兹创立微分学和积分学奠定了基础。

伽利略肖像

伽利略是意大利文艺复兴后期伟大的天文学家、力学家、哲学家、物理学家和数学家，也是为维护真理而进行不屈不挠斗争的战士。恩格斯称他是"不管有何障碍，都能不顾一切而打破旧说、创立新说的巨人之一"。

■ 生理学和医学

文艺复兴时期，医学家们进一步创立了有

162

◆ 红白玫瑰战争
英国两大封建主为争夺王位进行的内战。双方分别以红、白玫瑰为族徽。

中古世界篇

关人体性质和疗病方法的新理论。意大利文艺复兴时期的巨匠达·芬奇提出人体运动是骨骼和肌肉作用的结果。他以牛心为材料，指出心脏分左右心房和左右心室，并正确记述了房室间有尖瓣、心室与动脉间有半月瓣。他抛弃了盖伦关于血管起始于肝脏的观点，认为一切血管均起始于心脏。他比较了动物与人体的结构，指出其中的同源现象，对进化思想也有一定贡献。

尼德兰外科医生安德烈·维萨里创立了科学解剖学，著有《人体构造》一书，在研究人的骨骼、血管、内脏、大脑等方面都取得了突出成就，为后来发现血液循环打下了基础。

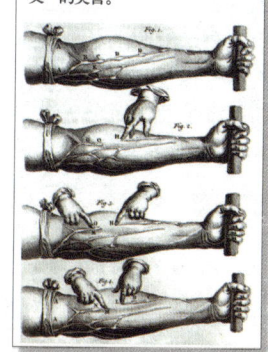

西班牙医生米凯尔·塞尔维特和英国医生威廉·哈维发现了血液循环现象。塞尔维特著有《基督教的复兴》，提出了心肺之间

哈维肖像
威廉·哈维（1578~1657年），英国著名医生、生理学家、胚胎学家。他一生中写过大量的科学论著，但只发表了《心血运动论》和《论动物的生殖》两书以及几封为《心血运动论》辩护的公开信。

哈维发现的血液循环现象
哈维运用大量实体研究的结果，证明了血液在人体内循环的事实。当这一学说被逐步印证后，哈维得到了"近代生理学之父"的美誉。

血液小循环的学说；而哈维以解剖学为基础，发现了人体的血液循环系统，并第一个把血循环的机械原因归于心脏有节律的持续搏动，著有《心血运动论》等。在血液循环学说的基础上，关于消化、吸收、营养、新陈代谢功能等现象都得到了研究，生理学从此成为一门独立的科学。

■ 生物学的进步

文艺复兴时期，生物学方面有了很大进步。哈维首先把物理学的概念和数学方法引入生物学中，并坚持用观察和实验代替主观的推测，他因此被公认为近代实验生物学的创始人。

文艺复兴之后，地理探险和海外贸易迅速发展起来。17世纪至18世纪，随着动植物标本的大量采集和积累，分类学得到很大的发展。从以草药、草本植物为主转向研究所有植物，从种类记述到建立分类系统，从分别对动植物进行分类发展到建立动植物统一的分类范畴和命名方法。

同时，分类方法从亚里士多德以逻辑区分的向下分类法发展为以经验为主的向上分类法。对物种的认识也从长期占主导地位的物种不变观点，逐步过渡到生物进化的思想。17世纪显微镜的发明，揭示了动植物的微细结构与微生物世界，促进了组织学、细胞学、微生物学的发展。

【延伸阅读】

伽利略有哪些成就？

伽利略是意大利伟大的物理学家和天文学家，科学革命的先驱，被称为"近代科学之父"。他在科学实验的基础上融汇了数学、物理学和天文学三门知识，扩大、加深并改变了人类对物质运动和宇宙的认识。他以系统的实验和观察推翻了以亚里士多德为代表的、纯属思辨的传统自然观，开创了以实验事实为根据并具有严密逻辑体系的近代科学，为牛顿理论体系的建立奠定了基础。他还自制了望远镜和世界上最早的空气温度计。其代表作有《星空使者》《关于托勒密和哥白尼两大世界体系对话》等。

◆ 达·伽马
葡萄牙航海家，第一次完成从西欧经非洲南端到印度的航行。

宗教改革运动

16世纪，欧洲掀起了一场以宗教改革为主体的大规模社会政治运动。其起因在于，中世纪后期的欧洲，罗马教廷越来越腐败，常常不择手段地聚敛钱财，侵占大量土地，并出售赎罪券，与世俗政权联系密切又彼此争斗，激起了社会各阶层的不满。1517年，德国维登堡大学神学教授马丁·路德发表《九十五条论纲》，抨击罗马教廷出售赎罪券的行为，矛头直指罗马教皇，拉开了宗教改革的序幕。此后，宗教改革运动迅速在欧洲展开。在德国，出现了一批支持路德主张的封建主和市民教会；在瑞士，出现了以加尔文、茨温利为首的激进改革派；在英国，开始了自上而下的宗教改革。宗教改革沉重打击了封建制度和天主教教会，促进了民族意识的觉醒和民族语言文化的发展，为后来的资产阶级革命扫清了道路，在政治、经济和社会各方面产生了深远的影响。

※ 腐败的天主教会

天主教会是封建制度的维护者。随着权势和财富的增长，其腐败程度也逐渐加深，最终变成了一个腐朽的国际性官僚机构，引起了社会各阶层的极大愤慨。16世纪初，德国宗教改革运动的时机已经成熟。1517年，路德公开反对教廷贩卖赎罪券，点燃了宗教改革运动的导火线。

■ 宗教裁判所

宗教裁判所是13世纪至19世纪天主教会侦察和审判异端的机构，它是教会为维护独断信仰、整肃和迫害异端而设立的。教会有权判定什么是异端邪说，借以钳制人民的思想。判断是非真理的标准操纵于教会之手，助长了教会在思想文化领域垄断和专制的气焰。宗教裁判所严刑逼供、制造冤狱的恐怖手段，造成了人与人之间互相猜疑，使得诬陷诽谤和告密成风。它煽起教徒对妇女的偏见和民族（血统）歧视，在天主教和整个欧洲历史上留下了难以磨灭的罪恶。

■ "异端"分子的挑战

天主教的神学思想常常遇到来自反对天主教正统教义的所谓"异端"分子的攻击。首先发起挑战的是城市市民，而后是新兴的资产阶级，他们先后成为群众反对封建神学体系和教会的先锋。市民的挑战突出表现为12世纪至13世纪法国南部的阿尔比派"异端"、14世纪英国的威克里夫运动和15世纪捷克的胡司运动。

■ 教会民族化的开始

14世纪中叶，英国颁布了教职选举规章制度和《王权侵害罪法》；1516年，法国国王弗朗西斯一世同教皇缔结《波伦亚协定》，取得了任命主教、修道院长的权力；西班牙国王斐

德国科隆大教堂
科隆大教堂坐落在德国科隆市中心，是德国最大的教堂，中世纪欧洲哥特式建筑艺术的代表作，欧洲基督教权威的象征。教堂始建于13世纪，曾因宗教改革运动而停工，前后工期长达7个世纪。

◆ 哥白尼
波兰天文学家，提出了以太阳为中心的宇宙理论。

中古世界篇

《罗马教皇利奥十世和红衣主教》（局部）
拉斐尔画。德国宗教改革时期的教皇利奥三世，喜爱人文艺术，但生活奢侈，为兴建圣彼得大教堂，以出售赎罪券为筹款的财路。罗马教皇之所以能如此肆意地盘剥和控制德国，正是因为德皇的软弱和政权的分裂。

※ 宗教改革前夕的德国

随着生产力的提高和商品经济的发展，德国开始出现资本主义生产关系，产生了最初的资产阶级。但在政治上，整个德意志却没有形成集中统一的中央政权，分裂割据的局面依然如故，这严重阻碍了经济的进一步发展，新兴的资产阶级迫切需要改变国家四分五裂的局面。

■ 相对落后的经济

15世纪末至16世纪初，虽然德国封建生产方式仍占统治地位，但社会经济已有了很大发展。工业方面，冶金、造纸、印刷、武器制造、棉麻纺织业等都很发达。商业，特别是中介性贸易相当繁荣。工商业的繁荣，促进了农业的发展。但是，德意志的经济发展远远落后于意大利和英国等欧洲其他国家。

■ 资本主义萌芽

德国工商业的繁荣促进了农业的发展。一些农村经过改良土壤、深耕细作，农作物品种增多，产量提高。有些农民从事小商品生产，与商业市场之间的联系日益密切。但封建压迫依然严重，农民中两极分化渐趋明显，大量无地或少地的破产农民为生活所迫而成为雇佣工人。在矿冶和

迪南于1482年通过同教皇签订协定，取得了高级教职的任命权……这些措施的实质，都是西欧国家为了预防外来势力的干涉而同罗马教廷进行的斗争，其目地都是为了建立独立的民族教会。

■ 对教会的不满

中世纪西欧的天主教会是一个庞大的经济实体，它拥有大量地产，是最大的封建剥削者。它向农民收取高额的封建地租，还向广大居民征收"什一税"和赦罪费、法庭诉讼费等苛捐杂税。天主教会还利用权势和宗教迷信肆意敲诈勒索广大人民，例如出卖赎罪券。教会内部贿赂成风，教皇的选举与贿赂、争权夺利紧密相连。以教皇为首的高级教士越富有，生活就越奢侈腐化。教皇作恶多端，各级教士竞相效尤，甚至有过之而无不及。教会的欺诈和无耻的掠夺，使广大劳动群众负担加重，人们对天主教会的不满情绪与日俱增。城市市民也不满教会的统治，这不仅因为教会是封建制度的强大支柱，而且因为天主教的许多清规戒律对工商业的发展不利。世俗君主和贵族则觊觎教会的财产，也蠢蠢欲动。

马丁·路德张贴《九十五条论纲》的威滕堡教堂大门
马丁·路德于1517年10月31日在德国威滕堡城堡教堂大门上张贴了一份辩论提纲，即《九十五条论纲》。现在普遍认为这是新教的宗教改革运动的开始。

165

米开朗琪罗
意大利最伟大的雕刻家、画家，代表作有《大卫》《创世记》和《最后的审判》等。

纺织等部门，分散型和少数集中型的资本主义手工工场日益增多，印刷和建筑业中已出现了有10名至20名雇工的工场。16世纪初，德国还出现了一些大银行家。随着生产力的提高和商品货币经济的发展，德国开始出现资本主义生产，产生了最初的资产阶级。

■ 政治分裂

16世纪初，德国皇帝权力衰弱，无力实行中央集权统治。在德国，除七大选侯外，还有十几个大诸侯、两百多个小诸侯、上千个帝国骑士。诸侯同德皇争权，又在其领地内推行集权统治，各有各的政权、军队、法律和货币，彼此独立。整个德国境内关卡林立，关税互不统一。诸侯、骑士和城市贵族往往根据利益结成联盟，时聚时散，内乱不已。德国经济上的分裂性影响了政治的发展，长期的封建混战和政治分裂，反过来又严重阻碍了经济的进一步发展。

■ 社会矛盾重重

15世纪末至16世纪初，德国的阶级和社会矛盾极其尖锐复杂。主要矛盾是，以广大农民为主体、包括城市平民和正在形成中的资产阶级在内的人民群众同封建主阶级之间的矛盾，集中表现为反抗最大的封建主——天主教会的斗争。

※ 马丁·路德的宗教改革

16世纪初，德国宗教改革运动的斗争条件已经成熟。德国尖锐复杂的阶级、民族矛盾集中在教会问题上，一触即发。1517年，路德公开反对教廷贩卖赎罪券，点燃了宗教改革运动的导火线。

兜售赎罪券
1517年，教皇利奥十世以修缮罗马圣彼得大教堂为名，派教廷成员到德意志各地兜售赎罪券聚敛钱财，引起了人们的不满。

■ 马丁·路德的青年时代

马丁·路德（1483~1546年），16世纪欧洲宗教改革的倡导者，基督教新教路德宗教创始人。路德的童年是在贫困中度过的，家境好转后，路德受到正规教育。1505年他在莱比锡大学获得硕士学位，同年进入奥古斯丁修道院当隐修士。教廷的日益腐败使路德深感失望，于是，他萌生了改革宗教的愿望。他反对教阶制和繁杂的礼拜仪式，提倡建立廉俭教会。路德初期的宗教观点体现了市民阶级要求建立自己的教会的主张。

◆麦哲伦
葡萄牙著名航海家，第一个进行环球航行，证实了地球是球形的。

中古世界篇

■ 宗教改革的开始

1517年，罗马教皇利奥十世以修缮罗马圣彼得大教堂为名，派教皇"特使"多米尼加修士特策尔到德国贩卖赎罪券，引起了路德的极大愤怒。于是，路德在威腾堡教堂的正门公开贴出《九十五条论纲》，即《关于赎罪券的功效》，痛斥了特策尔之流的卑劣行径，要求公开辩论赎罪券的功效问题。由于《九十五条论纲》道出了德国人民不满罗马教廷和教会统治的共同心声，它的发表成为"席卷一切等级并震撼整个帝国的运动的信号"，此后，德国宗教改革运动在各地迅猛展开。路德由于得到广大群众的支持，一度表现坚决，宗教改革观点也逐渐深入到德国各阶层人民心中。

【百科链接】

赎罪券：

赎罪券又叫"免罪符""赦罪符"，是罗马教皇印制的一种符券。天主教会声称，教徒出钱购买此种符券，即可赦免其罪孽，死后不受地狱之苦，赎罪券的价目，以罪孽之大小而定。从12世纪起，教皇和教会靠大量印制兜售赎罪券获得巨额财富。这种贪婪欺诈的行径引起社会各进步阶层的不满。

的虚伪神权本质，搬掉了人与上帝之间的教会阻隔，说明了上帝面前人人平等的道理。他公然指出，教皇出卖赎罪券是犯了错误和违背基督教教义的。此文一出，远近传诵，赎罪券的销售大受影响，教皇为之震怒。同时，改革运动也一发不可收拾。路德的《九十五条论纲》，系由以亚尔伯特之名向诸委办所颁布的训令和劝售赎罪券者所说的话语构成，所以内容极不连贯。路德在第三十至三十七条、第四十二至五十二条中，表达了他最重要的积极观点；在第九十二至九十五条中，说明了他提出抗议的动机。

■ 三大论著

1520年8月至10月间，路德先后发表了《致德意志民族的基督教贵族书》《教会的巴比伦之囚》和《论基督徒的自由》三本小册子，它们被称为德国宗教改革的"三大论著"，是德国温和派宗教改革运动的纲领。三本之中以第一本最为重要，它是路德宗教改革的政治纲领。路德号召德国贵族联合起来，"反对教皇，解放德国"。

■ 给教皇的三封信

1518年5月末，路德在给教皇的第一封信

■《九十五条论纲》

1517年，路德提出《九十五条论纲》，要求公开辩论赎罪券的功效问题。《九十五条论纲》的每一句话都是对教廷谬误言论的有力抨击。比如第一条说，当上帝和耶稣基督说"忏悔"时，意思是，信徒的整个一生都应该忏悔，而不是补赎；第三十六条补充说，每一位诚心忏悔的基督教徒即使没有赎罪券，也能完全减免他的罪过和惩罚。路德在这里运用"因信称义"论，揭开了以教皇为首的神职人员

马丁·路德当众焚毁教皇法令
1520年，教皇颁布教谕革除马丁·路德的教籍，并限他60天内悔改，收回《九十五条论纲》，否则以异端者论罪。路德接到谕旨后，将它当众焚烧了。

167

◆ 拉斐尔
意大利文艺复兴兴盛期著名画家和建筑家，"意大利三杰"之一，代表作有《西斯廷圣母》等。

里自称是教皇"顺命的儿子"，尊教皇为"仁慈的父亲""基督的使者"。1519年3月，在第二封信里，他仍把自己说成是教皇"卑微的臣民"，但却表示不能昧着良心收回自己的主张。在1520年的第三封信中，他大胆揭露道："罗马教会以前是诸教会中最圣洁的教会，如今却成了贼窝，最不洁者的穴窟，寡廉鲜耻的妓院，罪恶、死亡、阴世的国都。"从路德写给教皇的三封信里可以明显看出路德对教皇态度的转变。

马丁·路德在瓦特堡讲道

马丁·路德主张对教会进行改革，激怒了罗马教皇，准备对他施以刑罚。路德隐居到瓦特堡从事《圣经》翻译工作，同时坚持向人们宣传和讲授教会改革的必要性。

■ 鼓吹"合法地前进"

随着宗教改革运动的深入发展，参加反教会斗争的社会各阶层之间的分歧日趋明显。广大农民和城市平民要求变革现行的社会制度；一部分激进者主张废除私有制、消灭压迫，甚至酝酿发动武装起义。1512年12月，路德发表文章告诫全体基督徒，严防暴乱和煽动，并鼓吹"应该约束自己，切勿乱说、乱想、乱动"，要"合法地前进"。由此看出，此时的路德实际上已经"抛弃运动中的下层人民，倒向市民、贵族和诸侯一边去了"。

■ "带铁锤的闵采尔"

闵采尔（1490~1525年），16世纪宗教改革运动的激进派领袖、德国农民战争的组织者和杰出领导人、空想社会主义的先驱之一。出身于小手工业者家庭的闵采尔，1506年入莱比锡大学攻读神学，获博士学位。1517年开始追随路德，后来因不满路德的保守态度而与之分道扬镳。1521年11月，他写了《布拉格通告》，主张取消压迫和剥削的社会制度，实现人人平等。之后，他开始对教会的"圣礼"进行改革，反对罗马教廷。他直接抨击基督教的主要论点，主张通过暴力推翻封建主的统治，建立"没有阶级差别，没有私有财产，没有社会成员受压迫的国家政权"。他把领导人民摆脱剥削压迫作为首要任务，领导了萨克森和图林根的农民起义。1525年5月，起义军失败，闵采尔被俘就义。

■ 路德派新教的确立

路德将福音的基本观念归纳为"十四条"，这是路德派新教教义的重要根据。路德后期宗教改革活动的特点是，加强系统的教理建设和创建、整顿路德教的教会。1555年9月25日，德皇颁布了与诸侯签订的《奥格斯堡宗教和约》，规定"教随国定"原则。新、旧教同权平等，路德教的合法地位从此得到确认。

托马斯·闵采尔画像
托马斯·闵采尔（1490～1525年）是德国宗教改革的激进派领袖，也是德国农民战争领袖。

◆ 马丁·路德
德意志宗教改革家。

中古世界篇

※ 德国农民战争

1524年至1525年，德国爆发了声势浩大、波澜壮阔的农民战争。它波及德国大部分地区，全国三分之二的农民加入战争，在德国和西欧历史上写下了光辉一页。

■ 士瓦本农民揭竿而起

1524年夏，士瓦本南部的农民拒绝为贵族服劳役并发动起义，揭开了大规模农民战争的第一页。附近的农民群起响应，推举汉斯·米勒为首领。起义军开赴莱茵河北岸的瓦尔茨胡特城，在这里建立了斗争据点，先后提出了自己的斗争纲领《书简》《十二条款》。不过，由于农民军没有统一领导，纪律松弛，士气不振，远不是诸侯军队的对手。1525年4月底，各支农民军分别被击溃。

■ 法兰克尼亚的农民战争

1525年3月末，法兰克尼亚地区爆发起义，这次起义在德国农民战争中规模最大，斗争最激烈。其中最出色的农民起义领袖是盖尔，他所领导的支队被称为"黑军"。1525年5月，各地农民军代表在法兰克尼亚集会，在出身贵族、代表形成中的资产阶级利益的文德尔·希普勒的提议下，他们共同制定并提出了著名的《海尔布琅纲领》，要求在德国建立一个中央集权制的政府，改革教阶制，没收教会土地分给骑士等。6月，法兰克尼亚的农民起义被逐一瓦解。

德国农民起义军攻打城堡
德国农民战争历时近两年，是西欧中世纪规模最大的一次农民起义，全德国三分之二的农民参加了战争。该图再现了农民军攻打城堡的激烈场面。

战场上的农民起义军战士
1525年5月16日，农民军和贵族联军展开激战。面对贵族联军强大的攻势，农民军奋勇杀敌。

【百科链接】
德国农民战争的历史意义：
1524年至1525年的德国农民战争，是德国农民反对封建压迫的一次规模最大的起义。起义遍及德国整个西南部和中部地区。德国农民战争是宗教改革运动的组成部分，是长期的反封建斗争在宗教改革运动时期达到的顶点。恩格斯把这一宗教改革运动称为"德国反对封建制度的第一次大决战"和"欧洲第一号资产阶级革命"。

■ 其他地区的农民战争

1525年2月，闵采尔来到图林根，3月在缪尔豪森城领导人民起义，推翻了城市贵族的统治，建立起一个"永久议会"，闵采尔被选为主席。从此，缪尔豪森成为德意志中部的起义中心。在它周围，农民起义此起彼伏。1525年5月中，农民起义军与封建主军队决战，不幸失败。闵采尔被俘，壮烈就义。

※ 欧洲宗教改革的扩大

德意志正进行宗教改革的时候，欧洲其他国家的资本主义经济已有不同程度的发展。

169

◆ 迪亚士航抵好望角

葡萄牙航海家迪亚士率船队沿非洲西海岸航行，绕过非洲最南端好望角，进入印度洋。

资产阶级反封建的要求同样反映在宗教改革的问题上，王权的加强也同天主教会在政治、经济、宗教上的势力发生矛盾，因而各国都发生了宗教改革运动。各国的历史背景有别，因而各国宗教改革的参加者、进程、特点和结果也不尽相同。

■ 加尔文教的创立

加尔文（1509~1564年），法国宗教改革家，基督教新教加尔文宗创始人。1541年起，加尔文成为日内瓦教会的领袖。在他的领导下，日内瓦成为政教合一的神权共和国和宗教改革中心，加尔文教传播到欧洲各国。有人称加尔文是"新教的教皇"，日内瓦是"新教的罗马"。

加尔文教教会组织既不受教皇统治，也不归国家政权管辖，在教派内部有严格的纪律，将其他新兴教派斥为"异端"。加尔文宗教改革的主要内容有：按照共和制原则，把教会的管理权置于由教徒选举产生的长老和牧师的手中，对人民实行严厉的统治；浮华的教仪被取消，许多宗教节日被废除，甚至连跳舞、演戏等娱乐活动也被禁止。加尔文教的教义和教会组织形式有利于资本主义的发展，因而得到广泛的传播，成为资产阶级反封建的有力武器。

【百科链接】

耶稣会的成立：

耶稣会是一个天主教教会派别，目的是反对宗教改革、保卫教皇和传播天主教，由伊格纳修·罗耀拉创立，有严格的规章制度和军事化的组织原则。其成员被派到各国去传教，在那里开办学校，建立医院，用各种方式来扩大天主教会的政治势力和影响。他们主张为达到目的不择手段，很重视在亚洲、非洲和美洲的活动，为西方殖民者效劳。

■ 北欧诸国的宗教改革

16世纪20年代至30年代，路德教已传入北欧各国。1527年，瑞典国王古斯塔夫一世召开了规模最大、参会成员最广泛的国家议会会议，宣布按路德教派的教义改革瑞典教会，决定修道院统归国王，教士讲道必须以《圣经》为依据。自此，瑞典宗教开始国家化。1541年，受瑞典管辖的芬兰亦改信路德教。丹麦在国王腓特烈一世时期进行宗教改革。1536年10月，丹麦国民大会正式宣布建立路德教的国家教会，国王为教会最高领袖，旧主教丧失了在政府中的特权。挪威及冰岛也服从丹麦法律。1554年，路德教在北欧大获全胜。

■ 反宗教改革活动

罗马教皇保罗三世为了解除教权危机，加紧对天主教会自身的改革，阻挠、镇压新教宗教改革，积极整顿教会内部的弊端，惩办贪污腐化分子，停止兜售赎罪券，并组成"九人委员会"审查教会，商议改革措施，力图提高教会威信。此外，保罗三世还成立了"异端法庭"、耶稣会、神学院，培训神职人员，加强对天主教的控制。尽管天主教凭借这些措施获得过暂时的成功，但最终还是受到了极大的冲击。

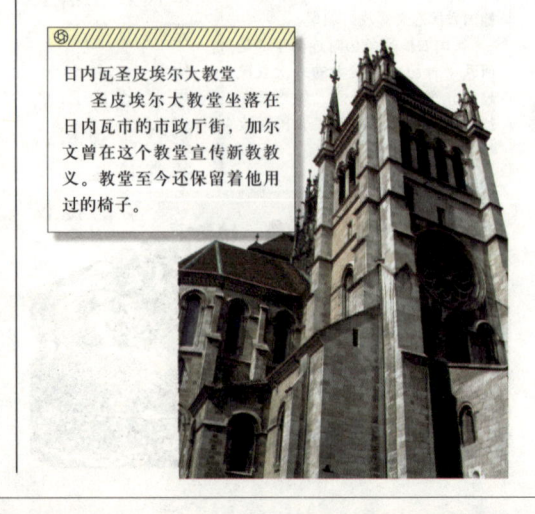

日内瓦圣皮埃尔大教堂

圣皮埃尔大教堂坐落在日内瓦市的市政厅街，加尔文曾在这个教堂宣传新教教义。教堂至今还保留着他用过的椅子。

170

◆ 英国圈地运动
英国贵族为满足毛纺业需求，赶走领地农民、圈占养羊土地的运动。

中古世界篇

中古末期，西欧封建制度解体，资本主义生产关系在西欧诸国普遍建立。旧的封建贵族阶级虽然还占据着统治地位，但新兴的资产阶级和被雇用的工人阶级已经产生，阶级关系更加复杂。当时既有封建制度下广大劳动人民反对封建剥削压迫的斗争，又有新兴资产阶级反对封建制度的斗争。随着资本主义的发展，早期工人反对资本主义剥削的斗争也发生了。

在英国和法国，资本主义生产关系迅速发展，社会结构和阶级结构出现重大变化，专制君主制逐渐确立，国家机器日益完备，政治上进入封建君主专制时期。在资本主义发展比较成熟的尼德兰，16世纪的资产阶级革命获得了胜利，建立了荷兰共和国，成为欧洲第一个资本主义的"标本"国家。17世纪初爆发了欧洲第一次大规模的国际冲突——三十年战争，德国被肢解，法国夺得欧洲霸权。

亨利七世肖像
亨利七世是都铎王朝的建立者。为了巩固英格兰的统治，他采取同西班牙王室和苏格兰王国联姻的政策，并奖励工商业发展，被称作"贤王"。

※ 英国

早在14世纪末，英国农奴制经济实际上已经瓦解。到了15世纪，随着商品经济的发展，英国出现了经营养羊业或农业的富裕农民，他们和富有的手工工场主、商人成为资产阶级化的"新贵族"。自16世纪末起，英国在海外建立殖民地，掠夺大量财富，这些财富源源不断地被运回英国转化为资本，加速了英国资本原始积累的进程。

■ 都铎王朝的专制统治

1485年开始的都铎王朝，一方面在英国建立起专制统治，另一方面保护和鼓励工商业及海外殖民活动。都铎王朝处于英国从封建社会向资本主义社会转型的关键时期，实施的各项政策极具时代特色。它实行的重商主义政策振兴了英国的民族工业，为英国资本主义工业的腾飞提供了前提条件，对英国社会的各个方面都产生了极大的影响。

■ 资本的原始积累

16世纪，随着商品经济的发展，英国出现了资产阶级化的新贵族。工业特别是传统的毛纺织业迅速发展，集中的手工工场在各大城市出现，促进了资产阶级的形成。英国呢绒业成为"民族工业"。采矿、冶金业也开始出现资本主义雇佣劳动制度。煤炭以纽卡斯尔为集散中心，销往欧洲大陆各地。西南部各地的钢铁、造船、造

亨利八世肖像
亨利八世是英国都铎王朝的第二位国王。"我绝不准许任何人摆布我"，这是他坚持的信条；"哪怕教皇开除我教籍一万次，我也不在乎，我要向所有的国王证明，教皇的力量是多么微不足道"，这是他在阐述宗教改革时的决心。

171

◆ 都铎王朝
"红白玫瑰战争"结束,亨利·都铎夺得王位,都铎王朝开始。都铎王朝是英国历史上的黄金时代。

【百科链接】

都铎王朝的重商政策:
都铎王朝实行的重商主义政策主要有:扶植、鼓励发展呢绒制造业,出口呢绒换取货币;大力发展海外商业,鼓励发展造船业等。重商主义政策振兴了英国的民族工业,为英国资本主义工业腾飞提供了前提条件,揭开了英国农业资本主义的序幕。

纸、酿酒及玻璃制造、肥皂、火药等工业,也都有所发展。随着工业的发展,商业贸易日趋繁荣,伦敦发展迅速,成为全国的经济中心。自16世纪末起,英国将从殖民地掠回的大量财富转化为资本,进一步加速了资本的原始积累。

■ 圈地运动

15世纪末至19世纪中叶,西欧新兴资产阶级和新贵族以种种暴力手段剥夺农民土地,其中以英国的"圈地运动"最为典型。所谓圈地,即用篱笆、栅栏、壕沟,强行把农民的份地及公有土地圈占起来,变成私有的大牧场、大农场。大批丧失土地和家园的农民因此成为一无所有的雇佣劳动者。这是资本原始积累过程中最重要的手段之一。圈地运动的重要后果是加剧了农村的阶级分化,为资本主义生产提供了原料和劳动力。

■ "血腥立法"

圈地运动开始后,大批农民的破产和逃亡,不但影响了英国的税收和兵源,而且使社会动荡不安。对因丧失家园而流浪的农民,英国政府不但没有给予安抚,反而发布了一系列野蛮的法令,把他们视同罪犯。破产农民们有的被鞭打、受烙印,有的被割耳,有的被处以死刑。马克思把这些立法称为"血腥立法"。血腥立法把农民变成除劳动力以外一无所有的无产者,变成资本主义生产关系中被剥削的雇佣工人。

■ 罗伯特·凯特起义

英国农民反对圈地的起义风起云涌,其中规模最大的是1549年6月罗伯特·凯特兄弟领导的诺福克郡农民起义。他们提出《二十九条纲领》,要求停止圈地、恢复农民使用公有地的权利、减租、废除庄园法庭、消灭农奴制残余等。7月22日,起义军占领诺里季。由于内部分裂,且缺乏作战经验,8月27日起义失败。这次起义中,农民勇敢地捍卫自己对土地的权利,使诺福克一带保存了许多自耕农,他们后来成为英国资产阶级革命时期议会军的主力。

■ 海外掠夺

中世纪晚期,英国的海外贸易是与走私和赤裸裸的海盗行为结合在一起的。英国商人成立了一些经政府特许的贸易公司,专门进行殖民掠夺活动。如1555年成立的莫斯科公司,以俄国、中亚、波斯为目标;1579年成立的伊斯特兰公司,以波罗的海沿岸国家为目标;1581年成立的勒凡特公司,以地中海东岸一带为目标;1588年成立的几内亚公司,以劫运非洲黑人、黄金为目标。规模最大和存在时间最长的是1600年成立的东印度公司,它独占好望角以东地区的贸易,特别是对印度和中国进行贸易

伊丽莎白一世肖像
都铎王朝的最后一位君主。在她统治的近半个世纪中,英格兰文化繁荣、经济强盛,发展成为欧洲最强大、最富有的国家之一。

172

◆ 亚美利哥探险
意大利佛罗伦萨人亚美利哥赴新大陆探险，证实其并非印度。后人因此以他的名字命名新大陆，简称美洲。

中古世界篇

西班牙无敌舰队

"无敌舰队"的战舰体大笨重，船身像楼宇一样高耸，航行较为缓慢，极不灵活，相对于小巧轻便、容易操纵、火力猛烈的英国战船来说，弱点十分明显。

垄断，成为英国殖民扩张的有力工具。后来，英国击败海上劲敌西班牙，建立起海上霸权，殖民势力逐渐向美洲渗透。

■ 和西班牙的斗争

英国的海上抢劫活动和插手美洲殖民事务的行为，严重威胁西班牙对殖民地的垄断地位，引起西班牙国王腓力二世的仇视。而称霸海上、垄断美洲殖民地贸易、掌握欧美之间制海权的西班牙也成为英国对外扩张的主要障碍。加上英西之间的宗教分歧，两国的矛盾日益尖锐。1586年，谋杀英国女王伊丽莎白的行动失败后，腓力二世决心用武力征服英国。两国公开的武装冲突不可避免。

■ "无敌舰队"的覆灭

1588年，西班牙国王腓力二世派遣由130艘巨型战舰组成的"无敌舰队"进攻英国。英国则派出更为灵活的舰队，由海盗出身的德雷克等人指挥出海迎击。7月下旬，双方舰队在英吉利海峡相遇。西班牙兵舰体大笨重，运转不灵；英国舰队则利用自身战船轻便高速等优势，采取机动战术，用远射程大炮攻击"无敌

舰队"。经过两周左右的海战，英军重创"无敌舰队"。西班牙残余战舰在回港途中，遭风暴袭击，几乎全军覆没。"无敌舰队"的覆灭标志着西班牙海上霸权的丧失。此后，英国开始成为新的海上霸主。

■ 资产阶级革命的开始

伊丽莎白女王统治晚期，新兴资产阶级和专制王权的关系逐渐恶化。伊丽莎白经常向大臣、亲信及少数工商业者授予制造或销售某种商品的专利权，严重损害了大多数资本家和商人的利益。资产阶级"清教徒"对女王的宗教政策非常不满，他们要求按照加尔文教教义彻底改革英国国教，以摆脱王权的控制。伊丽莎白政府为了维护统治，开始残酷地迫害清教徒，以加强专制统治。但清教徒的势力却不断壮大，并逐渐把宗教斗争和政治斗争结合起来。17世纪40年代，英国终于在清教徒克伦威尔的领导下爆发了反对封建专制制度的资产阶级革命。

※ 法国

16世纪，虽然法国的经济尤其是商业经济发展迅速，并出现了资本主义萌芽，呢绒、印刷、玻璃、制陶等工业中已经出现资本主义手工工场，里昂的丝绸纺织业和马赛的对外贸易都十分发达，但资本主义成分渗入农业的过程却非常缓慢，而且规模很小，因而农业资本主义生产发展缓慢。

查理八世

查理八世（1470年6月30日~1498年4月7日），法国瓦卢瓦王朝嫡系的最后一位国王（1483~1498年在位）。他是"蜘蛛国王"路易十一和萨伏依的夏洛特的独子，也是一位年轻的军事家。

173

◆ 湿度计草图诞生
达·芬奇绘制了风力计、湿度计、降落伞、纺纱机、踏动车床等的草图。

■ 资本主义的缓慢发展

15世纪末，法国政治统一的完成，有利于工商业的发展和生产的进步。16世纪前期，法国社会经济已有明显的发展，呢绒、纺织等行业中开始出现资本主义手工工场，商业和对外贸易也很兴盛。不过，法国人口的90%从事农业生产，封建生产方式仍占统治地位。农业生产是国家财富和统治阶级收入的主要来源，因而资本主义成分渗入农业的过程非常缓慢，而且规模很小，基本没有出现变耕地为牧场和暴力驱逐农民的现象。但随着资本主义萌芽的产生，法国的阶级关系已发生了新的变化。

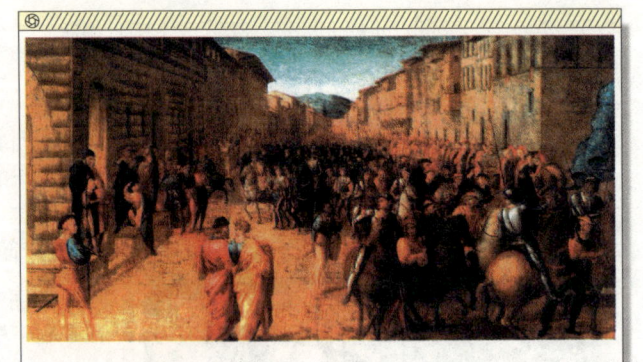

查理八世进入佛罗伦萨
查理八世即位后，表现出空前的野心，不断对外征战，企图控制意大利，结果使法国卷入了长达半个世纪的意大利战争。

■ 君主专制的形成

随着城乡劳动人民反对封建剥削和残酷掠夺的斗争不断高涨，封建贵族需要强大的王权来维护他们在经济上和政治上的特权。新兴资产阶级为了抑制贵族、镇压人民反抗，发展自己的势力，也拥护强化君主的权力。封建贵族和新兴的资产阶级都希望有一个统一的、强有力的中央政权，以便自己获得更大的利益。但封建贵族和新兴资产阶级的利益是矛盾的，双方斗争不可避免。路易十一在位时基本统一了法国各地。1515年，弗朗西斯成为国王，社会经济迅速发展，王权得到进一步加强，国王集大权于一身，拥有绝对的专制统治权力。

■ 与意大利的战争

15世纪末期，意大利经济富庶，但政治上四分五裂，一度成为西欧列强争夺的对象。1494年至1559年，法国统治者为了巩固本国商人在地中海的商业地位和攫取土地，对意大利发动了长期的侵略战争。1494年10月，法王查理八世应米兰之请，率军长驱直入，于次年2月占领那不勒斯，意大利战争正式爆发。法国的胜利引起意大利各邦以及西班牙与神圣罗马帝国的不安，因而，法国于1503年底被西班牙逐出了意大利。

■ 宗教改革

16世纪初，宗教改革思潮开始在法国传播，路德教和加尔文教接踵而至，各阶层都迫切要求进行宗教改革，许多城市纷纷出现加尔文教团体。在胡格诺（加尔文教徒在法国被称为"胡格诺"）贵族同国王、天主教

亨利四世救助巴黎难民（浮雕）
亨利四世仁慈爱民，以其名言"要使每个法国农民的锅里都有一只鸡"而流芳后世。

174

◆ 德意志骑士暴动
封建骑士为反对日益强大的诸侯和正在兴起的城市骑士而发起的暴动。

贵族争夺统治权的斗争中，逐渐形成了两个互相敌视的集团：一个是以东北部贵族吉斯公爵为首的天主教集团；另一个是以中部贵族波旁家族的安东（那瓦尔国王）和海军大将科里尼等人为首的胡格诺派。

■ 胡格诺战争

1562年至1594年，法国天主教同新教胡格诺派之间展开了一场长期战争。1562年3月，吉斯公爵率领侍从路经瓦西镇时，袭击了正在做礼拜的胡格诺教徒，当场死伤200余人。这个事件成了内战爆发的导火索，不久，胡格诺战争爆发了。胡格诺战争体现了王权同封建割据势力之间的矛盾，虽然带有明显的宗教色彩，但就其性质和内容而言，是法国的一场内战。这场战争使贵族分裂势力有所抬头，使法国经历了一段无政府时期。战争的结果是天主教、胡格诺教派各有所得，有助于王权的重新振兴和加强，为民族国家的统一和经济的复兴创造了条件。

■ "克洛堪"起义

胡格诺战争期间，双方军队的烧杀掠夺，严重破坏了农民的生产，包税商的贪暴更逼得农民倾家荡产。农民把这些令人痛恨的税吏和包税商叫作"克洛堪"（即鼠类），并不断掀起反抗斗争的浪潮，"打鼠"成了起义的口号。1593年，"克洛堪"起义大规模爆发，1594年至1596年席卷了法国西南部各省。起义农民攻打贵族的庄园，严惩税吏和包税商，给封建统治者以沉重的打击。

■《南特敕令》

1598年4月13日，法国国王亨利四世为结束胡格诺战争，在南特城颁布敕令。敕令保证不追究胡格诺战争中的一切行为；胡格诺派获得信仰自由，有权建造教堂和召集教务会议；胡格诺派在法律上享有公民的一切权利；在审讯新教徒时，组成新旧教法官混合法庭；新教徒在政治上与天主教徒一样，有权担任各种官职和向国王进谏；在军事上，允许胡格诺教徒保留100座城堡，拥有军队和武器。这是欧洲历史上第一个明文规定实行宗教宽容政策的文献。

亨利四世骑马像
也被称为亨利大帝或那瓦尔的亨利，是法国波旁王朝的建立者。在位期间结束了胡格诺战争，发展了法国的经济，深受人民的爱戴。

《圣巴托罗缪之夜》
画面展现了胡格诺战争史上最惨烈的大屠杀，到处充斥着死尸和鲜血，阴郁低沉的风格揭示了那个夜晚的恐怖。这次骇人听闻的大屠杀激化了矛盾，拉开了第四次宗教战争的序幕。

【百科链接】

"圣巴托罗缪之夜"：
1572年8月24日晚，在法国国王查理九世的命令下，巴黎的天主教徒全体行动，屠杀前来参加查理九世的妹妹玛格利特公主与那瓦尔国王亨利·德·纳瓦拉婚礼的新教徒。绝大部分的新教徒都被杀死，残余的不是改信天主教，就是被关入巴士底狱。